호치민 홀리데이

호치민 홀리데이

2018년 4월 17일 초판 2쇄 펴냄
2019년 7월 4일 초판 3쇄 펴냄

지은이 배나영
발행인 김산환
책임편집 유효주
디자인 기조숙
지도 글터
마케팅 정용범
펴낸 곳 꿈의지도
인쇄 두성 P&L
종이 월드페이퍼

주소 경기도 파주시 경의로 1100, 604호
전화 070-7535-9416
팩스 031-947-1530
홈페이지 www.dreammap.co.kr
출판등록 2009년 10월 12일 제82호

979-11-87496-63-2-14980
979-11-86581-33-9-14980(세트)

지은이와 꿈의지도 허락 없이는 어떠한 형태로도 이 책의 전부, 또는 일부를 이용할 수 없습니다.
※ 잘못된 책은 구입한 곳에서 바꿀 수 있습니다.

HOCHIMINH
호치민 홀리데이

글·사진 배나영

꿈의지도

프롤로그

호치민을 한 번도 안 가본 사람은 있어도, 한 번만 다녀온 사람은 없다니!
맞아요, 호치민 여행엔 약간의 중독성이 있다고 느껴져요.

처음 호치민에 도착하면 사방에서 이쪽저쪽으로 진행하는 오토바이의 물결 때문에 살짝 정신이 없습니다. 아슬아슬하게 오가는 오토바이들을 바라보면, 과연 무사히 한국에 돌아갈 수 있을까 싶은 생각이 들 정도예요. 그러나 며칠이 지나면 오토바이로 그득한 벤탄 시장 앞 로터리를 자연스럽게 횡단하는 자신을 보게 됩니다. 어마어마한 단위 때문에 계산할 때마다 헷갈리던 베트남 화폐에도 익숙해져서 능숙하게 흥정을 하게 됩니다. 늘 먹던 분짜나 짜조 말고 새로운 메뉴는 없나 메뉴판을 꼼꼼하게 들여다보고, 여행자거리의 모든 길을 훤히 꿰뚫게 되죠. 하루에 만 원도 안하는 데이투어를 예약해서 메콩강을 돌아보고, 꾸찌 터널도 가보며 호치민의 구석구석을 만납니다. 밤이면 더 아름다운 호치민의 야경을 구경하기 위해 리버크루즈를 타거나, 칠 바에서 반짝이는 시내를 내려다보며 칵테일을 마시고 즐거운 시간을 보냅니다.

이렇게 여행을 하고 한국에 돌아오면 그때부터 '호치민앓이'가 시작됩니다. 아침마다 한 그릇을 뚝딱 비우게 만들던 진짜 베트남 쌀국수의 국물 맛과 연유가 듬뿍 들어간 진한 베트남 커피 한잔이 그리워집니다. "세상에, 베트남의 물가가 이렇게 싸다니!" 하면서 집어온 기념품들을 찬찬히 들여다보면서 "좀 더 사 올 걸 그랬나?" 하고 아쉬워합니다. 그래서 두 번째 호치민 여행을 계획합니다. 이제는 물가도 좀 알겠다, 길 건너는 법도 알겠다, 어느 지역에 머물면서 놀지 자신감이 생깁니다. 슬리핑 버스도 타보고, 인피니티 풀에서 근사한 인생샷도 남기고, 사막 같은 모래언덕에서 ATV도 타보고 싶어서 호치민에서 가깝다는 무이네까지 돌아보기로 합니다. 그리고 이 모든 미션을 완벽하게 마무리하고 무이네 해변에서 새우와 가리비를 구워먹고 나면, 어느새 다음 호치민 여행을 계획하는 자신을 발견합니다.

세 번째 호치민 여행을 계획할 때는 조금 더 신이 납니다. 볼거리도 많고 날씨도 화창하다는 꽃의 도시 달랏, 베트남의 휴양도시로 둘째가라면 서러울 냐짱까지 어디를 둘러볼까 즐거운 고민을 시작합니다. 어디로 가든지 입에 착착 붙는 맛있는 베트남 음식은 기본이요, 저렴한 물가 덕분에 가성비 좋은 훌륭한 호텔이나 리조트를 누릴 수 있고, 데이투어가 발달되어 있으니 부담이 없습니다. 또 한 번의 만족스러운 여행을 마치고 나면 다시 베트남에 가고 싶다는 생각이 절로 들죠.
네, 사실 제가 이런 과정을 거쳐 〈호치민 홀리데이〉를 집필하게 되었습니다. 이 글을 쓰는 순간에도 달랏의 알록달록 아름다운 풍경과 냐짱의 푸르른 바다가 눈에 선합니다. 다음에 호치민에 가게 된다면 아오자이를 입고 사진을 찍고, 무이네에서 오래도록 머물며 카이트서핑을 배우고 싶습니다. 아~ 생각만 해도 또 가고 싶네요. 아직도 못 다한 일들이 많이 남아 있고, 먹어보지 못한 음식이 많이 남아 있거든요. 정말 호치민과 베트남 남부 여행에는 은근한 중독성이 있습니다. 저처럼 자유여행으로 걱정 반 기대 반 호치민 여행을 시작하시는 분들께 〈호치민 홀리데이〉 한 권만 있으면 충분할 만큼 제가 필요했던 정보들, 궁금했던 정보들을 열심히 담아 보았어요. 하지만 호치민을 비롯한 베트남의 도시들이 어마어마한 속도로 변화하고 있어요. 혹여나 책에 실은 정보가 변경되거나 달라진 부분이 있다면 언제든 연락주세요. 감사하는 마음으로 개정판에 반영하도록 하겠습니다.

〈호치민 홀리데이〉를 들고 떠나는 모든 분들이 호치민과 베트남 남부 여행의 묘미를 느끼고 돌아오시기를, 행복하고 즐거운 여행하시기를 바랍니다.

Special Thanks to

호치민과 첫 인연을 맺게 해주신 유연태 여행작가님, 혼자였으면 전혀 엄두를 못냈을 호치민 차이나타운을 함께 여행했던 박동화 여행작가님, 맛있는 문어 바비큐집 정보를 알려주신 김미경 여행작가님, 진심어린 응원을 보내주신 섭섭 브라더스! 강진섭 여행작가님, 윤유섭 여행작가님, 잊지 못할 호치민의 화려한 바 호핑을 함께 해준 다정한 안다와님, 달랏 캐녀닝 정보와 호치민 맛집 정보를 공유해준 예쁜 유미라님, 무이네에서 달랏, 냐짱에 이르기까지 도시마다 만나 정보를 공유해준 친구 Janifer, 김형중님, 오원호님, 공재윤님, 박승용님, 여행자 마을 식구들께 늘 감사드립니다. Dallas Waines, Le Thi Thanh Van, Ha Hoang Tuong Van, Dao Phuong Thao, Tuyet Mai, Amy Le, Huy Dao, Tiana Kartadinata, Nguyen Phuong Ngoc, Yen Hoang, 이외에도 저의 여행을 빛내주신 수많은 분들께 감사합니다. 앙코르와트에 이어 호치민까지 멋진 가이드북을 낼 기회를 주신 꿈의지도 김산환 대표님, 꼼꼼한 작업으로 완성도를 높여주신 편집자 조연수님과 디자이너 이아란님 고맙습니다. 여행을 시작할 때부터 여행을 마칠 때까지 든든하게 지켜봐 주시는 부모님께, 그리고 동동이에게 사랑과 감사의 마음을 전합니다.

배나영

〈호치민 홀리데이〉 100배 활용법

호치민 여행 가이드로 〈호치민 홀리데이〉를 선택하셨군요. '굿 초이스'입니다.
호치민, 무이네, 달랏, 냐짱에서 뭘 보고, 뭘 먹고, 뭘 하고, 어디서 자야 할지
더 이상 고민하지 마세요. 친절하고 꼼꼼한 베테랑 〈호치민 홀리데이〉와
함께라면 당신의 호치민 여행이 완벽해집니다.

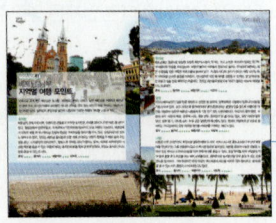

1) 호치민을 꿈꾸다
❶ STEP 01 » PREVIEW를 먼저 펼쳐보세요. 매력적인 경제와 문화 도시 호치민, 여유로운 해변이 펼쳐지는 무이네, 산으로 둘러싸인 꽃의 도시 달랏, 아름다운 휴양지로 유명한 냐짱에서 꼭 즐겨야 할 것, 먹어야 할 것들을 안내합니다. 놓쳐서는 안 될 핵심 요소들을 사진으로 만나보세요.

2) 여행 스타일 정하기
❷ STEP 2 » PLANNING을 보면서 나의 여행 스타일을 정해보세요. 각 지역별 스타일을 통해 여행의 틀을 잡고, 알찬 여행을 보내기 위한 다양한 일정과 최대한으로 시간을 활용할 수 있는 여행 방법에 대해 소개합니다.

3) 할 것, 먹을 것, 살 것 고르기
여행의 밑그림을 다 그렸다면, 구체적으로 여행을 알차게 채워갈 단계입니다.
❸ STEP 03 » ENJOYING 에서 ❹ STEP 05 » SHOPPING 까지 펜과 포스트잇을 들고 꼼꼼히 체크해보세요. 도시별 투어, 산과 바다, 계곡에서 즐기는 액티비티, 베트남 남부에서 즐길 수 있는 베트남 요리 레스토랑, 베트남 남부에서 살 만한 기념품 등 할 것과 먹을 것, 살 것을 미리 찜해 놓으면 됩니다.

4) 숙소 정하기

여행 스타일과 동선에 맞는 숙박 시설이 무엇인지 고려해보세요. 격조 높은 휴식을 즐길 수 있는 베트남 남부의 호텔부터 파도 소리와 새 소리를 즐길 수 있는 자연 속 호텔, 저렴하고 알차게 머물 수 있는 미니 호텔까지 다양한 형태의 숙소가 있습니다. ⑤ STEP 06 » SLEEPING 에서 여행 스타일별로 가격 대비 만족스러운 곳들을 엄선하여 보여줍니다.

5) 지역별 일정 짜기

여행의 콘셉트와 목적지를 정했다면 이제 지역별로 묶어 동선을 짜봅시다. ⑥ HOCHIMINH BY AREA 에서 호치민과 무이네, 달랏, 냐짱에서 추천하는 명소와 효율적으로 돌아볼 수 있는 이동경로를 제시하여 일정을 짜는 것이 수월해집니다.

6) D-day 미션 클리어

여행 일정까지 완성했다면 책 마지막의 ⑦ 여행 준비 컨설팅 을 보면서 혹시 빠뜨린 것은 없는지 챙겨보세요. 여행 70일 전부터 출발 당일까지 날짜별로 챙겨야 할 것들이 리스트 업 되어 있습니다.

7) 홀리데이와 최고의 여행 즐기기

이제 모든 여행 준비가 끝났으니 〈호치민 홀리데이〉가 필요 없어진 걸까요? 여행에서 돌아올 때까지 내려놓아서는 안 돼요. 여행 일정이 틀어지거나 계획하지 않은 모험을 즐기고 싶다면 언제라도 〈호치민 홀리데이〉를 펼쳐야 하니까요. 〈호치민 홀리데이〉는 당신의 여행을 끝까지 책임집니다.

CONTENTS

008 프롤로그
010 100배 활용법
012 목차
015 베트남 전도

HOCHIMINH BY STEP
여행 준비&하이라이트

STEP 01
PREVIEW
호치민을 꿈꾸다

018 01 호치민 MUST SEE
022 02 호치민 MUST DO
026 03 호치민 MUST EAT

STEP 02
PLANNING
호치민을 그리다

030 01 베트남 남부 지역별 여행 포인트
032 02 호치민과 베트남 남부 여행 일정
042 03 호치민과 베트남 남부 여행 만들기
044 04 호치민 공항에서 시내까지 완전 정복!
046 05 호치민과 베트남 남부 택시 완전 정복!
048 06 호치민과 베트남 남부 투어버스 완전 정복!

STEP 03
ENJOYING
호치민을 즐기다

052 01 베트남의 독특한 여행법, 도시별 투어 즐기기
054 02 도시별 베스트 포토존은 어디일까?
056 03 호치민이 원래 사람 이름이라고?
058 04 우리가 기억하는 전쟁, 그들이 기억하는 전쟁
060 05 호치민은 밤이 좋아! 호치민의 핫한 루프탑 바 BEST 4
062 06 뜨거운 젊음이 시원한 바다를 만나는 비치클럽 BEST 4
064 07 산과 바다, 계곡을 넘나드는 액티비티의 천국!

STEP 04
EATING
호치민을 먹다

- **068** 01 호치민 여행의 묘미! 베트남 음식의 묘미!
- **070** 02 호치민에서 즐기는 베트남 요리 BEST 4
- **072** 03 이렇게나 다양한 베트남 쌀국수
- **074** 04 베트남에서 즐기는 해산물 요리
- **076** 05 골라 마시는 재미가 있다! 베트남의 마실 거리

STEP 05
SHOPPING
호치민을 남기다

- **080** 01 어디서 살까? 얼마에 살까? 사고 싶은 기념품이 잔뜩!
- **082** 02 마트와 편의점에서 골라골라~ 쇼핑 리스트
- **084** 03 내가 바로 원조야! 달랏의 특산품

STEP 06
SLEEPING
호치민에서 자다

- **088** 01 호치민과 베트남의 호텔, 어떻게 고를까?
- **090** 02 월드 클래스의 서비스, 격조 높은 휴식
- **092** 03 파도 소리와 새 소리를 들으며 자연 속 힐링의 시간
- **094** 04 낮에는 핫하게, 밤에는 쿨하게 호텔 수영장 즐기기
- **096** 05 베트남에는 작지만 강한 미니 호텔이 있다!

HOCHIMINH BY AREA
호치민 지역별 가이드

01 호치민

- **102** PREVIEW
- **103** GET AROUND
- **106** ONE FINE DAY
- **107** MAP
- **109** SEE
- **122** ENJOY
- **130** EAT
- **141** BUY
- **147** SLEEP

02 무이네

158	PREVIEW
159	GET AROUND
161	ONE FINE DAY
162	MAP
163	SEE
167	ENJOY
170	EAT
175	BUY
177	SLEEP

03 달랏

186	PREVIEW
187	GET AROUND
188	MAP
190	ONE FINE DAY
192	SEE
201	ENJOY
204	EAT
210	BUY
213	SLEEP

04 냐짱

222	PREVIEW
223	GET AROUND
225	ONE FINE DAY
226	MAP
228	SEE
233	ENJOY
237	EAT
244	BUY
246	SLEEP

254	여행 준비 컨설팅
264	인덱스

Step 01
PREVIEW

호치민을 꿈꾸다

01 호치민 MUST SEE
02 호치민 MUST DO
03 호치민 MUST EAT

호치민 MUST SEE

PREVIEW 01

1. 호치민 시내 오토바이의 행렬(109p)

2. 사이공 스카이덱에서 내려다보는 사이공 시내(128p)

3. 호치민을 대표하는 근사한 인민위원회 청사(113p)

길을 따라 오토바이의 행렬이 이어지는 활기찬 호치민에서 도시 여행을 즐겨보자.
여유로운 해변이 펼쳐지는 무이네를 거닐다가, 산으로 둘러싸인 시원한 꽃의 도시
달랏의 정취를 느껴보고, 아름다운 휴양지로 유명한 냐짱의 바다에서 휴식을 취한다.
어느 곳이든 헤어나기 힘든 베트남 남부의 매력이 펼쳐진다.

4 산뜻한 노란색 외관의
호치민 우체국(114p)

5 밤새 떠들썩한 호치민 여행자거리(109p)

STEP 01
PREVIEW

6 무이네의 샌드듄에서 바라보는 일출(163p)

8 달랏 야시장 앞 광장을 가득 메운 사람들(192p)

9 랑비앙산에서 내려다보는 달랏의 정취(199p)

7 무이네의 아담한 바닷가 마을 풍경(165p)

10 냐짱의 평온하고 아름다운 바다(231p)

호치민
MUST DO

호치민 시내의 낮과 밤을 풀타임으로 즐기고, 메콩강 투어와 꾸찌 터널 투어도 곁들여 보자. 무이네의 지프 투어와 냐짱의 파티 보트 투어, 달랏의 데이 투어까지 베트남 남부는
도시마다 즐길 거리로 풍성하다.

1 메콩강에서 느릿느릿 쪽배 타기(122p)

3 꾸찌 터널에서 베트남 전쟁을 온몸으로 느껴보기(124p)

4 리버크루즈 타고 사이공강의 야경 감상하기(127p)

2 호치민 칠 바에서 신나게 춤추기(136p)

5 벤탄 시장에서
기념품 구입하기(141p)

STEP 01
PREVIEW

6 무이네에서 지프 타고 샌드듄 탐험하기 (167p)

7 한적한 무이네 바닷가 산책하기 (165p)

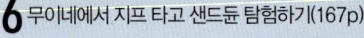

9 냐짱에서 머드 온천하며 피로 풀기 (234p)

8 달랏의 쑤언 흐엉 호수와 꽃의 정원에서 사진 찍기(193p)

10 냐짱의 파티 보트 타고 호핑 투어하기(233p)

STEP 01
PREVIEW

베트남 남부에선 진한 육수의
베트남 쌀국수, 포 보

135p

베트남식 게 튀김,
소프트셸 크랩

130p

PREVIEW 03

호치민 MUST EAT

베트남 여행에서는 볼거리와 즐길 거리뿐만 아니라 먹거리도 빠지지 않는다. 무슨 음식을 먹든 훌륭한 맛과 저렴한 가격에 엄지를 척 치켜세우게 된다. 한국에 돌아왔다가 베트남 쌀국수와 커피가 그리워 다시 베트남으로 떠나는 사람들이 그렇게나 많은 이유.

호치민 여행자거리의
꼬치구이와 사이공 비어

134p

베트남에 왔으니 진하게 한 모금,
베트남 커피

140p

겉은 바삭, 속은 부드러운 베트남 가정식,
두부튀김

130p

라이스페이퍼를 말아 짭조름하게 튀겨낸
짜조

130p

무이네의 해변에서 즐기는
해산물 바비큐

170p

사각사각 새콤달콤 베트남식 연근 샐러드,
고이 응오쎈

135p

달랏 야시장 앞의 별미 달랏 피자,
반짱 느엉

108p

구운 양념돼지고기와 채소를 곁들인
비빔국수, **분팃느엉**

135p

Step 02
PLANNING

호치민을 그리다

01 베트남 남부 지역별 여행 포인트
02 호치민과 베트남 남부 여행 일정
03 호치민과 베트남 남부 여행 만들기
04 호치민 공항에서 시내까지 완전 정복!
05 호치민과 베트남 남부 택시 완전 정복!
06 호치민과 베트남 남부 투어버스 완전 정복!

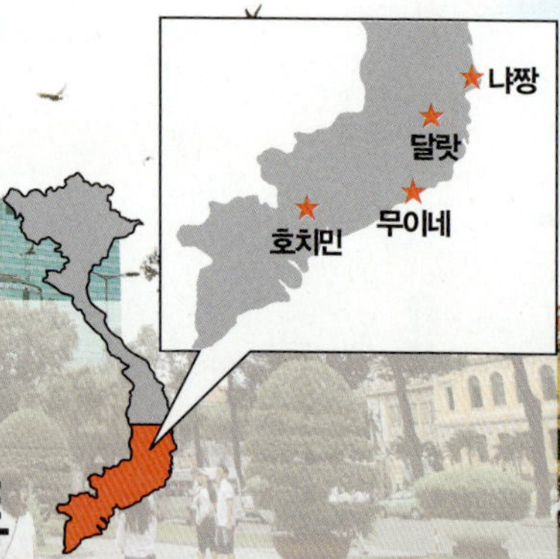

STEP 02
PLANNING

PLANNING 01
베트남 남부
지역별 여행 포인트

남북으로 길게 뻗은 베트남은 도시별, 지역별로 개성이 강하다. 남부 베트남을 여행하면 베트남의 경제 수도 호치민 여행의 묘미뿐만 아니라 사막을 끼고 있는 바닷가 마을 무이네, 서늘한 고원 지대인 달랏, 일찌감치 휴양지로 발전한 냐짱까지 다양한 여행의 재미를 느낄 수 있다.

호치민
베트남의 경제 수도이자, 아름다운 건물들이 가득한 호치민은 시내를 걸어다니기만 해도 볼거리가 많다. 통일궁에서 전쟁 박물관, 우체국에서 인민위원회 청사까지 도보 여행이 가능하다. 메콩강에서 유유히 배를 타거나 베트남 전쟁의 현장인 꾸찌 터널을 찾아가볼 수도 있다. 아침저녁으로 맛보는 쌀국수와 반미, 맛있는 베트남 음식들과 진한 카페 쓰어다는 여행의 행복을 두 배로 늘려 주는 일등 공신. 사이공강의 리버크루즈, 밤늦도록 칵테일 파티가 열리는 칠 바, 목욕탕 의자에 앉아 시원한 맥주를 즐길 수 있는 여행자거리는 호치민의 밤을 잊지 못하게 만든다. 맛있는 음식과 신나는 밤을 즐길 수 있는 도시다.

휴식 ★★★☆ **볼거리** ★★★★ **체험거리** ★★★ **식도락** ★★★★★

무이네

베트남에는 휴양지로 발달한 수많은 해안 도시들이 있지만, 작고 소박한 무이네의 정취는 은근하게 여행자의 마음을 사로잡는다. 바람이 좋아서 서퍼들의 천국으로 불리는 무이네의 해변에는 예쁜 수영장을 갖춘 다양한 리조트들이 늘어서 있다. 저 멀리 바다와 호수가 보이는 해안 사구는 마치 사막처럼 근사한 풍경을 보여준다. 반나절이면 모든 볼거리를 섭렵할 수 있지만, 몇 날 며칠 동안 머물고 싶을 만큼 매력적인 마을이다. 맛있는 해산물과 밤늦도록 파티가 열리는 비치 바 때문일지도 모르겠다.

휴식 ★★★★★ **볼거리** ★★★★ **체험거리** ★★★☆ **식도락** ★★★★

달랏

이곳이 베트남인가 싶을 만큼 화창하고 선선한 봄 날씨에, 알록달록한 지붕들이 동화나라처럼 옹기종기 모여 있다. 산과 계곡으로 둘러싸인 데다 꽃의 정원이라는 별명이 있을 정도로 아름다운 자연을 자랑하는 달랏은 베트남 사람들에게 가장 인기 있는 신혼여행지다. 바오다이 왕의 별장, 사랑의 계곡, 다탄라 폭포, 린푸옥 사원, 죽림 선원, 랑비앙산 등 볼거리도 많고, 달랏 커피와 달랏 와인, 달랏 딸기, 아티초크차, 두유 같은 달랏만의 특산물도 많다. 밤마다 시끌벅적 큰 규모로 펼쳐지는 야시장에서는 달랏 피자와 해산물 바비큐를 구워 먹는 재미가 있다.

휴식 ★★★★ **볼거리** ★★★★★ **체험거리** ★★★★ **식도락** ★★★★☆

냐짱

냐짱은 아주 오래전부터 휴양지로 발달한 해안 도시다. 마치 시드니의 골드코스트나 부산의 해운대를 연상시키는 고층 건물들이 길고 긴 백사장 앞으로 늘어섰다. 해안을 점점이 수놓은 섬들을 누비며 호핑 투어나 스쿠버다이빙을 하며 푸른 바다를 즐길 수 있다. 호핑 투어를 하며 바닷물에 뛰어 들어 춤을 추고 파티를 하는 파티 보트를 타고, 워터파크와 놀이동산을 모두 즐길 수 있는 빈펄랜드를 즐겨보자. 거대 휴양지인 만큼 맛있는 레스토랑과 해산물 바비큐 집이 즐비하고, 밤새 춤을 출 수 있는 비치 클럽과 스카이라운지도 많다.

휴식 ★★★★☆ **볼거리** ★★★☆ **체험거리** ★★★★☆ **식도락** ★★★★☆

STEP 02
PLANNING

PLANNING 02

호치민과 베트남 남부
여행 일정

호치민, 무이네, 달랏, 냐짱은 각기 개성이 강한 도시들이다. 아름다운 건물들이 가득한 호치민 시내를 걸으며 매력적인 도시 탐방을 해보고, 서퍼들의 천국으로 불리는 무이네의 바다와 사막을 거닐다가, 일 년 내내 화창한 봄날인 꽃의 도시 달랏을 방문하고, 베트남 휴양지로 둘째가라면 서러운 냐짱에서 신나게 바다를 즐겨보자.

두근두근 호치민 첫 여행! 알찬 3박 5일 코스

호치민 여행이 처음이라면 이 정도는 기본! 첫 호치민 여행을 알차게 즐길 수 있는 알짜배기 코스를 공개한다. 호치민에 밤 비행기로 도착하는 경우가 많으니, 밤에도 밝은 여행자거리에 숙소를 잡으면 안심이겠다. 다음 날부터 3일 동안 부지런히 움직여보자. 셋째 날은 메콩 델타 투어를, 넷째 날은 꾸찌 터널 반나절 투어를 계획했다.

DAY 1 입국
- 22:00 떤선녓 국제공항 도착
- 23:10 호텔 체크인

DAY 2 호치민 시내 관광
- 08:00 카페 쓰어다로 하루를 시작!
- 09:00 통일궁 구경
- 10:30 전쟁 박물관 관람
- 12:00 꾹갓콴에서 맛있는 점심식사
- 13:30 노트르담 성당, 중앙 우체국, 오페라 하우스, 인민위원회 청사 둘러보기
- 16:30 벤탄 시장에서 기념품 사기
- 17:30 신투어리스트에서 투어 예약하기
  Tip 한국어 안내문을 보고 메콩 델타 투어, 꾸찌 터널 투어, 리버크루즈, 푸펫 쇼를 예약하자.
- 19:30 여행자거리에서 저녁 식사
- 21:00 고2 바에서 맥주 한잔

DAY 3 메콩 델타 투어
- 07:30 신투어리스트에서 바우처를 데이투어 티켓으로 교환
- 08:15 미니 버스를 타고 메콩 델타 투어(122p) 출발
- 10:30 미토에 도착해 큰 배로 갈아타 수상가옥 구경
- 13:00 메콩강에서 잡은 물고기로 점심 식사
- 14:00 섬 둘러보고 쪽배 타기
- 16:00 일정을 마치고 호치민으로 출발
- 18:00 신투어리스트 도착
- 19:30 호아뚝에서 맛있는 저녁 식사
- 21:00 칠 바에서 칵테일 한잔

DAY 4 꾸찌 터널 투어
- 07:15 신투어리스트에서 바우처를 데이 투어 티켓으로 교환
- 07:45 꾸찌 터널로 출발!
- 10:00 꾸찌 터널 체험하기
- 13:30 여행자거리에서 점심 식사
- 15:00 호치민 미술관 거닐기
- 17:00 수상 인형극 관람
- 19:00 리버 크루즈에 승선해 저녁 식사
- 20:00 사이공강의 야경 감상
- 21:30 호텔에 맡겨둔 짐 찾아 공항으로 출발
- 23:30 비행기 타고 집으로!

호치민에서 무이네를 다녀오는 행복한 4박 6일 코스

호치민의 볼거리, 맛집, 스카이 바를 순례하고, 아기자기한 기념품을 쇼핑하는 도시여행의 재미를 한껏 느끼면서, 이국적인 바다를 바라보며 유유자적 한가로운 시간을 보내는 휴양의 기쁨도 포기할 수 없다면 호치민과 무이네를 즐기는 4박 6일 코스가 제격.

DAY 1 입국

22:00 떤선녓 국제공항 도착
23:10 호텔 체크인

DAY 2 호치민 시내 관광

09:00 통일궁과 전쟁 박물관 구경
12:00 꾹갓꽌에서 맛있는 점심 식사
13:30 노트르담 성당, 중앙 우체국, 인민위원회 청사 둘러보기
15:00 시원한 카페 쓰어다 한잔
16:30 벤탄 시장에서 기념품 사기
17:30 신투어리스트에 들러 무이네행 버스 예약하기
19:30 여행자거리에서 저녁 식사
21:00 고2 바에서 맥주 한잔

DAY 3 무이네로 고고씽!

- **07:00** 신투어리스트에서 무이네행 버스 탑승
- **13:00** 신밧드 케밥에서 점심 식사
- **14:30** 다음 날 지프 투어 예약
- **15:00** 호텔 수영장에서 수영하기
- **17:00** 미스터 크랩에서 저녁 식사
- **19:00** 비치 바에서 맥주 한잔

DAY 5 무이네→호치민, 알찬 마지막 밤

- **09:00** 호텔에서 조식 먹기
- **10:00** 무이네에서의 마지막 수영
- **11:30** 체크아웃, 점심 식사
- **13:00** 호치민으로 향하는 버스 타기
- **19:00** 호치민 여행자거리 도착
- **20:00** 벤탄 시장 야시장 둘러보고 벤탄 스트리트 푸드마켓에서 저녁 먹기
- **21:30** 짐 찾아 공항으로 출발

DAY 4 무이네의 지프 투어

- **04:30** 일출을 보는 지프 투어(167p)
- **09:00** 호텔에서 조식 먹기
- **10:00** 호텔 수영장에서 뒹굴기
- **13:00** 맛있는 점심 식사
- **15:00** 아침에 일찍 일어났으니 잠시 낮잠
- **16:30** 해변에서 카이트서핑 구경
- **18:30** 비치 바에서 맛있는 요리와 맥주 한잔

> **Tip** 무이네에서 호치민으로 돌아오면 짐을 맡길 데가 애매하다. 신투어리스트에 맡기거나 묵었던 호텔에 맡길 수도 있지만, 그래도 공항에 가기 전 짐을 정리하거나 잠깐 샤워를 하고 싶다면 여행자거리의 1~2만 원대 미니 호텔을 예약하면 편리하다. 시원하게 샤워를 하고 짐을 두고 나오면 가벼운 몸으로 호치민의 밤을 마지막까지 즐길 수 있겠다.

STEP 02
PLANNING

호치민에서 달랏을 다녀오는 시원한 4박 6일 코스

색다른 여행지를 둘러보길 좋아하는 호기심 많은 당신이라면 고원지대 달랏의 선선한 날씨와 꽃이 가득한 정원, 개성이 강한 스폿들에 반할 것이 틀림없다. 달랏 와인과 어울리는 베트남 음식을 맛보고, 베트남 특산물을 쇼핑하고, 산과 계곡이 어우러진 독특한 베트남의 풍경을 즐겨보자. 호치민과 달랏까지 4박 6일 동안 둘러볼 수 있다.

DAY 1 입국

22:00 떤선녓 국제공항 도착
23:10 호텔 체크인

DAY 2 호치민 시내 관광 후 달랏으로!

08:00 아침 식사 후 체크아웃, 호텔에 짐 맡기기
09:00 풍짱 버스에서 달랏행 버스 예약
10:00 통일궁과 전쟁 박물관 구경
12:00 냐항응온에서 맛있는 점심 식사
13:30 노트르담 성당, 중앙 우체국, 인민위원회 청사 둘러보기
15:00 시원한 카페 쓰어다 한잔
16:00 벤탄 시장 둘러보기
17:00 사이공 스카이덱에서 호치민의 석양 감상
19:30 여행자거리에서 저녁 식사
21:00 호텔에서 짐 찾아 버스 타러 가기
22:00 슬리핑 버스 타고 달랏으로!

DAY 3 달랏의 매력 탐방

- **06:00** 달랏 도착
- **06:30** 호텔에 얼리체크인/짐 맡기기
- **07:30** 따끈한 두유와 쌀국수 먹기
- **09:00** 랑비앙산 전망대 다녀오기
- **12:00** 시내에 돌아와 점심 식사
- **13:00** 다음 날의 데이 투어 예약하기
- **14:00** 린푸옥 사원 구경
- **15:30** 크레이지하우스 구경
- **17:00** 쑤언 흐엉 호수 산책
- **19:00** 달랏 야시장 구경
- **19:30** 달랏 피자와 해산물 바비큐 먹기

DAY 5 달랏에서 호치민으로

- **07:00** 호텔 체크아웃, 달랏 공항으로
- **09:40** 달랏 공항에서 호치민으로 비행
- **10:30** 호치민 공항 도착
- **12:00** 호치민 여행자거리 도착, 미니 호텔에 짐 맡기기
- **13:00** 여행자거리에서 점심 식사 (신투어리스트에서 수상 인형극 예약)
- **14:00** 호치민 미술관 거닐기
- **17:00** 수상 인형극 관람
- **19:00** 호아뚝에서 근사한 저녁 식사
- **20:30** OMG바에서 칵테일 한잔
- **23:30** 비행기 타고 집으로!

DAY 4 달랏의 데이 투어

- **08:00** 신투어리스트의 데이 투어(202p) 출발!
- **12:30** 신투어리스트 식당에서 점심
- **13:00** 달랏 기차역 구경, 사랑의 계곡 거닐기
- **15:30** 신투어리스트 도착
- **16:00** 윈드밀에서 커피 한잔
- **17:00** 랑팜에서 달랏의 특산물 쇼핑
- **18:00** 자퀴에서 뜨끈한 핫팟으로 저녁 식사
- **19:30** 달랏 와인 즐기기

> **Tip** 호치민과 달랏을 오가는 시간은 편도 8시간이 소요되므로 슬리핑 버스를 이용하자. 신투어리스트는 호치민에서 달랏으로 하루 한 번 출발하지만, 풍짱 버스는 매시간 출발하니 원하는 시간에 출발할 수 있다. 슬리핑 버스가 생각보다 편안하니 잠자리에 예민하지 않다면 숙박비도 줄이고, 시간도 아낄 수 있어 좋다. 버스에서 잠자긴 싫은데 시간을 줄이고 싶다면 베트남 항공이나 비엣젯의 국내선을 이용하자. 이벤트 운임을 잘 찾으면 1~2만 원선에서 티켓을 구입할 수 있다. 비행시간은 1시간 정도.

호치민에서 냐짱을 다녀오는 신나는 4박 6일 코스

호치민과 냐짱을 묶어서 여행하는 일은 서울과 부산을 엮어서 여행하는 기분이랄까? 화려한 도시 호치민에서 풀파티와 파인 다이닝, 쇼핑과 나이트라이프를 실컷 즐긴 다음, 푸른 바다와 젊음이 넘실대는 휴양지인 냐짱으로 가서 파티 보트, 스쿠버다이빙, 비치 클럽에서 에너지를 불살라보자. 놀거리도 많고 먹거리도 많아 신나는 4박 6일이다.

DAY 1 입국

22:00 떤선녓 국제공항 도착
23:10 호텔 체크인

DAY 2 호치민 시내 관광 후 냐짱으로 출발!

07:00 아침 식사와 카페 쓰어다 한잔
08:00 벤탄 시장에서 인민위원회 청사까지 시내 관광
11:00 호텔 돌아와 체크아웃, 호치민 공항으로 이동
13:50 호치민에서 냐짱으로 비행
14:50 냐짱 공항 도착
15:30 호텔 체크인
16:00 냐짱 신투어리스트에서 보트 투어 예약
16:30 XQ 자수 공방 구경
17:30 갈란갈 레스토랑에서 저녁 식사
19:00 세일링 클럽에서 맥주 한잔

DAY 3 냐짱의 파티 보트

- 08:00 신투어리스트 사무실에서 출발
- 09:00 아쿠아리움 구경 후 스노클링하기
- 12:30 맛있는 점심 먹기
- 13:30 선상 파티
- 17:00 신투어리스트 도착, 다음 날 온천 투어 예약
- 19:00 루이지애나 브루하우스에서 저녁 식사
- 21:00 스카이라이트에서 칵테일

DAY 4 냐짱 시내 관광

- 11:00 아이리조트에서 머드온천하기
- 12:00 리조트 식당에서 식사 후 온천 수영장 즐기기
- 15:00 탑 포나가, 롱선사, 냐짱 대성당 둘러보기
- 18:00 믹스 레스토랑에서 고기 먹기
- 19:30 냐짱 야시장 구경
- 20:30 비치 바에서 맥주 한잔

DAY 5 냐짱에서 호치민으로

- 08:00 아침 식사하고 바닷가 산책
- 10:00 호텔 체크아웃, 냐짱 공항으로
- 12:30 냐짱에서 호치민으로 비행
- 13:30 호치민 공항 도착
- 14:30 호치민 여행자거리 도착, 미니 호텔에 짐 맡기기
- 15:00 통일궁과 전쟁 기념관 둘러보기
- 17:00 호아뚝에서 근사한 저녁 식사
- 19:00 칠 바에서 칵테일 한잔
- 23:30 비행기 타고 집으로!

> **Tip** 호치민과 냐짱을 비행기로 이동하면 비행 시간이 1시간 소요된다. 베트남 항공과 비엣젯을 이용하면 아침부터 저녁까지 편한 시간에 이동할 수 있다. 이벤트 운임은 1~3만 원 정도로 괜찮은 가격에 티켓을 구입할 수 있다. 냐짱에서 슬리핑 버스를 타면 호치민까지 약 10시간 정도 걸린다. 냐짱에서 밤 10시쯤 슬리핑 버스를 타고 호치민에 아침 일찍 도착하면 호치민에서 더욱 알찬 하루를 보낼 수 있다.

호치민과 무이네, 달랏, 냐짱까지 베트남 남부 9일

딱 5일만 휴가를 내보자. 금요일 밤에 출발했다가 주말을 끼고 일주일을 보낸 후 다음번 주말에 한국으로 돌아오는 야무진 일정이다. 물론 길고 진득하게 여행할 수 있다면 더할 나위 없겠지만, 9박 11일 동안 베트남의 버스 노선을 잘 활용하면 호치민과 무이네, 달랏에서 냐짱까지, 액티비티와 휴양을 놓치지 않고 각 도시별 매력을 속속들이 탐구할 수 있다.

DAY 1 호치민

보통 한국에서 출발하면 오후나 밤늦게 비행기로 호치민 공항에 도착한다. 공항에서 호치민 시내로 이동한 후 호텔에 체크인한다.

DAY 2 호치민

호치민 시내를 걸어서 돌아보는 날. 다음 날 오전에 출발하는 무이네행 버스도 미리 예약하자. 여행자거리에서 저녁을 먹고, 맥주를 한잔하며 호치민의 밤을 즐긴다.

DAY 3 호치민-무이네

무이네에 도착해 다음 날의 지프 투어와 달랏행 버스를 예약한다. 무이네의 해변을 돌아보고, 수영하며 느긋한 하루를 보내보자.

DAY 4 무이네-달랏

지프 투어를 하며 무이네의 관광지를 섭렵하고, 조식을 먹자. 체크아웃을 하고 오후에는 달랏으로 출발한다. 달랏에 도착하면 다음 날의 데이 투어와 냐짱행 버스를 예약한다. 쑤언 흐엉 호수와 야시장을 돌아보자.

DAY 5 달랏

데이 투어로 달랏의 여행지를 돌아보자. 달랏에는 볼거리도 많고, 쇼핑할 거리도 많다. 맛있는 저녁 식사에 달랏 와인을 곁들인다.

DAY 6 달랏-냐짱

오전에 랑비앙산의 전망대에 다녀오자. 오후에는 냐짱으로 출발한다. 냐짱에 도착하면 다음 날의 보트 투어와 호치민행 버스를 예약하자. 여행자거리를 거닐며 XQ 자수 공방을 구경하고, 비치 바의 밤을 즐겨보자.

DAY 7 냐짱

네 곳의 섬을 도는 호핑 투어를 하며 하루 종일 신나게 수영과 스노클링, 파티를 즐긴다. 스카이라이트에서 파티의 여운을 이어가자.

DAY 8 냐짱-호치민

오전에는 머드 온천에 다녀오고, 오후에는 탑 포나가, 롱선사, 대성당을 둘러보면 하루가 알차다. 냐짱 야시장을 구경하고, 호치민행 슬리핑 버스를 타자.

DAY 9 호치민

익숙해진 호치민 여행자거리에서 카페 쓰어다를 마신다. 호치민 미술관, 사이공 스카이덱 등 첫날의 시내 관광에서 미처 다 보지 못했던 스폿을 돌아보자. 야시장을 돌아보거나 사이공강에서 디너크루즈를 타고 여행을 마무리하자. 밤 비행기를 타고 집으로 출발!

PLANNING 03
호치민과 베트남 남부 여행 만들기

저렴한 가격으로 좋은 호텔에 머물며 맛있는 음식과 새로운 자극을 즐기고 싶다면 베트남 여행이 답이다. 호치민과 무이네, 달랏, 냐짱을 포함하는 베트남 남부의 매력을 찾아 떠날 계획이라면 언제, 어떻게 출발하면 좋을지 꼼꼼하게 알아보자.

호치민과 베트남 남부, 언제 가면 좋을까?
호치민은 1년 동안의 평균 최고기온이 33도, 최저기온이 22도로 일 년 내내 여름 날씨다. 호치민은 11월부터 4월까지 건기이고, 5월부터 10월까지는 우기다. 여행하기 가장 좋은 달은 비가 거의 오지 않는 12월에서 3월 사이이며, 특히 12월에서 1월에 여행하기 좋다. 호치민의 우기에는 하루에 두세 번 짧고 굵게 소나기가 내린다. 우기에는 젖어도 좋은 신발과 우산을 준비하자. 달랏은 베트남의 다른 도시와 다르게 연평균기온이 14도 정도로 완연한 봄 날씨를 유지한다. 달랏 여행을 계획한다면 아침저녁의 쌀쌀한 날씨를 대비해 긴 소매 옷을 챙겨가자.

자유여행이 좋을까, 패키지가 좋을까?
호치민으로 향하는 저가 항공 노선이 많은 데다가, 한국에 비하면 베트남의 물가가 무척 저렴하기 때문에 자유여행을 하기에 최적이다. 항공권을 이벤트 가격으로 구입하고, 온라인 사이트를 이용해 호텔을 예약하고, 〈호치민 홀리데이〉 한 권 옆에 끼고 여행을 떠나보자. 어르신이나 아이들을 동반한 가족 여행이라면 패키지여행을 고민하게 된다. 패키지 상품을 예약하면 럭셔리한 리조트를 저렴한 가격에 묵을 수 있고, 최근에는 자유 시간을 많이 포함하는 추세이므로 상품의 일정을 꼼꼼히 살펴보자. 호치민과 무이네를 엮은 알찬 패키지 상품, 달랏으로 가는 골프 여행 상품, 냐짱의 럭셔리 리조트 상품들까지 다양하다.

환전은 어떻게?
베트남 화폐인 동(VND)은 단위가 크기로 유명하다. 2019년 6월 현재 환율로 100동이 약 5원 정도이므로 20,000동이 약 1,000원 정도다. 동을 원으로 계산하려면 20으로 나눈다.

우선 0을 하나 떼어내고 반으로 나누면 쉽다. 화폐의 단위가 크기 때문에 한국에서 환전할 때는 미국 달러로 가져간다. 100달러와 50달러짜리가 환율이 좋다. 구겨지거나 낙서가 된 달러는 받지 않는 경우가 있으니, 신권으로 가져가자. 공항에 도착해서 달러를 동으로 적당히 환전해 시내로 이동하고, 나머지는 시내에서 환전한다. 호치민에서는 벤탄 시장 앞의 금은방이 가장 환율이 좋다. 금은방 다음으로 여행자거리의 환전소가 웬만한 은행보다 환율이 나은 편이다. 무이네를 간다면 호치민에서 미리 환전하고, 달랏을 간다면 달랏 야시장 근처의 금은방에서 환전하고, 냐짱에 간다면 신투어리스트 사무실에서 환전하면 환율이 괜찮다.

비자는 어떻게?
베트남은 15일 동안 무비자로 체류가 가능하다. 15일 이상 장기 여행을 원한다면 비자를 발급받아야 한다. 관광비자를 받으면 30일 동안 유효하다. 무비자로 베트남을 여행한 다음 30일 이내에 다시 베트남을 방문할 때도 비자를 받아야 한다. 비자를 받는 방법은 두 가지이다. 주한 베트남 대사관에서 발급을 받거나, 베트남 현지 공항에서 도착비자를 받는다. 비자의 종류는 1개월 단수, 1개월 복수, 3개월 단수, 3개월 복수 등의 관광비자가 있다. 베트남 공항에 도착한 후에 도착비자를 받으려면 한국의 비자발급 대행업체에서 미리 초청장을 받은 후, 현지 공항에서 비자비용을 낸다. 여행사에서 비자발급을 대행하는 비용보다 도착비자를 신청하는 편이 저렴하다. 가장 저렴하게 비자를 받으려면 e비자를 신청하자.

한국의 비자발급 대행업체
에어비자 airvisa.co.kr
탑비자 www.topvisa.net

e비자 발급 사이트
www.vietnam-evisa.org
evisa.xuatnhapcanh.gov.vn/en_US

PLANNING 04
호치민 공항에서 시내까지 완전 정복!

한국에서 비행기로 호치민 가기
한국에서 호치민의 떤선녓 국제공항(SGN)까지는 약 5시간의 비행시간이 소요되며 인천국제공항에서 대한항공과 아시아나, 베트남항공, 비엣젯, 티웨이항공, 제주항공이 매일 운항한다. 부산에서는 베트남항공을 이용할 수 있다. 항공운임은 보통 왕복 40~60만 원 정도이며, 저가항공의 경우 왕복 20~30만 원에 항공권을 구입할 수 있다.

한국에서 비행기로 냐짱 가기
인천에서 냐짱까지 대한항공, 베트남항공, 비엣젯항공, 제주항공이 취항한다. 제주항공과 비엣젯항공이 매일 운항한다.

베트남의 국내선 이용하기
베트남의 하노이, 다낭, 냐짱이나 달랏에서 호치민을 갈 때는 슬리핑 버스 대신 베트남의 국내선을 이용해 시간을 절약할 수 있다. 베트남항공은 국영항공사인 만큼 노선이 많고 연착이 적지만 가격이 비싸다. 비엣젯이나 제트스타 같은 저가 항공은 저렴하지만 시간의 변동이 잦고, 수하물 비용을 따로 책정한다. 항공사의 홈페이지에서 유혹적인 이벤트 가격을 살펴보자.
베트남항공 www.vietnamairlines.com
비엣젯 www.vietjetair.com
제트스타 www.jetstar.com

호치민의 떤선녓 국제공항에서 시내로 들어가기
호치민의 떤선녓 국제공항은 호치민 시내에서 북서쪽으로 약 7km 떨어져 있다. 택시를 타면 시내까지 약 30분 정도 걸리지만, 아침저녁으로 교통체증이 있을 때는 40~50분 정도 예상해야 한다. 버스를 타면 1시간 정도 걸린다.

❶ 공항에서 택시 타고 시내로

호치민 떤선녓 공항의 국제선 터미널을 빠져나와서 오른쪽으로 걸어가면 국내선 청사, 왼쪽으로 걸어가면 택시 승강장이 있다. 택시 승강장에는 여러 종류의 택시들이 정차하므로 조금 덥더라도 왼쪽 끝까지 걸어가도록 하자. 길 끝까지 걸어가면 초록색 제복을 입은 마일린 직원, 검은색 제복을 입은 비나선 직원이 택시를 잡아준다. 행선지를 말하면 쪽지에 적어서 건네주니 내릴 때까지 버리지 말자. 택시를 탑승한 후에 미터를 켜는지 살펴보고, 혹시 기사가 잊었다면 미터를 켜달라고 말하자. 여행자 거리까지 보통 15만 동, 시내 중심가까지 20만 동 안팎의 요금이 나온다. 택시 타는 요령은 046p를 꼭 참고하자.

❷ 공항에서 공항버스 타고 시내로

호치민을 사랑하는 여행자들에겐 반가운 소식. 2016년 3월부터 3개 노선의 공항버스가 운행을 시작했다. 산뜻한 노란색 외관의 공항버스는 새벽 5시 30분부터 다음 날 오전 12시 30분까지 약 20~30분 간격으로 공항에서 출발한다. 109번 버스는 벤탄 마켓과 팜응라오 거리까지 운행하며 요금은 2만 동이다. 미니 버스인 49번 버스는 요금이 4만 동인 대신, 일반 정류장에 서지 않고 규모있는 호텔이나 유명한 스폿에만 정차한다. 노트르담 성당, 오페라 하우스, 쉐라톤 호텔, 마제스틱 호텔, 벤탄 마켓, 팜응라오 거리 등에 정차하니 노선을 살펴보고 이용하자. 119번 버스는 요금 2만 동으로 호치민 시내의 서쪽에 위치한 미엔떠이 버스터미널까지 운행하며, 호치민에 머물지 않고 다른 도시로 바로 갈 때도 이용할 수 있다.

❸ 공항에서 시내버스 타고 시내로

공항에서 시내로 들어가려면 보통 152번 버스를 이용한다. 공항 청사를 뒤로 하고 오른편으로 걸어오면 건너편에 버스가 서있는 정류장이 있다. 오전 6시부터 오후 6시까지 약 15분 간격으로 운행해서, 늦은 시간에 도착하면 공항버스나 택시를 타야 한다. 버스가 출발할 때 안내양이 운임을 걷는다. 운임은 1인당 5,000동이고, 큰 짐이 있어서 한 자리를 차지한다고 여겨지면 5,000동을 추가로 더 받는다. 여행자 거리에 숙소가 있는 경우 벤탄 시장 앞에서 하차해 걸어간다. 초행길이라면 길을 헤멜 염려가 있으니 택시를 타는 편이 낫겠다.

> **Tip** **호치민 공항으로 입국할 때 주의할 점!**
>
> **• 항공권 왕복 예약 상황을 인쇄해 가자**
> 우리나라에서 베트남으로 입국할 때는 무비자로 15일간 체류가 가능하고, 입국카드도 필요 없다. 하지만 호치민의 떤선녓 국제공항은 입국 심사를 철저하게 한다. 베트남에 입국하는 편도 비행기 티켓만 예약했다면, 입국 심사를 통과시키지 않을 정도로 매우 깐깐하다. 15일 안에 베트남에서 출국을 할 것이라는 증거물이 필요하다. 필히 입출국 항공편을 예약하고, 예약 상황을 프린트해서 가자. 스마트폰에 캡처한 화면을 보여주는 건 인정하지 않는다. 베트남을 경유해서 다른 국가로 가는 항공권, 혹은 다시 한국으로 돌아오는 항공권을 예약했음을 증명하는 인쇄물을 꼭 준비하도록 하자. 미리 준비하지 못했다면, 출국할 때 공항에서라도 인쇄하자.
>
> **• 여권의 유효기간을 확인하자**
> 베트남에 입국할 때는 여권의 유효기간이 6개월 이상 남아 있어야 한다. 실제로 여권의 유효기간이 5개월 남짓 남아 있던 한국 사람이 입국 심사를 통과하지 못하고, 곧바로 한국으로 돌려보내진 사례가 있다. 여권의 유효기간이 6개월 이상 남았는지 다시 한 번 확인하자. 여권은 유효기간을 연장할 수 없고, 사용 중인 여권을 폐기한 후 신규로 발급받아야 한다. 여유 있게 여권을 발급받도록 하자.

PLANNING 05
호치민과 베트남 남부
택시 완전 정복!

베트남에서 택시를 잘 타는 법은 따로 있다. 믿을 만한 택시 회사를 이용하고, 택시를 탈 때 택시에 쓰인 번호를 확인하고, 기사가 제복을 입었는지, 미터를 켜는지 확인하자. 그러면 바가지 쓸 일이 없다. 잘만 이용하면 하루 종일 미터 요금으로 원하는 여행지를 돌아다닐 수 있다. 여행지에서 미터를 끄고 기다려주는 유용한 교통수단이다.

믿을 만한 택시는 마일린과 비나선

마일린 택시와 비나선 택시는 미터 요금을 준수한다. 공항이나 호텔, 유명 레스토랑이나 관광지에는 마일린이나 비나선 택시 회사에서 파견한, 택시를 잡아주는 사람들이 있을 정도로 믿을 만하다. 도시마다 여러 회사의 택시가 있지만 마일린과 비나선 택시를 이용하면 바가지 쓸 일이 드물다. 마일린은 초록색 택시이며 38-38-38-38이라는 전화번호가 크게 쓰여 있다. 비나선 택시는 흰색 택시이며 38-27-27-27이라는 전화번호가 크게 쓰여 있다.

바가지 택시요금을 주의하자

여행자들이 마일린과 비나선 택시를 주로 이용하기 때문에, 개인택시 운전자들이 이와 비슷하게 차량을 도색하고 마일린이나, 비나선 택시인 척 호객을 할 때가 있으니 주의하자. 택시 바깥쪽에 전화번호가 쓰여 있지 않거나, 다른 번호가 쓰여 있으면 가짜 택시다. 친절하게 택시 바깥쪽으로 나와 문을 열어주는 기사가 제복을 입지 않았다면 타지 말자. 마일린 택시와 비나선 택시의 기사는 제복을 입고 근무한다. 택시를 잡아주는 사람들도 제복을 입는다.

바가지 택시요금 사례 1

공항에서 분명 비나선 택시를 타고 시내로 들어왔는데 미터기에 어마어마한 금액이 청구되었다. 예상 금액의 거의 10배 이상 요금이 나왔지만, 미터대로 계산을 했다. 이상하다고 생각하고 돌아보니, 택시 옆에 적혀 있는 전화번호가 비나선이 아닌 이상한 번호였다.

바가지 택시요금 사례 2

공항에서 택시를 기다리다가 급한 마음에 마일린과 비나선 외의 다른 택시를 탔다. 타기 전에 미터기를 켜줄 것을 요구했고, 기사는 미터를 켜고 운전했다. 그러나 요금이 너무 터무니없이 오르는 바람에 택시를 세우고 지금까지 나온 요금을 계산했다. 베트남 화폐에 적응이 안 되어 꾸물거렸더니, 택시기사가 계산을 도와준다며 돈을 받아들고 정확한 금액을 가져갔다. 하지만 내려서 남은 돈을 살펴보니 큰 금액이 사라졌다. 소위 밑장빼기 기술로 큰 액수의 지폐를 빼간 것.

호치민 시내에서 택시를 탈 때

택시의 크기에 따라 기본요금이 다른데, 작은 택시는 9,000동, 큰 택시는 11,000동이다. 미터기에는 보통 뒤에 '0' 3개를 떼고, '9.' 혹은 '11.'로 표시한다. 시내에서 택시를 타면 2~5만 동의 편도 요금으로 웬만한 관광지는 다 돌아볼 수 있다. 호치민에서는 마일린과 비나선을 타되 우버 앱도 사용할 수 있다. 거리가 먼 경우 일반 택시보다 요금이 저렴하다. 호치민에서 우버를 이용하면, 독특하게도 우버 택시와 우버 오토바이 중에서 선택할 수 있다.

무이네, 달랏, 냐짱에서 택시를 탈 때

호치민 외에 무이네, 달랏, 냐짱에서도 가능하면 마일린 택시를 이용하는 편이 좋다. 무이네와 달랏에서도 마일린 택시가 운행하며 기본요금은 5,000동, 냐짱의 마일린 택시 기본요금은 8,000동이다. 다행히도 호치민 외의 도시들에서는 호치민처럼 바가지 요금이 심하지 않다. 급하면 다른 회사의 택시를 타되 미터를 켜고 운행하면 별 문제가 없다.

거스름돈은 어떻게?

마일린과 비나선 택시를 타면 거스름돈까지 정확하게 주는 편이지만, 종종 택시기사들이 1천 동 단위의 거스름돈을 주지 않을 때가 있다. 우리가 택시를 탈 때 10원 단위를 주고받는 일이 거의 없는 것과 비슷하다. 사실 택시의 기본요금을 원화로 환산하면 250원에서 500원밖에 되지 않는 데다 시내에서 아무리 택시비가 나와도 3천 원을 넘기기 힘들다. 계산해보면 몇십 원밖에 안 되는 금액이니, 거슬러 주지 않는다고 얼굴을 붉히기보다는 이왕이면 팁이라고 생각하고 기분 좋게 주는 편이 낫겠다. 그래도 기분이 찜찜하다면 1만 동, 2만 동 지폐 외에 1천 동, 2천 동짜리 소액지폐를 준비해 가지고 다니도록 하자.

PLANNING 06
호치민과 베트남 남부 투어 버스 완전 정복!

도시 안에서 돌아다닐 땐 시원하고 저렴하고 편리한 택시를 이용하고, 도시에서 도시로 이동할 땐 투어 버스를 이용해보자. 슬리핑 버스가 있어 장거리 이동도 걱정이 없다. 버스의 종류, 좌석 선정에서부터 슬리핑 버스 잘 타는 법까지 세심하게 정리했다.

오픈 투어 버스란 무엇일까?

오픈 투어 버스, 혹은 오픈 버스, 오픈 티켓이라고 불리는 베트남의 투어버스는 베트남의 장기 여행자들을 위한 버스다. 남부의 호치민에서부터 중부의 다낭을 거쳐 북부의 하노이에 이르기까지 버스 티켓을 한 번에 묶어 구입할 수 있어서, 각각의 도시를 잇는 버스 티켓을 따로 구입할 때보다 저렴하다. 일정이 오픈되어 있어 오픈 티켓으로 불리는데, 한 번에 한 두 도시 정도를 여행하는 한국인 단기 여행자들은 사실상 오픈 티켓의 이점을 누리기 어렵고, 장기간 베트남을 여행하는 사람들에게 편리하다. 정확한 날짜의 티켓을 사더라도 당일 출발 시간 전에 티켓을 확정하는 절차를 거친다. 예를 들어 신투어리스트에서 버스 티켓을 구입하면 버스 출발시간 1시간~30분 전까지 사무실에 도착해서 티켓 확정을 받아야 한다.

어느 회사의 버스를 탈까?
❶ 신투어리스트의 오픈 버스

신투어리스트는 여행사다. 투어 프로그램을 판매하는 일이 주된 업무인데 오픈 버스를 함께 운영하는 것이므로 버스 운행 시간이 다양하지는 않다. 대신 신투어리스트의 버스 티켓을 사면 신투어리스트의 사무실 앞에서 버스가 출발하고, 다음 도시의 신투어리스트 사무실 앞에서 버스가 정차한다. 신투어리스트에서 투어를 예약할 계획이거나, 숙소가 신투어리스트와 가까운 경우에 좋은 선택이겠다. 무이네, 달랏, 냐짱에서 다른 도시로 이동하는 경우 신투어리스트는 호텔에서 픽업을 해주지 않으니, 묵고 있는 호텔에서 버스를 예약하자. 호텔에서 버스를 예약하면, 비용은 별로 차이가 나지 않으면서도 호텔에서 바로 버스를 탈 수 있으므로 편리하다.

❷ 노선별 시간이 다양한 풍짱 버스

베트남 전역을 잇는 풍짱 버스는 이용하기에 편리하다. 인터넷 예약 시스템도 잘 갖추었다. 여행사가 아니라 버스 회사이기 때문에 매시간 혹은 30분마다 버스를 운행한다. 풍짱 버스를 예약하면 도시별 버스터미널에서 출발한다. 덕분에 호텔에서 터미널까지 이동할 때 여행자들을 위한 픽업 서비스를 해주는 장점이 있다. 그런데 호치민의 경우 여행자거리에서 서쪽으로 30분가량 떨어진 곳에 터미널이 있다. 호치민에서 풍짱 버스를 타고 다른 도시로 가려면 여행자거리의 풍짱 버스 사무실에서 미니버스를 타고 서쪽의 터미널까지 갔다가 동쪽의 무이네, 달랏, 냐짱으로 가야 하므로 이동 시간이 더 걸린다. 호치민에서 다른 도시로 갈 때는 신투어리스트의 버스를 이용하는 편이 시간을 절약할 수 있다.

> **Tip** 온라인에서 직접 버스노선을 확인하고 예매할 수 있다.
> **신투어리스트** www.thesinhtourist.vn
> **풍짱 버스** futabus.vn

슬리핑 버스 잘 타는 법

모든 투어 버스가 슬리핑 버스는 아니다. 같은 구간을 가더라도 밤에는 슬리핑 버스, 낮에는 일반 버스를 운행하거나, 거리가 짧은 구간은 밤에도 일반 버스를 운행하는 경우가 있다. 자신이 예매하는 시간대의 버스가 슬리핑 버스인지, 일반 버스인지 살펴보고 표를 구입하자. 어느 버스 회사의 버스가 더 좋다더라는 소문이 무성하지만, 사실 버스는 회사에 따라 특별히 다르지 않다. 그날 어떤 버스를 타게 될지는 복불복이다. 대부분의 슬리핑 버스는 1층과 2층의 좌석을 선택할 수 있고, 물티슈와 물 한 병을 제공한다. 큰 짐은 번호가 쓰인 스티커를 붙여서 버스 짐칸에 넣고, 작은 가방 1개만 가지고 타면 된다. 불편하더라도 가방을 통로에 내려놓지 말고 몸 옆에 두거나 발밑의 공간에 집어넣어 담요를 잘 덮어야 소매치기의 위험이 적다. 2층 좌석이 좀 더 프라이빗하고 남들 손이 덜 타긴 하지만, 여성들은 오르내리기에 불편하고, 차체가 높아서 흔들림이 있다. 일행이 여럿이라면 맨 뒷좌석을 선호하겠지만, 가끔 맨 뒷자리에 화장실을 비치한 슬리핑 버스도 있으니 염두에 두자. 슬리핑 버스라도 낮에는 담요를 제공하지 않는 경우가 많다. 에어컨 바람이 세게 나오니 낮이건 밤이건 긴 소매 옷을 준비하자. 버스 안에서 음식물 섭취는 금지되어 있다. 음식은 휴게소에서 먹자. 슬리핑 버스이지만 기사도 휴식을 취해야 하므로 중간에 휴게소에 꼬박꼬박 들른다. 오랜 시간 버스를 타야 한다면 버스 타기 전에 커피나 차를 마시는 건 자제하고, 미리 화장실에 다녀오도록 하자.

❸ 머무는 호텔에서 버스 예약하기

무이네와 달랏, 냐짱에서는 머무는 호텔에서 버스를 예매하는 편이 낫다. 여행사에서 예매하든, 버스회사에서 예매하든, 호텔에서 예매하든 가격에는 큰 차이가 없는데, 호텔에서 예매를 하면 로비에서 바로 픽업이 되니 짐을 들고 다닐 필요가 없어서 편리하다. 호텔의 컨시어지에 원하는 시간과 목적지를 알려주면 여러 버스 회사에 전화를 걸어 가능한 픽업 시간과 금액을 알려준다. 호텔에서 픽업 서비스만 연결해주고 버스 터미널에서 직접 표를 사야 하는 경우도 있고, 호텔에 바로 지불하면 예약이 완료되는 경우도 있다. 호텔에 지불을 했다면 영수증을 꼭 챙긴다. 만약을 대비해 영수증의 사진을 찍어 복사본을 만들어두자. 베트남 사람들은 구정을 쇠는데, 구정 연휴 기간에는 고향을 방문하는 인파가 많아 버스 요금이 오른다. 이 시기에 여행한다면 미리 버스표를 예약해두자.

Step 03
ENJOYING
호치민을 즐기다

| 01 베트남의 독특한 여행법, 도시별 투어 즐기기 |
| 02 도시별 베스트 포토존은 어디일까? |
| 03 호치민이 원래 사람 이름이라고? |
| 04 우리가 기억하는 전쟁, 그들이 기억하는 전쟁 |
| 05 호치민은 밤이 좋아! 호치민의 핫한 루프탑 바 BEST 4 |
| 06 뜨거운 젊음이 시원한 바다를 만나는 비치클럽 BEST 4 |
| 07 산과 바다, 계곡을 넘나드는 액티비티의 천국! |

STEP 03
ENJOYING

ENJOYING 01
베트남의 독특한 여행법,
도시별 투어 즐기기

베트남 사람들은 각자 오토바이를 운전하기 때문인지 대중교통이 그리 발달하지 않았다. 덕분에 베트남에서는 다양한 종류의 투어상품이 발달했다. 수많은 여행사들이 개성을 담은 상품으로 전 세계의 여행자들을 반긴다. 호치민과 무이네, 달랏, 냐짱에서 가장 인기 있는 투어를 알아보자.

쪽배를 타고 맹그로브 숲을 느릿느릿
호치민: 메콩 델타 투어
Mekong Delta Tour

호치민 여행자거리의 터줏대감 신투어리스트에는 메콩 델타 투어에 한국어 안내가 있을 정도다. 수상시장을 돌아보는 투어나, 1박 2일짜리 투어도 있지만 한국의 여행자들에게 가장 인기 있는 투어는 미토와 벤쩨를 돌아보는 1일 투어다. 농장을 돌아보고, 마차를 타고, 시식을 하는 한가로운 투어다. 쪽배를 타고 맹그로브 숲을 지나며 유유자적한 하루를 보낸다. **122p**

시원한 지프를 타고 사막에서 바다까지
무이네: 지프 투어 Jeep Tour

작고 조용한 해변 마을인 무이네에는 바닷바람으로 사구가 형성되어 만들어진 모래 언덕이 장관을 이룬다. 화이트 샌드듄과 레드 샌드듄, 요정의 시냇물과 어촌마을까지 한 번에 돌아보는 지프 투어가 인기다. 유리창도, 에어컨도 없는 지프를 타고 엉덩이를 들썩거리며 신나게 무이네의 여행지를 돌아보자. 오전이든 오후든 반나절 동안 돌아볼 수 있어 좋다. **167p**

유명한 여행지를 한번에 섭렵하기
달랏: 1일 투어 One Day Tour

달랏에는 커피 농장을 방문하거나 소수 민족의 공예품을 보러 가는 자연친화적인 여행상품들이 많다. 혈기왕성한 젊은이들은 계곡물에서 즐기는 캐녀닝 투어를 신청하기도 한다. 그래도 달랏에서 가장 인기 있는 투어는 달랏 시내에 여기 저기 흩어진 여행지를 한 번에 싹 돌아보는 데이 투어 상품이다. 여름 궁전과 로빈 힐, 죽림 선원, 사랑의 계곡 등을 돌아본다. **202p**

호핑 투어를 하며 파티를 즐겨보자
냐짱: 보트 투어 Four Oceans Boat Trip

맑고 푸른 바다를 헤엄치며 스노클링을 하는 것만으로도 휴양지에 온 기분이 물씬 나는 냐짱이다. 냐짱에서 호핑 투어를 신청하면 4개의 섬을 돌며 아쿠아리움도 가고, 점심도 먹고, 수영을 하고 스노쿨링을 한다. 세계 각국의 노래를 부르고 강남스타일에 맞춰 춤을 추다가 바다로 뛰어들어 파티를 하는 재미가 쏠쏠하다. **233p**

STEP 03
ENJOYING

ENJOYING 02
도시별 베스트 포토존은 어디일까?

여행을 오래도록 추억하는 방법 중 으뜸은 사진과 영상이다. 카메라만 들이대면
마법처럼 근사한 사진을 남길 수 있는 도시별 베스트 포토존을 찾아보자.

모던하고 세련된 느낌의 미술관
호치민: 호치민 미술관

호치민 미술관의 첫 번째 건물에 들어서면 아르누보식 장식이 달린 층계참과 오래되어 운행되지 않는 엘리베이터가 보인다. 창틈으로 새어들어오는 빛이 은은하다. 호치민의 사진작가들도 이곳에서 인물 사진을 찍곤 한다. 현대 미술관이 주는 모던한 느낌이 사진에도 고스란히 스며든다. `116p`

마치 사막을 걷는 것처럼
무이네: 화이트 샌드듄

우리나라에는 서해안의 신두리 한 곳에 모래사구가 있을 뿐, 사실 사막처럼 연출 사진을 찍을 만한 장소가 없다. 무이네의 모래사막을 맨발로 사뿐히 밟으며 하늘과 잇닿은 모래 언덕의 느낌을 사진으로 남겨보자. 아래쪽에 내려와서 올려다보면 모래 언덕의 실루엣이 근사하다. 언덕 꼭대기에서 점프샷을 찍는 사람들도 많다. `163p`

바다 위로 드문드문 던져진 바위들
냐짱: 혼쫑 곶

냐짱에서는 초록으로 빛나는 야자수가 우거진 하얀 모래사장에서 몸매에 대한 걱정 따윈 집어치우고 수영복 차림으로 선베드에 앉아 발가락 사진만 찍어도 예술이다. 유유자적 해변을 즐긴다면 굳이 혼쫑 곶까지 안 가도 좋다. 그래도 파도와 바위의 애틋함이 궁금해 혼쫑 곶에 간다면 바위를 힘껏 들어 올리는 사진 한 장쯤 건져 오자. `231p`

랑과 비앙의 전설이 머무는 곳
달랏: 랑비앙산

달랏 시내에서 북쪽으로 조금 떨어진 랑비앙산의 전망대에 올라보자. 주위가 워낙 고지대여서 그리 높아 보이지 않지만 랑비앙산은 해발 2,169m의 높은 산이다. 한라산이 해발 1,947m이고, 랑비앙산의 전망대가 해발 1,950m이다. 이런 높이까지 지프차를 타고 쓱 올라갈 수 있어 더욱 좋다. 발아래 펼쳐지는 풍경이 탄성을 절로 자아낸다. `199p`

STEP 03
ENJOYING

ENJOYING 03
호치민이 원래 사람 이름이라고?

베트남 공화국의 수도였던 사이공은 베트남 전쟁이 끝난 후 베트남의 독립과 혁명을 위해 일생을 바친 호치민의 이름을 따서 호치민 시로 개명되었다. 호치민의 일생은 베트남 근현대사와 맞닿아 있다. 호치민을 알면 베트남이 보인다.

호치민(1890~1969)은 누구인가

호치민은 베트남의 독립투사이자 지도자이며, 베트남 사람들의 영원한 '호 아저씨(박 호Bac Ho)'다. 호치민이 태어났을 때 베트남은 프랑스의 식민지였다. 국민들이 고통받는 모습이 안타까웠던 호치민은 상대를 이기려면 상대를 알아야 한다고 생각해 베트남을 떠나 공부를 시작했다. 프랑스와 미국, 아시아를 돌며 일하고 공부했다. 그는 인도차이나 반도에서 자행되는 프랑스의 식민 정책에 맞서 베트남, 라오스, 캄보디아와 연합해 '국제 식민지 동맹'을 결성하고 베트남 공산당을 창당했다. 감옥에 갇히기도 하고, 이름을 바꾸어 도망을 다니면서도 프랑스와 일본으로부터 베트남을 독립시키기 위해 싸웠다. 1945년 베트남이 독립하자, 그는 베트남 민주 공화국을 선포했다. 그러나 베트남은 열강에 의해 남북으로 갈라졌고, 미국과 30여 년간 베트남 전쟁을 치러야 했다. 호치민은 베트남 전쟁이 막바지에 이르던 1969년에 베트남의 통일을 보지 못하고 사망했다.

호치민은 어떻게 호 아저씨가 되었나

베트남 사람들은 강력한 지도자이자 독립투사였으며, 온화한 국민의 아버지였던 호치민을 '호 아저씨'라고 부르며 아직까지도 마음 깊이 새기고 있다. 호치민은 공산당을 창당하고 북베트남을 이끈 사람이었으나, 지금 베트남을 움직이고 있는 시장경제 체제도 호치민의 생각이라 볼 수 있다. "혁명을 하고도 인민이 여전히 가난하다면 그것은 혁명이 아니다. 혁명을 하고도 여전히 불행하다면 그것은 혁명이 아니다"라는 호치민의 말이 이를 뒷받침한다. 베트남 사람들에게 호치민은 그저 강대국으로부터 베트남을 독립시키고, 남북으로 갈라진 베트남을 통일시킨 사람이 아니다. 호치민은 베트남 사람들의 생각을 통일시키고, 베트남을 세계 속에 당당한 국가로 자리매김한 사람이며, 앞으로도 베트남 사람들을 이끌어갈 철학이다.

호 아저씨 호치민에 대해 궁금하다면
호치민 박물관 Ho Chi Minh Museum / Bến Nhà Rồng

사이공 강변 남쪽에 위치한 호치민 박물관은 1911년 호치민이 이곳에서 프랑스로 떠난 것을 기념하며 1979년 호치민 기념관이 되었다. 하노이에 있는 호치민 박물관에 비하면 자료가 적어서 아쉽다는 평이 많지만, 그래도 여행자로서 호치민이라는 인물에 대해 다시 한 번 생각하는 계기가 될 순 있겠다.

ENJOYING 04
우리가 기억하는 전쟁, 그들이 기억하는 전쟁

우리나라는 아직 전쟁이 끝나지 않았다. 남북으로 갈라진 우리는 반공교육을 받으며 미국의 사관에 영향을 받아왔다. 베트남도 한때 남북으로 갈라져 전쟁을 했다. 우리는 미국과 한편이 되어 남베트남 쪽에서 싸웠으나 전쟁은 북베트남과 남베트남민족해방전선(베트콩)의 승리로 끝났다. 우리가 기억하는 전쟁과 그들이 기억하는 전쟁은 같지 않다.

우리와 비슷한 베트남의 근현대사

19세기에 베트남이 프랑스의 통상 요구를 거절하자 프랑스는 이를 빌미로 전쟁을 일으켰다. 1862년에 프랑스는 베트남과 캄보디아, 라오스를 점령했다. 베트남 사람들의 독립투쟁이 이어졌으나 프랑스는 제2차 세계 대전까지 식민 통치를 계속했다. 2차 대전 당시 일본은 베트남의 천연자원을 군사적으로 이용할 목적으로 인도차이나 반도의 점령을 시도했다. 호치민이 이끄는 베트민(월맹)은 프랑스와 일본에 항거해 독립운동을 계속했다. 1945년 3월, 일본은 프랑스군을 제압하고 바오다이를 왕의 자리에 앉혀 베트남을 자신들의 꼭두각시 정부로 만들었다. 1945년 8월 일본이 전쟁에서 패하자, 호치민이 이끌던 베트민은 곧 베트남 민주공화국의 독립을 선포했다. 일본은 물러갔어도 프랑스는 호락호락 물러나지 않았다. 프랑스는 다시 바오다이를 내세워 사이공에 베트남국을 수립했고, 호치민의 베트민은 북부의 하노이에 베트남 민주공화국을 수립했다. 이로서 베트남은 남북으로 분단되었다.

1964년에 미국은 통킹만 사건을 조작하여 북베트남에 폭격을 시작했다. 베트남은 열강에 의해 다시금 원치 않는 내전을 시작했다. 미국과 한국을 비롯한 동맹국은 남베트남을 지원했고, 중국과 북한은 북베트남에 전투원을 보냈다. 1975년까지 전쟁이 계속되었으나 미국은 세계적인 반전 여론과 불투명한 전세로 인해 퇴각했다. 호치민은 전쟁 중에 사망했지만 호치민이 이끌던 베트민이 사이공을 함락시키며 전쟁에서 승리했고, 베트남을 통일했다.

베트남 전쟁의 실체를 들여다보는
꾸찌 터널 투어 Cu Chi Tunnel Tour

꾸찌 터널은 호치민의 북서쪽 꾸찌 지역에 파놓은 전체 길이 250km의 땅굴이다. 프랑스로부터 독립투쟁을 하던 시절부터 미국과의 전쟁을 승리로 이끌 때까지 베트민과 베트콩의 거점이었다. 부유하고 강했던 미국과 싸우기 위해 처절하게 게릴라전을 펼쳤던 베트남 사람들의 힘겨웠던 투쟁을 짐작하게 한다. `124p`

그들이 기억하는 베트남 전쟁
전쟁 박물관 War Remnants Museum / Bảo tàng chứng tích chiến tranh

역사는 승리한 자의 기록이라고 했던가. 전쟁도 마찬가지다. 세계에서 유일하게 미국과 전쟁을 해서 이긴 나라가 바로 베트남이다. 그러니 그들이 기록한 전쟁은 우리가 할리우드 영화에서 보던 전쟁과는 완전히 다르다. 우리가 '똘이 장군' 같은 반공 만화영화를 보며 자랄 때, 그들은 베트남에서 무차별 학살을 자행하는 미국인들을 생생하게 그려낸 반미 영상을 보며 자랐다. 우리가 몰랐던, 혹은 모른 척하고 싶었던 전쟁의 역사가 여기에 있다. `112p`

ENJOYING 05

호치민은 밤이 좋아!
호치민의 핫한 루프탑 바 BEST 4

루프탑에 올라 발아래 펼쳐지는 야경을 바라보면 마치 밤하늘에 콕콕 박혀있던 별이 도심에 흩뿌려진 느낌이다. 태양빛을 받아 이글거리던 도시의 열기가 사그라드는 저녁에 시원한 바람이 불어오는 루프탑 바로 가볼까. 신나는 음악과 달콤한 칵테일이 기다린다.

호치민에서 제일 하테하테!
칠 스카이 바 Chill Sky Bar

저 멀리 비텍스코 타워에서부터 가까운 벤탄 시장의 로터리까지의 야경이 눈앞에 펼쳐진다. 매일 밤 화려한 복장을 하고 밤을 즐기러 모여든 젊은이들이 새벽까지 열기를 뿜어낸다. 밤 10시가 넘어가면 분위기가 더욱 고조되며 호치민에서 가장 핫한 클럽임을 과시한다. 칵테일이 수준급인 만큼 가격도 만만치 않다. 복장 제한이 있으니 슬리퍼나 탱크탑은 자제하자. **136p**

벤탄 시장 로터리의 근사한 야경
OMG! 루프탑 바 OMG! Rooftop Bar

루프탑 바에서 분위기 있게 칵테일을 즐기고 싶지만, 칠 바처럼 시끌벅적한 클럽 분위기를 좋아하지 않는 사람에게는 OMG 루프탑 바가 제격이다. 편안한 소파 좌석에 느긋하게 기대 앉아 호치민의 야경을 감상할 수 있어 좋다. 디제잉 파티가 열리는 날을 제외하면 음악이 시끄럽지 않아 일행과 담소를 나누기에도 괜찮다. **137p**

사이공 강변의 정취를 느끼며
M. 바 M. Bar

유서 깊은 마제스틱 호텔의 M.바에서는 사이공강이 한눈에 내려다보인다. 사이공 강변이 내려다보이는 야외 좌석에서 시원한 바람을 즐기며 낮맥을 해도 분위기가 괜찮다. 그래도 저녁나절, 생맥주에 감자튀김을 곁들이며 밴드의 노래를 듣는 기분이 더욱 좋다. 사이공강에 리버 크루즈가 떠가는 모습을 바라보며 M.바의 분위기를 즐겨보자. **138p**

호치민에서 가장 높은 곳에 위치한
이온 헬리 바 Eon Heli Bar

이온 헬리 바는 사실 바람이 솔솔 불어오는 야외 루프탑 바는 아니다. 호치민 시내에서 가장 높은 빌딩인 비텍스코 타워의 52층에 올라가면 통유리로 마감한 이온 헬리 바가 나타난다. 창가에 앉으면 호치민 시내가 작게 내려다보인다. 내부가 넓어서 한쪽에선 라이브 공연에 맞춰 춤을 추고, 한쪽에서는 조용하게 바에 앉아 이야기를 나눌 수 있다. **137p**

ENJOYING 06
뜨거운 젊음이 시원한 바다를 만나는
비치클럽 BEST 4

조용할 것만 같던 한적한 시골 마을 무이네의 해변이 밤이면 뜨겁게 달아오른다. 파티 피플들이 몰려드는 냐짱의 해변은 말할 것도 없다. 뜨거운 태양보다 더욱 뜨거운 열정을 불사르는 젊은이들의 비치클럽을 소개한다.

무이네의 뜨거운 밤을 책임지는
드래곤 비치 라운지 앤 클럽
Dragon Beach Lounge&Club

낮에는 조용하고 예쁜 카페와 다름없다. 반쯤 드러누워서 맥주를 마시기 좋은 푹신한 카바나와 빈백이 해변을 따라 놓였다. 저녁 무렵부터 하나둘씩 모여든 젊은이들로 더 이상 앉을 자리가 없을 만큼 가득 차면 음악 소리가 고조된다. 후끈 달아오르는 분위기에 엉덩이가 들썩거리면 여기가 진짜 클럽이었구나 싶다. **173p**

음식도 맛있고, 파티도 즐거운
라인 업 바 앤 그릴 Line Up Bar&Grill

세련된 인테리어로 반겨주는 라인 업 바는 구석구석까지 다양한 자리가 있다. 둘이라면 바닷가에 가장 가까운 테이블을, 여럿이라면 편안한 소파에 근사한 그림이 그려진 자리를 찾아보자. 음식 맛도 좋아서 식사를 하기에도 좋고, 안주를 즐기기에도 좋다. 더욱 신나게 즐기고 싶다면 홈페이지에서 파티가 열리는 날짜를 확인해보자. **174p**

냐짱에 가면 세일링 클럽이지!
세일링 클럽 Nha Trang Sailing Club

세일링 클럽은 어느 때 가도 행복하다. 낮에는 푸른 바다를 바라보며 시원한 음료를 마실 수 있도록 선베드가 깔려 있고, 밤에는 시원한 바닷바람을 맞으며 칵테일을 마실 수 있도록 빈백을 놓아 준다. 해변에서 불쇼를 하며 신나는 밤을 알리면 플로어에서는 번쩍이는 조명으로 화답한다. 밤이 깊어질수록 플로어에 사람들이 늘어난다. **241p**

냐짱에서도 스카이바를 즐기자
스카이라이트 냐짱 Skylight Nha Trang

냐짱의 하바나 호텔 40층에 위치한 스카이라이트 루프탑 바에 올라가면 한쪽에는 바다가, 한쪽에는 냐짱 시내의 야경이 펼쳐진다. 해가 완전히 지고 나면 바다 쪽은 깜깜해지고 휘황찬란한 조명이 그 자리를 대신한다. 1층에서 입장권을 사서 올라가면 칵테일 한 잔을 준다. 세계 각국의 여행자들이 모여 파티를 즐긴다. **236p**

STEP 03
ENJOYING

ENJOYING 07
산과 바다, 계곡을 넘나드는
액티비티의 천국!

호치민과 이웃한 무이네, 달랏, 냐짱은 도시마다 특별한 액티비티를 즐길 수 있다. 산에서 바다로, 계곡에서 사막으로 종횡무진 신나게 달려보자!

바람을 타고 바다 위를 날아보자
무이네: 카이트서핑

아는 사람은 다 아는 카이트서핑의 명소가 바로 무이네다. 사시사철 바람이 강해서 윈드서핑과 카이트서핑을 즐기는 사람이 많다. 해안을 따라 카이트서핑 스쿨이 늘어섰다. 강습은 2시간 단위로 이루어지지만, 제대로 타려면 며칠은 머물러야 한다. 비치 바에 앉아서 구경만 해도 하늘을 나는 기분! **169p**

모래사막을 즐기는 색다른 방법
무이네: ATV

모래 언덕은 평평하고 완만한 쪽도 있는 반면, 바람이 불어오는 반대편은 깎아지른 절벽 같다. 수직에 가까운 모래 언덕을 ATV를 타고 내달린다. 보는 사람의 심장도 쪼그라드는데, 타는 사람은 오죽할까. 걸어서는 다 둘러볼 수 없는 모래사막을 ATV를 타고 한 바퀴 돌아보는 흥분되는 경험. **168p**

아드레날린 분출이 최고치에 달하다
달랏: 캐녀닝

달랏은 높은 산으로 둘러싸여 있는 만큼 계곡도 깊다. 계곡의 물길을 따라 트레킹을 시작해 라펠에 매달려 하강하고, 폭포를 건너고, 암벽에 매달리고, 물살을 타는 캐녀닝을 할 수 있다. 웬만한 액티비티는 저리 가라 할 만큼 매 순간 아드레날린이 폭발한다. 하지만 무엇보다도 안전이 제일! 컨디션을 고려해서 즐겨보자. **201p**

투명한 바닷속에서 물고기를 만나자
냐짱: 스노클링&스쿠버다이빙

냐짱에는 여행자거리 곳곳에 스쿠버다이빙 전문 여행사들이 즐비하다. 스쿠버다이빙이 처음이거나 펀다이빙을 즐기고 싶다면, 영어가 통하는 여행사에서 예약을 하자. 의외로 러시아인과 중국인을 상대로 하는 여행사들이 많다. 신투어리스트에도 스쿠버다이빙 투어가 있으며, 세일링클럽 옆에도 세일링클럽 다이버스가 있다. **233p**

세일링클럽 다이버스 sailingclubdivers.com
레인보우다이브 www.divevietnam.com

Step 04
EATING
호치민을 먹다

01 호치민 여행의 묘미! 베트남 음식의 묘미!
02 호치민에서 즐기는 베트남 요리 BEST 4
03 이렇게나 다양한 베트남 쌀국수
04 베트남에서 즐기는 해산물 요리
05 골라 마시는 재미가 있다! 베트남의 마실 거리

STEP 04
EATING

EATING 01
호치민 여행의 묘미! 베트남 음식의 묘미!

껌 찌엔 하이산 Cơm chiên hải sản (해산물 볶음밥)
'껌'은 흰밥이고, '찌엔'은 볶는다는 뜻, 하이산은 해산물을 말한다. 다양한 해산물을 넣고 짭조름하게 볶아낸 볶음밥은 베트남 어디에서 먹어도 기본은 한다. 든든한 한 끼로 좋다.

껌 찌엔 짜이 떰 Cơm chiên trái thơm (파인애플 볶음밥)
동남아에서 자주 볼 수 있는 파인애플 볶음밥이다. 커다란 파인애플의 속을 파낸 다음 그 안에 파인애플과 함께 볶아서 달달한 밥을 꾹꾹 채워준다. 다른 볶음밥과는 달리 달콤한 맛 덕분에 인기가 많다.

고이 꾸온 Gỏi cuốn (베트남식 스프링롤)
스프링롤은 중국이나 태국, 베트남 등 아시아쪽에서 밀전병이나 쌀전병에 돌돌 말아 먹는 요리를 통칭한다. 베트남의 스프링롤인 고이 꾸온은 닭고기나 새우에 야채와 가는 쌀국수 면을 더해 라이스페이퍼로 싸먹는 요리다.

보 라 롯 Bò lá lốt (소고기 해초 말이)
다진 소고기를 라 롯이라는 해초에 말아서 구워낸 음식이다. 라 롯의 식감이나 색깔은 미역이나 김과 유사하다. 보 라 롯의 색깔이 언뜻 끌리지 않더라도 일단 먹어보면 입안 가득 퍼지는 소고기의 풍미와 감칠맛에 반한다.

반 봇 록 bánh bột lọc (새우 찰 떡)
반 봇 록은 작은 스프링롤의 크기로 바나나 잎에 둘둘 말려 있는 떡의 일종이다. 타피오카 전분으로 쫄깃하게 만든 피 속에는 새우가 통째로 들어가 있다. 밥 대신 가볍게 먹거나 간식으로 먹기에도 좋다.

틧 코 토 Thịt kho tộ (돼지고기 조림)
작은 뚝배기에 돼지고기를 조린 음식이다. 우리나라의 불고기나 돼지갈비처럼 달큰한 간장 양념을 넣어 졸였기 때문에 함께 나온 흰밥 한 공기를 뚝딱 비우게 된다. 새우 조림은 '똠 코 토', 생선 조림은 '까 코 토'라고 부른다.

한국인의 입맛에 딱 맞는 베트남 음식을 이렇게나 훌륭한 가격으로 마음껏 먹을 수 있다니 정말 행복한 일이다. 베트남을 여행할 땐 고추장이나 컵라면도 필요 없고, 김치 생각도 나지 않는다. 한국에서 즐겨먹던 쌀국수나 스프링롤을 비롯해 맛있는 음식이 넘쳐난다.

짜조 Chả giò, 넴 꾸온 Nem cuốn(베트남식 튀긴 만두)

다진 돼지고기와 버섯, 야채, 당면을 라이스페이퍼에 돌돌 말아 튀긴 베트남식 만두이다. 고소하고 바삭하다. 새우나 게살을 넣기도 한다. 베트남 북부에서는 짜조를 포함한 다양한 롤 종류의 음식을 모두 넴Nem이라고 부른다.

반 쎄오 Bánh xèo (베트남식 팬케이크)

쌀가루 반죽에 숙주와 각종 야채, 돼지고기나 새우, 해산물 등을 얹어 반달 모양으로 접어 부친 음식이다. 지역마다 크기와 속재료가 다양하다. 베트남 남부 지방에서는 코코넛 밀크를 넣어 더욱 부드럽다.

넴 느엉 Nem nướng (돼지고기 소시지)

베트남 북부에서는 짜조를 넴이라고 부르는 반면, 베트남 남부에서는 다진 돼지고기로 만든 소시지를 넴이라고 부른다. 넴 느엉은 소시지를 꼬치에 꿰어 구운 후 각종 야채와 라이스페이퍼에 싸서 소스에 찍어 먹는 요리다.

까 따이 뜨엉 찌엔 쑤 cá tai tượng chiên xù (코끼리 귀 모양 생선)

메콩 델타 투어에서 먹을 수 있는 생선 요리다. 메콩강에서 잡히는 물고기로 요리한다. 튀긴 생선의 살을 야채와 함께 라이스페이퍼에 싸 먹는다. 고기가 들어간 스프링롤과는 또 다른 별미다.

반미 bánh mì thịt nướng (베트남식 바게트 샌드위치)

베트남에서 만드는 프랑스식 바게트인 반미는 밀가루 대신 쌀가루로 만들어 부드럽고 맛이 좋다. 여기에 여러 가지 고기와 소시지, 각종 야채를 꾹꾹 눌러 담고 여러 가지 소스를 뿌려 먹는다.

고이 응오 센 Gỏi Ngó Sen (연근 샐러드)

베트남에서는 피시 소스에 버무린 파파야 샐러드나 망고 샐러드도 많이 먹지만, 다른 동남아와 다르게 연근 샐러드나 자몽 샐러드도 많이 먹는다. 연근 샐러드는 새콤달콤한 소스로 양념해서 더운 날 상큼하게 입맛을 잡아준다.

EATING 02

호치민에서 즐기는
베트남 요리 BEST 4

베트남 음식은 한국인의 입맛에 참 잘 맞는다. 길거리에서 쌀국수를 먹든, 고급 레스토랑에서 해산물 요리를 시키든, 아무 식당에 들어가 처음 보는 메뉴를 시키든 실패할 일이 거의 없다. 미식의 도시 호치민에서는 말할 나위가 없다. 그중에서도 분위기 좋고 맛있다고 소문난 호치민의 맛집 네 곳을 소개한다.

둘째가라면 아쉬울 베트남 가정식의 대명사!
꾹갓콴 Cục Gạch Quán

모던한 실내 인테리어로 손님을 반기는 꾹갓콴은 저녁이면 예약을 해야 할 정도로 현지인과 여행자들의 사랑을 받는다. 게를 통째로 튀겨낸 소프트셸 크랩은 놓치지 말아야 할 메뉴. 부드럽게 씹히는 고소한 맛이 일품이다. 겉은 바삭하고 속은 부드러운 베트남 손두부 요리도 맛있다. 택시를 타고서라도 찾아갈 만하다. **130p**

여럿이 가도 좋을 오픈 쿠킹 레스토랑
냐항 응온 Nhà hàng Ngon

대가족이 모두 모여 앉아도 끄떡없을 넓은 테이블 자리가 많아서 현지인들과 여행자들이 많이 찾는다. 음식과 음료의 메뉴가 다양하고, 가격도 합리적이다. 조용히 음식 맛을 즐기고 싶다면 낮에 가는 편이 좋고, 야외 정원의 아롱거리는 불빛 아래서 식사를 하고 싶다면 저녁에 가는 편이 좋겠다. **132p**

로맨틱한 분위기에서 즐기는 맛있는 식사
호아뚝 Hoa Túc

싱그러운 초록 식물로 둘러싸인 아담한 야외 정원에 고급스러운 보라색의 소파와 의자가 놓였다. 꽃무늬 테이블 매트에 깔끔한 플레이팅이 음식 맛을 더욱 돋운다. 쿠킹 클래스를 운영할 만큼 음식 맛이 좋기로 유명하고, 친절한 서비스도 마음에 든다. 다른 베트남 음식점에 비하면 가격이 살짝 높은 편임을 감안하더라도 또 가고 싶은 맛집이다. **131p**

고급스럽고 세련된 서비스
템플 클럽 Temple Club

어둑어둑한 통로를 지나 2층으로 올라가면 베트남과 중국식이 혼재된 고풍스러운 인테리어의 템플 클럽이 나타난다. 고급스러운 분위기만큼이나 서비스도 깍듯하다. 전통적인 베트남 음식뿐만 아니라 중국, 인도, 캄보디아, 태국 스타일이 섞인 퓨전 음식도 선보인다. 저녁 식사 때는 일찍 예약해야 창가 자리에 앉을 수 있다. **133p**

EATING 03
이렇게나 다양한
베트남 쌀국수

쌀국수 좀 먹어봤다는 사람도 베트남에서 쌀국수를 먹고 나면 눈이 휘둥그레진다. 그리고 지금까지 먹었던 쌀국수는 진정한 베트남 쌀국수가 아니었음을 깨닫는다. 진짜 베트남 쌀국수를 먹으러 가보자. 삼시 세끼 쌀국수만 먹어도 괜찮을 만큼 종류도 다양하다. 굵은 쌀국수 면은 포Pho, 가는 쌀국수 면은 분Bun, 달걀을 넣어 반죽해 노란색을 띠는 미Mi, 당면인 미엔Mien은 지역과 요리에 따라 다르게 쓰인다.

미엔 싸오 꾸어 Miến xào cua
게 요리를 좋아한다면 게살 볶음밥 대신 게살 당면 요리인 미엔 싸오 꾸어에 도전해보자. 푸짐한 게살과 통통한 당면이 짭짤하게 어울려 자꾸자꾸 손이 간다. 한국에선 먹기 힘든 요리니 호치민에서 시도해보자.

분 팃 느엉 Bún thit nướng
달콤 짭짤하게 양념한 돼지고기를 국수 위에 가득 얹어 준다. 구운 돼지고기는 달콤한 양념의 맛과 불맛이 살아 있다. 싱싱한 야채를 잔뜩 얹어 땅콩 소스와 느억맘 소스에 비벼 먹으면 아삭하고 쫄깃한 맛이 좋다.

포 보 Phở Bò
뜨끈한 국물을 좋아하는 한국인에게 가장 인기 있는 쌀국수 메뉴다. 진한 고기 국물에 넓적한 쌀국수 면과 얇게 저민 소고기를 넣어 먹는다. 취향에 따라 같이 나온 야채와 고수, 라임과 고추를 넣고, 칠리 소스나 해선장 소스를 뿌린다.

분 짜까 Bún chả cá
'짜까'는 생선이나 게, 새우살을 으깨어 만든 어묵이다. 짜까는 다양한 음식 재료로도 쓰이고, 바비큐로도 먹는다. 분 짜까는 가는 면발의 쌀국수에 어묵을 곁들인다. 진한 생선 육수만 쓰기도 하고, 살짝 매콤하게 먹기도 한다.

분 까 Bún cá
'까'는 생선을 뜻한다. 가는 쌀국수 면발에 두툼한 생선살을 넣어 담백하게 먹는 쌀국수다. 분 짜까가 살짝 매콤함을 더했다면, 분 까는 토마토를 넣어 신맛과 단맛이 조화롭다. 야채나 고수, 고추는 취향에 따라 추가하자.

분 넴 Bún nem
쌀국수와 짜조를 따로 담아 내오면 느억맘 소스에 찍어 먹는다. 바삭거리는 짜조의 식감과 소스를 듬뿍 머금은 국수의 맛이 어울린다. 하노이를 중심으로 한 북부 베트남에서는 짜조를 넴 잔Nem ran이라고 부르기 때문에 '분 넴'이라고 부른다.

분 지에우 Bún riêu
분 지에우는 토마토를 넣어 끓인다. 국물은 붉은 색이지만 새큼 달큼한 맛이 강하고 그다지 맵지 않다. 보통 게 살을 넣어 분 지에우 꾸어Bún riêu cua를 먹거나 우렁이를 넣은 분 지에우 옥Bún riêu ốc을 먹는데, 돼지고기나 소고기로도 먹는다.

미 싸 씨우 Mì xá xíu
싸 씨우는 일본에서 차슈라고 부르는 양념 돼지고기와 비슷하게 양념한 돼지고기를 튀겨서 만드는 고명이다. 노란색 쌀국수인 미Mì 면으로는 주로 볶음 국수나 튀김 국수를 만드는데, 싸 씨우 국수에도 넣는다.

EATING 04
베트남에서 즐기는 해산물 요리

길고 긴 해안선을 가진 베트남에서는 해산물 요리를 자주 접할 수 있다. 요리법도 다양해서 바비큐를 해먹기도 하고, 양념을 얹어 먹기도 하고, 튀겨 먹기도 한다. 랍스터에서 가리비, 게와 새우, 오징어까지 다양한 해산물을 즐겨보자.

새우 바비큐
바비큐 집에서는 여러 가지 해산물을 골라 구워 먹을 수 있는데, 한국 여행자들에게 가장 인기 있는 메뉴는 새우다. 그냥 구워주는 집도 있고, 타마린드 소스를 발라 구워주는 집도 있다.

문어 바비큐
호치민의 바비큐 집에 가면 양념에 잘 재워둔 문어를 고를 수 있다. 문어 한 마리에 4천 원에서 6천 원 정도이니 우리나라의 1/10 가격이다. 입맛을 돋우는 베트남 양념장에 찍어 먹으면 절로 맥주를 주문하게 된다.

바닷가재
무이네의 보케 거리에 가면 해산물 집이 늘어서 있다. 바닷가재를 고르면 무게를 재어 가격을 알려준다. 커다란 바닷가재 한 마리에 4만 원 선이다. 반으로 갈라 잘 구워 마늘 양념을 발라서 준다.

게살튀김

게살을 다져서 게 다리에 둥글게 감싼 다음 튀겨 먹는다. 짭조름하고 고소한 맛이 일품. 가끔은 게살과 새우살을 함께 다져서 튀기기도 한다. 베트남의 튀김요리는 웬만하면 다 맛있는데, 심지어 게살이라니 말해 무엇하랴.

새우튀김

우리나라처럼 새우의 껍질을 까서 튀김옷을 입혀 새우튀김을 만든다. 새우 살을 다진 다음에 사탕수수에 둥글게 말아서 굽는 것을 짜오 똠이라고 부른다. 쌀가루 튀김옷에 고구마를 넣어 튀기면 반 똠이라고 한다.

가리비구이와 조개구이

베트남의 가리비는 사이즈가 좀 잘다. 그래도 베트남식으로 파를 총총 썰어 올리고, 땅콩을 뿌려 마무리하면 쫄깃한 맛이 기가 막히다. 해산물 바비큐 식당에서는 다양한 사이즈의 조개를 구비하고 다양한 양념을 얹어 구워준다.

소프트셸 크랩

베트남에서는 부드러운 껍질을 가진 소프트셸 크랩을 먹는다. 우리나라 꽃게처럼 껍질이 단단하지 않아서 튀김옷을 살짝 입힌 다음 통째로 튀겨 껍질째 먹을 수 있다. 바삭바삭한 튀김옷과 고소한 게 맛 덕분에 게 눈 감추듯 먹어치우게 된다.

EATING 05
골라 마시는 재미가 있다!
베트남의 마실 거리

호치민에서는 이른 아침부터 카페 쓰어다를 마시고, 달랏에서는 아침저녁 두유를 마신다. 티타임에는 짜를 마시고, 밥을 먹을 땐 짜다를 주문한다. 디저트로는 달콤한 신또를 마셔볼까. 베트남 여행은 먹거리도, 마실 거리도 풍부해서 행복하다.

카페 쓰어다 Cà phê sữa đá
베트남 커피는 진하고 묵직하다. 한국의 연한 아메리카노를 즐겨 마시던 사람들은 화들짝 놀랄지도 모르겠다. 진하고 쓴 베트남 커피에는 진하고 달달한 연유를 넣어야 어울린다. 연유를 '쓰어'라고 하고, 얼음을 '다'라고 한다. 연유를 타서 뜨겁게 마시면 카페 쓰어, 차갑게 마시면 카페 쓰어다라고 한다. 연유는 바닥으로 가라앉으니 잘 저어 마시자. 진한 맛의 카페 쓰어다가 입에 맞는다면 베트남의 현지인들이 자주 찾는 로컬 커피숍으로 가보자. 일반 커피 체인점보다 커피가 더욱 진하다. 카페인에 민감하다면 저녁엔 마시지 말자. 잠을 못 이루는 수가 있다.

두유 Sữa đậu
기후가 서늘한 달랏은 다른 베트남 도시와 다른 독특한 문화와 먹거리가 있다. 아침저녁 따끈한 두유를 마시는 것도 그중 하나다. 따끈한 두유를 유리잔에 담아주면 설탕이나 소금을 취향대로 넣어 마신다.

신또

베트남의 과일 셰이크인 신또는 일반 과일 주스와 달리 생과일에 연유와 얼음을 함께 넣어 믹서에 갈아먹는다. 과일을 한 가지, 혹은 두세 가지 선택할 수 있는데 어떤 과일을 고르든 연유를 넣기 때문에 달콤한 맛이 강하다.

느억 미아(사탕수수 즙)

작은 노점에서 느억 미아를 팔면 구경하는 재미가 쏠쏠하다. 기다란 사탕수수를 기계 안에 집어넣으면 사탕수수 즙이 뚝뚝 떨어진다. 설탕도 꿀도 넣지 않았는데 시원하고 달콤하다. 이래서 사탕수수 즙을 먹는구나 싶다.

과일 주스

과일이 저렴하고 흔한 베트남에서는 어디서나 쉽게 과일 주스를 사먹을 수 있다. 귤이나 자몽 같은 새콤한 과일부터 시원하고 달콤한 망고나 수박, 달고 신 맛이 강한 파인애플이나 딸기까지 다양하게 골라 마시자.

맥주

호치민을 중심으로 한 베트남 남부에서는 주로 333 맥주(비아 빠빠빠)와 사이공 맥주(비아 싸이공)를 마신다. 베트남 생맥주를 원한다면 비아 허이Bia hơi를 주문하면 된다. 비아 허이는 홉과 쌀이 섞여서 도수가 2~4도로 낮고, 맛이 가볍다.

와인

베트남 달랏 지역에서 와인을 생산한다. 달랏 와인은 베트남 국민 와인이라고 해도 과언이 아니다. 1999년에 시장에 첫 선을 보인 달랏 와인은 12년 연속 '고품질 베트남 상품'으로 선정되었다. 자랑스러운 베트남의 상품 중 하나다.

아티초크티 Trà Atisô

달랏에서는 짜를 마실 때 아티초크 차를 마신다. 아침저녁으로 선선하기 때문에 얼음을 넣지 않고 따뜻한 차를 선호한다. 아티초크는 기름진 음식의 소화를 돕고, 구수해서 마시기 좋다. 장에도 좋아서 꾸준히 마시면 변비가 해소된다.

Step 05
SHOPPING

호치민을 남기다

01 어디서 살까? 얼마에 살까? 사고 싶은 기념품이 잔뜩!
02 마트와 편의점에서 골라골라~ 쇼핑 리스트
03 내가 바로 원조야! 달랏의 특산품

STEP 05
SHOPPING

SHOPPING 01
어디서 살까? 얼마에 살까?
사고 싶은 기념품이 잔뜩!

베트남 전통모자
농
시장, 메콩 델타 투어
40,000~60,000동

색깔 곱고 퀄리티 좋은
자석
시장, 기념품숍
20,000~60,000동

랜드마크를 담은
스노우볼
시장, 기념품숍
200,000~400,000동

귀여운 미니어처
도자기 세트
시장, 기념품숍
100,000~160,000동

자개가 촘촘
젓가락 받침 세트
시장, 기념품숍
40,000~60,000동

예쁘고 편하고 저렴한
샌들
시장, 기념품숍, XQ 자수 공방
300,000~400,000동

늘씬날씬 기성품
아오자이
기념품숍, 백화점, 냐짱 센터
1,000,000~2,000,000동

대나무로 만든
책갈피
시장, 기념품숍
4,000~8,000동

사파 스타일
가방
시장, 기념품숍, 사파빌리지
약 400,000동

호치민과 베트남의 앙증맞은 기념품들은
가격 또한 괜찮아서 지름신을 물리치기가 쉽지 않다.
여행을 추억하는 베트남스러운 기념품들을 골라보자.

블링블링 에스닉
팔찌
시장, 기념품숍, 사파빌리지
약 100,000동

근사한 사진이 담긴
여행책
편집숍, 서점
120,000~200,000동

추울 때 막 사 입는
패딩
달랏 야시장
약 100,000동

아티스틱한
입체 엽서
기념품숍, 우체국
20,000~40,000동

선물하기 좋은
아오자이 인형
시장, 기념품숍
10,000~40,000동

베트남 분위기가 물씬
래커웨어
시장, 기념품숍
300,000~500,000동

입으면 더욱 근사한
니트 수영복
무이네와 냐짱의 기념품숍
400,000~600,000동

남자친구에게
실크 넥타이
실크숍, XQ 자수 공방
140,000~280,000동

색깔별로 갖고 싶은
램프
시장, 기념품숍
300,000~500,000동

STEP 05
SHOPPING

SHOPPING 02
마트와 편의점에서 골라골라~
쇼핑 리스트

골라 먹는 재미가 있는
컵라면
마트, 편의점
약 10,000동

베트남 요리할 때 필요한
핫소스
마트
5,000~10,000동

장만해두면 요긴한
해선장소스
마트
6,000~12,000동

종류별로 즐겨보는
과일
시장, 마트, 편의점
20,000~100,000동/kg

베트남에도 있다
바나나보트 선크림
편의점, 마트
150,000~200,000동

햇볕에 그을린 피부에
알로에 베라
편의점, 마트
약 60,000동

재래시장과 기념품숍에서 살 수 있는 아기자기한 기념품들 외에도
대형 마트나 길거리의 편의점에서 살 수 있는 소소한 기념품들이 따로 있다.
여행 중에 먹을 간식이나 과일뿐만 아니라 한국에 사오고픈 아이템을 소개한다.

몸에 좋은
코코넛 오일
마트, 편의점
40,000~60,000동

열대과일맛 그대로
프루트칩
편의점, 마트
약 30,000동 / 1봉

이다지도 다양한
커피
마트, 시장, 편의점
약 40,000동 / 1박스

먹다 보면 반하는 맛
연꽃 씨
마트, 편의점
약 100,000동 / 1봉

놀라운 맛과 가격의
베이커리
마트
5,000~20,000동 / 1개

집에서도 먹고 싶을 때
쌀국수 면
마트
약 16,000동 / 1봉

SHOPPING 03
내가 바로 원조야!
달랏의 특산품

몸을 따뜻하게
말린 아티초크
보리차를 끓이듯 물에 말린 아티초크를
넣고 팔팔 끓여 우려 마시는 차
약 140,000동 / 1봉지

간편하게 마시는
아티초크 티백
아침저녁 마시면 몸이 따뜻해지고
변비가 해소되는 아티초크티
약 30,000동 / 1상자(20개)

다이어트에 좋은 간식
말린 고구마
쫀득쫀득 잘 말린 고구마는
출출할 때 먹으면 든든한 간식
약 60,000동 / 1봉지

은근한 기쁨
달랏 와인
등급별로 산지별로 사이즈별로
모두 갖춘 달랏 와인
약 120,000~200,000동 / 1병

호치민처럼 큰 도시의 마트에는 달랏에서 온 여러 가지 특산물을 찾아볼 수 있다. 아티초크티, 달랏 와인, 말린 과일 같은 달랏의 특산물들은 이왕이면 달랏을 여행할 때 구입해보자.

달랏 딸기로 만드는
딸기잼
365일 봄 날씨로 일 년 내내 딸기를
생산하는 달랏의 딸기잼
약 30,000동 / 1병

수십 가지 종류의
말린 과일 젤리
망고나 딸기 외에도 오디나 타로, 알로에,
용과, 패션프루트 향이 쫀득쫀득
약 12,000동 / 1봉지

꽃의 도시 달랏의
드라이플라워
생화를 순식간에 말려 꽃의 모양 그대로,
아름다움을 오래오래
약 300,000동 / 1짝

없어서 못 마시는
달랏 커피
달랏에서 생산해 달랏 근처에서 물량이
다 소비되는 맛 좋고 귀한 커피
60,000동 / 1봉지

Step 06
SLEEPING
호치민에서 자다

01 호치민과 베트남의 호텔, 어떻게 고를까?
02 월드 클래스의 서비스, 격조 높은 휴식
03 파도 소리와 새 소리를 들으며 자연 속 힐링의 시간
04 낮에는 핫하게, 밤에는 쿨하게 호텔 수영장 즐기기
05 베트남에는 작지만 강한 미니 호텔이 있다!

STEP 06
SLEEPING

SLEEPING 01
호치민과 베트남의 호텔,
어떻게 고를까?

아름답고 거대한 도시 호치민에는 세계에서 손꼽히는 럭셔리 호텔에서부터 여행자거리의 작은 미니 호텔까지 다양한 호텔이 있다. 해변의 도시 무이네와 냐짱, 산으로 둘러싸인 달랏에 이르기까지 각 도시별로 내 맘에 쏙 드는 호텔을 골라보자.

지역별 호텔을 고르는 요령

❶ 호치민에서는 어느 지역에 머물까?
여행자들이 머무는 지역은 크게 두 곳으로 나뉜다. 하나는 인민위원회 청사를 중심으로 한 응우옌 후에 거리와 동커이 거리 쪽의 세련되고 모던한 지역, 다른 하나는 신투어리스트를 중심으로 부이비엔 거리와 데탐 거리 사이의 여행자거리 지역이다. 두 곳 모두 호치민 시내를 도보로 여행하기에 어렵지 않고, 택시를 타면 1~2천 원 정도로 시내를 오갈 수 있으니 예산과 취향에 맞추어 호텔을 골라보자.

❷ 무이네에서는 어느 지역에 머물까?
무이네의 해변은 서쪽에서 동쪽으로 길게 이어져 있다. 무이네 해변의 서쪽에는 모래사장이 펼쳐져 있어서 프라이빗 비치를 가진 리조트들이 많고, 서핑을 하기에 좋다. 무이네 해변의 중간에는 모래사장이 없고, 1~2m의 방파제가 있어 해변이 발아래로 내려다보인다. 무이네 해변의 동쪽으로 가면 다시 모래사장이 펼쳐진다. 서핑을 즐기고 싶은 사람은 미아리조트 근처의 서쪽 해변으로, 조용하게 머물고 싶은 사람은 동쪽 해변을 선택하자.

❸ 달랏에서는 어느 지역에 머물까?
달랏에는 쑤언 흐엉 호수의 서쪽으로 호텔이 많다. 시내의 중심인 달랏 시장 로터리에서 서쪽 골목으로 들어가보자. 리엔 호아가 위치한 바탕 하이 거리와 여행사와 레스토랑이 즐비한 쭝꽁딘 거리에 미니 호텔들이 늘어섰다. 달랏 시장에서 호수 쪽으로 내려가는 응우옌 찌딴 거리에도 호텔이 많다. 야시장에서 늦게까지 즐기려면 시내 쪽의 호텔을, 달랏의 자연과 아름다운 정취를 느끼며 힐링하려면 시내에서 조금 떨어진 리조트를 선택하자.

❹ 냐짱에서는 어느 지역에 머물까?
냐짱의 해변은 남북으로 길게 이어져 있다. 해변과 쩐푸 거리를 사이에 두고 호텔들이 늘어섰다. 해변에서 뒹굴고 싶다면 쩐푸 거리에 접한 호텔을 선택하자. 냐짱에도 여행자거리가 있다. 비엣투 거리에서 세일링 클럽에 이르는 골목에 크고 작은 호텔들이 모여 있다. 여행자 거리답게 레스토랑과 여행사들도 많다. 복잡한 도시를 떠나 휴양을 하고 싶다면 혼쩨 섬의 빈펄 리조트나 남쪽으로 한참 떨어진 미아 리조트를 선택하자.

호텔 예약 사이트
트립어드바이저 www.tripadvisor.co.kr
호텔뿐만 아니라 레스토랑과 관광지를 함께 안내하여 전체적인 여행의 윤곽을 그리기 좋다.
아고다 www.agoda.com
저렴한 가격으로 실시간 예약하고 후불로 지불이 가능하다.
호텔스닷컴 www.hotels.com
10박을 하면 1박을 무료로 제공하는 등 리워드 제도가 잘 이루어져 있다.

SLEEPING 02
월드 클래스의 서비스, 격조 높은 휴식

호치민과 베트남 남부의 호텔과 리조트는 세계적인 수준의 서비스와 객실을 자랑한다.
사랑하는 사람과 최고의 럭셔리함을 경험하고 싶다면 이곳으로 가자.

호치민: 더 레버리 사이공 호텔

더 레버리 사이공 호텔에서의 하룻밤은 호치민에서 누릴 수 있는 최고의 사치가 아닐까. 타임스퀘어 빌딩에 위치한 더 레버리 사이공 호텔은 럭셔리한 이탈리아의 브랜드로 로비와 스파, 객실 내부를 꾸몄다. 6층에 위치한 야외 수영장에서 응우옌 후에 거리와 사이공강이 내려다보인다. 금실로 수를 놓은 벽지, 보드라운 침구, 시치스의 소파, 에르메스와 쇼파드의 어메니티 모두 더할 나위 없이 고급스럽다.
147p

냐짱: 에바손 아나만다라

아나만다라는 '손님을 위한 아름다운 집'이라는 뜻이다. 세계적으로 유명한 식스센스 리조트 그룹에서 운영한다. 고운 모래사장을 거닐며 파란 바다를 바라보며 휴식할 수 있는 빌라형 객실은 아름답고 편안하다. 유명한 식스센스 스파를 체험하고, 2개의 수영장에서 여유로운 시간을 보낼 수 있다. 캐노피가 드리워진 침대, 정원에 매달린 해먹은 보기만 해도 평화롭다. 아나 비치 하우스에서의 로맨틱한 디너를 즐겨보자.
246p

달랏: 팰리스 헤리티지 호텔

쑤언 흐엉 호수가 내려다보이는 아트막한 언덕 위에 서있는 고풍스러운 빅토리아 스타일의 건축물이 바로 팰리스 헤리티지 호텔이다. 꽃들이 피어난 정원을 지나 생화로 장식한 로비에 들어서면 19세기의 프랑스 궁전을 재현한 듯한 근사한 로비가 맞아준다. 앤틱한 스타일의 인테리어로 꾸며진 방과 욕실이 멋스럽다. 프렌치 레스토랑인 르 라벨레 레스토랑에서의 식사도 만족스럽다.
214p

STEP 06
SLEEPING

SLEEPING 03

파도 소리와 새 소리를 들으며
자연 속 힐링의 시간

무이네와 냐짱에서는 해안선을 따라 늘어선 리조트에서 파도 소리를 듣고, 달랏에서는 소나무 숲이 우거진 숲속의 빌라에서 새 소리를 들어볼까. 자연과 어우러져 몸과 마음이 맑아지는 느낌이 여행의 묘미라고 생각한다면 이곳으로 가자.

무이네: 아난타라 무이네 리조트 앤 스파

무이네에서도 아난타라의 고급스러운 서비스를 즐길 수 있다. 아난타라는 태국과 몰디브, 발리, 베트남의 세계적인 휴양지에서 리조트를 운영하는 그룹이다. 어느 리조트를 가더라도 현지의 이국적인 문화를 아난타라의 럭셔리한 인테리어에 녹여내어 여행이 즐겁다. 리조트에서 모래사장으로 나가는 입구에는 수영장 옆으로 나무 데크 위에 파라솔과 테이블이 놓였고, 넓은 해변에는 선베드가 놓였다. 수영장이든 해변이든 뒹굴며 쉬기에 참 좋다. **177p**

달랏: 아나만다라 빌라스 달랏 리조트 앤 스파

나무로 된 창문을 활짝 열어젖히고 맑은 공기와 새 소리가 온몸으로 스며드는 아침을 맞이해보자. 달랏의 아나만다라 빌라스 리조트에서는 쉽게 자연과 동화된다. 향긋한 소나무 숲 사이로 꽃이 만발한 정원이 펼쳐지고, 오솔길을 따라 걷다 보면 노란색의 빌라들이 반겨준다. 낮에는 온수풀에서 수영을 하고, 밤이면 벽난로에 불을 피우고 달랏 와인을 마시며 느긋한 시간을 보내자. 진정한 힐링이 무엇인지 깨닫는 시간. **213p**

냐짱: 미아 리조트

눈을 뜨면 통유리 너머로 환한 햇살이 들어오고, 파도 소리가 들린다. 투숙객이 아니면 찾아올 사람이 없는 한적하고 고요한 해변에서 완벽한 휴식을 경험한다. 냐짱의 미아 리조트는 넓은 부지에 드문드문 들어선 빌라와 콘도에서 편안한 시간을 보낼 수 있다. 인테리어는 감각적이면서도 자연 친화적이다. 해먹을 드리운 정원에서, 파도 소리 들려오는 프라이빗 풀에서 여유를 누려보자.
249p

STEP 06
SLEEPING

SLEEPING 04
낮에는 핫하게, 밤에는 쿨하게
호텔 수영장 즐기기

사시사철 여름인 베트남 여행에서 호텔을 선택할 때 수영장이 있나 없나 살피기 마련. 수영장을 갖춘 호텔은 여럿이지만 낮에도 밤에도 핫한 수영장을 갖춘 호텔들을 찾아보자.

호치민: 뉴월드 호텔

호치민에서 가장 큰 규모의 호텔 위용에 걸맞게 호치민에서 가장 큰 야외 수영장을 자랑한다. 토요일마다 수영장에서 열리는 사이공 소울 풀 파티는 여행자들 사이에서도 입소문이 자자해서, 다른 호텔에 묵더라도 입장권을 사서 오는 사람들로 북적인다. 투숙객은 입장료가 무료이니 신나게 즐겨보자. 디제이가 틀어주는 흥겨운 음악을 들으며 한쪽에서는 바비큐를 굽고, 한쪽에서는 맥주 파티가 열린다. `152p`

무이네: 로터스 빌리지 리조트

로터스 빌리지 리조트는 가든 빌라와 오션 빌라로 이루어진 빌라형 리조트다. 그리 큰 리조트는 아니지만 수영장을 2개나 갖췄다. 싱그러운 정원이 잘 가꿔진 가든 빌라 쪽에 수영장이 하나, 파도 소리 들려오는 바닷가에 수영장이 하나 있다. 방은 널찍하고, 욕실은 반쯤 개방되어 야외 욕조가 놓였다. 넓은 발코니가 있어 편안하다. 이 정도 가격에 바다를 향한 인피니티 풀이라니, 인생샷을 건지기에 참 좋지 아니한가! `182p`

냐짱: 쉐라톤 호텔

베트남의 휴양 도시로 둘째가라면 서러운 냐짱에서 인피니티 풀을 즐겨보자. 호텔 6층의 인피티니 풀은 마치 하늘로 이어진 것처럼 아찔하다. 선베드의 앞쪽 줄은 발목까지 물에 담글 수 있어 더욱 시원하다. 모든 방이 오션뷰이고, 룸타입에 따라 욕조에서 반신욕을 즐기며 바다를 볼 수도 있다. 피트니스 클럽도 오션뷰, 샤인 스파도 오션뷰여서 하루 종일 바다를 눈에 담는다. 물론 프라이빗 비치로 뛰어나가 진짜 바다도 즐길 수 있다. `247p`

SLEEPING 05
베트남에는 작지만 강한 미니 호텔이 있다!

베트남의 미니 호텔은 방이 좁지만 화장실을 갖췄고, 도미토리에 버금가는 저렴한 가격으로 1인실에 묵을 수 있으며, 간단한 조식까지 제공한다. 주로 장기여행자들이나 배낭여행자들이 선호한다.

미니 호텔이 무엇일까?
베트남의 미니 호텔은 처음부터 호텔을 목적으로 지은 건물이 아니라 원래 있던 건물의 공간을 나누어 호텔로 개조한 경우가 많다. 그래서 1층의 로비가 좁고, 엘리베이터가 없는 건물도 있다. 층계를 올라가야 할 때는 호텔 직원이 짐을 옮겨주니 너무 걱정 말자. 방의 종류에 따라 창문이 없거나, 창문이 복도 쪽으로 나있기도 하니 예약할 때 옵션을 확인하자. 호치민의 여행자거리, 달랏의 리엔호아 골목, 나짱의 여행자거리 구석구석에 미니 호텔들이 즐비하다.

Q. 왜 베트남의 건물들은 앞면이 좁고 뒤로 길쭉할까?
예전에 베트남에서는 건물의 앞면 면적에 따라 건물에 세금을 매겼다고 한다. 그래서 앞면은 좁고, 뒤쪽으로 긴 건물들이 아직 많이 남아 있다. 심지어 건물을 지을 때 옆 건물과 공간을 두지 않고 다닥다닥 붙여서 지었기 때문에 긴 복도에 창문이 없는 경우도 많다.

미니 호텔을 유용하게 이용하기
한국에서 호치민으로 오고 가는 항공편이 늦은 시간일 경우, 몇 시간 잠만 자고 나올 텐데 고급스러운 호텔에서 비싼 1박을 하기가 아까울 때가 있다. 이럴 때 미니 호텔을 이용해보자. 체크아웃을 하고 난 후 물놀이를 하거나 땀을 많이 흘려서 샤워하고 싶을 때, 한국으로 돌아가기 전 캐리어를 맡겨놓고 쇼핑을 다녀와서 짐을 정리하고 가볍게 식사를 하러 나갈 때도 미니 호텔을 이용하면 편리하다.

미니 호텔을 예약할 때 유의할 점
호치민과 베트남의 미니 호텔을 온라인으로 예약할 때는 옵션을 꼼꼼하게 확인하자. 방의 크기는 얼마나 되는지, 테라스가 있는지, 창문이

있는지, 창문이 어느 쪽으로 나 있는지, 냉장고가 있는지, 조식을 주는지 잘 살펴보자. 여행자거리에서 오래 여행하는 사람이라면 원하는 미니 호텔을 직접 눈으로 보고 예약하는 것도 좋겠다. 직접 방문해서 방 상태를 확인한 후에 현장에서 결제를 하면 온라인 예약보다 약간 더 저렴하다.

냐짱의 니피 호텔

사실 니피 호텔의 규모를 생각하면 미니 호텔이 아니라 거대 호텔로 구분해야겠지만, 가격대가 미니 호텔과 다르지 않다. 좋은 위치에 미니 호텔의 가격으로 머물면서 넓은 방과 욕실, 옥상의 수영장을 이용할 수 있어 좋다. 규모에 비하면 조식 메뉴가 간단하고, 수영장의 사이즈가 작아서 아쉽지만 가격을 생각하면 꽤나 만족스럽다. 1층의 신투어리스트에서 환전과 투어 예약을 한 번에 할 수 있는 것도 장점. `253p`

호치민의 트립라이터 호텔

대부분의 미니 호텔들은 호텔의 규모도 작고 서비스 수준도 그리 높지 않다. 하지만 트립라이터 호텔이라면 친절한 응대를 기대해도 좋겠다. 새장을 주렁주렁 걸어놓은 대문 안쪽으로 조식을 먹을 수 있는 야외 공간을 갖췄다. 깔끔하고 모던한 인테리어로 여행자들에게 인기가 좋다. 다른 미니 호텔에 비해 방이 큰 편이고, 화장실도 깨끗한 편. 엘리베이터가 없는 건 불편하지만 위치도 좋고 가격도 좋아서 지내기 편안하다. `155p`

달랏의 튤립 호텔

달랏의 수많은 미니 호텔 중에서 가장 인기 있는 호텔이다. 2인실을 예약하려면 서둘러야 한다. 트리플 룸과 패밀리 룸이 있어 여럿이 머물기에도 좋다. 튤립 호텔의 인기가 높은 이유는 많지만 그중에서도 위치가 한몫한다. 화려한 로비를 나서면 리엔 호아 빵집, 반미 가게, 쌀국수 가게, 여행사들이 즐비한 거리가 나온다. 달랏의 중심가인 야시장까지 걸어가기에도 좋은 위치. `219p`

HOCHIMINH BY AREA

호치민 지역별 가이드

01 호치민
02 무이네
03 달랏
04 냐짱

Hochiminh By Area
01
호치민
HOCHIMINH

오토바이의 물결이 넘실대는
호치민은 경제와 문화를 이끄는
아름다운 도시이자, 아침부터
저녁까지 즐길 거리가
가득한 매력적인 도시다.
프랑스식으로 지은 아름다운
건물 사이를 누비며 맛있는 음식,
부담 없는 물가, 반짝이는 야경 등
활기가 넘치는 호치민을 신나게
즐겨보자.

Hochiminh
PREVIEW

호치민 시내를 도보로 여행하는 데는 보통 반나절 남짓, 거기에 박물관이나 스카이덱 전망대를 둘러보고 벤탄 시장에서 기념품을 쇼핑하는 데 반나절 정도 걸린다. 그러니 호치민 시내 여행에는 하루만 할애하면 충분하다. 추가로 1일짜리 메콩강 투어와 반나절짜리 꾸찌 터널 투어를 예약해서 알찬 여행을 즐겨보자. 호치민의 밤은 더욱 매력적이다. 리버크루즈와 스카이 바, 여행자거리의 맛집 등을 즐겨보자.

SEE

호치민에는 남부 베트남의 역사를 생생하게 보여주는 통일궁과 전쟁 박물관 등의 볼거리가 시내 1군에 모여 있다. 여행자거리나 응우옌 후에 거리에서부터 인민위원회 청사, 오페라 하우스, 노트르담 성당과 중앙 우체국까지 거닐며 아름다운 코친차이나 시대의 건물들을 만나보자. 취향에 따라 호치민 미술관이나 호치민 박물관을 방문하면 좋겠다.

ENJOY

호치민에는 여행자들을 위한 투어가 다양하다. 보트를 타고 메콩강 유역을 돌아보는 메콩강 1일 투어, 베트남 전쟁을 승리로 이끈 꾸찌 터널 투어, 베트남의 독특한 신흥종교인 까오다이교 사원을 둘러보는 까오다이교 투어가 인기. 저녁에는 수상인형극을 관람하거나 사이공강의 디너크루즈를 타도 좋다. 날이 좋으면 비텍스코 타워의 전망대에 오르거나 주말마다 열리는 수영장 파티에 가보자.

EAT

베트남 음식은 한국인의 입맛에 딱 맞는다. 입맛 까다로운 사람이 아니라면 끼니마다 베트남 음식만 먹어도 질리지 않는다. 가격이 부담스럽지 않아 더 행복하다. 진짜 베트남 쌀국수, 고소하고 부드러운 게 요리, 쫄깃한 문어 바비큐, 시원한 맥주와 진한 커피가 여행을 풍성하게 해준다. 밤에는 스카이 바에서 달콤한 칵테일로 하루를 마무리하자.

BUY

물가가 저렴해서 기념품을 쇼핑할 때 부담이 없다. 벤탄 시장이나 우체국 내의 기념품숍에서 베트남의 향기가 가득한 소품을 골라보자. 요리를 즐긴다면 마트에서 베트남의 향신료와 특제 소스를 구입해도 좋겠다.

SLEEP

응우옌 후에 거리와 사이공 강변에는 고급스러운 호텔들이 들어섰다. 시내 중심가에서 도보로 이용하기 편리한 위치다. 전 세계에서 모여든 젊은이들이 새벽까지 흥겨운 열기를 뿜어내는 부이 비엔과 데탐 거리에는 가성비 좋은 미니 호텔이 수두룩하다.

Hochiminh
GET AROUND

 어떻게 갈까?

| 한국에서 호치민으로 이동 |

한국에서 호치민까지 비행시간은 5~6시간 정도 걸린다. 인천공항에서 대한항공, 아시아나, 베트남항공, 비엣젯, 티웨이가 취항한다. 부산에서는 대한항공, 베트남항공을 이용할 수 있다. 항공권은 비수기에 저가항공을 이용하면 20만 원대, 성수기에 40만 원에서 80만 원 사이에 구입할 수 있다. 서둘러 저가항공의 이벤트 티켓을 알아보자.

| 베트남의 다른 도시에서 호치민으로 이동 |

베트남의 항공사인 베트남항공과 저가항공인 비엣젯, 제트스타를 이용하면 베트남 국내 이동이 수월하다. 하노이, 달랏, 냐짱, 다낭에서 항공편으로 호치민으로 이동할 수 있다. 호치민으로 오는 기차와 버스, 슬리핑 버스 노선도 다양하다.

| 호치민의 떤선녓 국제공항에서 호치민 시내로 이동 |

호치민의 떤선녓 국제공항은 시내에서 약 8km 떨어져 있다. 교통 체증이 없을 땐 30분이면 시내로 진입할 수 있다. 국제선과 국내선 터미널이 가까워서 도보로 이동할 수 있다.

1. 택시

공항과 시내를 오갈 때는 택시가 가장 편리하다. 공항에서 짐을 찾아서 나온 다음, 공항청사를 뒤로 하고 왼쪽으로 걸어 나오면 택시 승강장이 있다. 호객 행위하는 택시 기사들을 뿌리치고 왼쪽 끝까지 걸어가면 비나선과 마일린 택시를 탈 수 있다. 끝까지 걸어오면 초록색 제복을 입은 마일린 직원, 검은색 제복을 입은 비나선 직원이 택시를 잡아주고, 행선지를 적은 쪽지를 건네준다. 택

시를 타자마자 미터를 켰는지 꼭 확인하자. 보통 시내까지 미터 요금이 15만 동에서 20만 동 정도 나온다. 비나선이나 마일린 택시가 아닌 택시를 탈 경우 바가지가 심하니 조심하자. 호치민 시내에서도 비나선과 마일린 택시를 이용하면 미터 요금으로 이용할 수 있다. 호치민에서 택시 타는 요령은 호치민 여행만들기(046p)를 참조하자.

2. 버스

공항에서 시내로 들어가려면 노란색 공항버스를 타거나, 152번 시내버스를 타면 된다. 공항버스는 새벽 5시 30분부터 다음날 오전 12시 30분까지 약 20~30분 간격으로 공항에서 출발한다. 벤탄 시장과 팜응라오 거리까지 운행하는 109번 버스, 노트르담 성당과 오페라 하우스를 거쳐 호텔 앞에 정차하는 49번 버스, 미엔떠이 버스터미널까지 운행하는 119번 버스가 있다.  152번 시내버스는 여행자거리에 묵는 여행자들이 주로 이용하며 벤탄 시장 앞에서 내려 걸어온다. 밤늦은 시간의 초행길이라면 버스보다는 택시를 이용하는 편이 편리하다.

어떻게 다닐까?

1. 택시

시내에서는 주로 택시를 이용한다. 믿을 만한 비나선이나 마일린 택시를 이용하고, 택시를 타면 꼭 미터를 켰는지 확인하자. 잔돈이 없다며 거스름돈을 주지 않는 경우가 많으니 잔돈을 넉넉하게 준비한다. 기본요금은 택시 회사나 크기에 따라 5,000~12,000동이다. 비나선과 마일린과 비슷한 색깔의 가짜 택시들이 많으니 택시를 타기 전에 택시 바깥에 쓰인 전화번호를 확인하고 타야 한다. 마일린은 (028) 38-38-38-38, 비나선은 (028) 38-27-27-27이다. 택시 기사들이 영어를 잘 하는 경우는 드물다. 〈호치민 홀리데이〉에 베트남어로 주소를 표기했으니 가고자하는 장소의 주소를 보여주자. 미리 구글 지도에서 주소를 캡처해두는 것도 좋은 방법. 주소만 보여주면 어디든 데려다준다.

2. 버스

택시의 기본요금이 워낙 저렴하므로 굳이 버스를 탈 일이 없지만, 배낭 여행자의 로망이 있다면 이용해보자. 벤탄 시장 앞의 큰 시내버스 정류장에서 노선표를 무료로 제공한다. 여행자들은 벤탄 시장에서 차이나타운으로 향하는 1번 버스, 벤탄 시장과 공항 사이를 운행하는 152번 버스 등을 주로 이용한다. 요금은 편도 5,000동에서 6,000동 정도. 목적지의 주소를 안내양에게 보여주면 근처에서 내릴 수 있도록 도와준다.

3. 시클로

시클로는 한때 베트남 도심 여행의 낭만이었으나 이제는 시내에서 보기 드문 교통수단이 되었다. 통일궁과 전쟁기념관 근처에서 종종 볼 수 있다. 요금을 흥정해야 하며, 한 번 타면 2만동 이상을 받는다. 외국인에게는 바가지를 씌우는 경우가 많으니 타기 전에 목적지와 가격을 분명히 하자. 꼭 타보고 싶다면 낮에 타는 편이 안전하며, 가방과 핸드폰 날치기 사고가 많

시클로

으니 짐은 꼭 안고 타도록 하자. 베트남 중부까지 이어서 여행할 계획이 있다면 오토바이로 정신없는 호치민 시내보다는 여유로운 호이안 시내에서 시클로를 타길 권한다.

4. 오토바이&자전거
호치민에서는 오토바이의 뒤에 타고 시내 관광을 할 수 있는 투어 프로그램이 다양하다. 특히 저녁 무렵의 푸드 투어가 인기. 오토바이 푸드 투어는 트립어드바이저를 이용해 예약하거나, 가까운 여행사와 호텔 등에 문의하자. 여행자거리에는 오토바이 대여점도 많다. 신투어리스트에서 하일랜드 커피숍 쪽으로 걸어 나오면 대여를 기다리는 오토바이들이 늘어섰다. 24시간에 10달러 정도이며, 연료비는 별도다. 호치민 사람들처럼 붐비는 거리를 능숙하게 운전할 자신이 있는 사람만 빌리도록 하자. 오토바이가 너무 많아서 자전거를 타기엔 위험하다. 호치민 시내의 관광지는 웬만하면 걸어 다닐 수 있고, 택시 기본요금도 1천 원을 넘지 않으니 차라리 택시를 타는 편을 추천.

5. 우버 택시&우버 오토바이
만약 우버 앱을 이용하는 사람이라면 호치민에서도 우버 택시나 우버 오토바이를 이용할 수 있다. 잠깐의 기다림을 감수하면 일반 택시보다 조금 더 저렴한 가격으로 오갈 수 있어서, 호치민 거주자들은 장거리를 오갈 때 종종 우버를 이용한다. 호치민 시내에서 우버 앱을 켜면, 일반 차량과 오토바이 중에서 선택이 가능하고, 오토바이를 선택하면 기사가 여분의 헬멧을 빌려 준다.

우버 오토바이

HOCHIMINH BY AREA 01
호치민

Hochiminh
ONE FINE DAY

일정에 따라 시내 관광으로 하루, 혹은 반나절을 보내고 메콩 델타 1일 투어,
꾸찌 터널 반일 투어를 더한다. 하루를 알차게 보낼 수 있는 호치민 시내 관광 코스를 소개한다.

08:00 쌀국수로 아침 식사
→ 도보 15분 →
09:00 통일궁 구경
→ 도보 10분 →
10:30 전쟁 박물관 관람
↓ 택시 10분
12:00 꾹갓콴에서 점심 식사
← 택시 10분 ←
13:00 노트르담 성당, 중앙 우체국, 오페라 하우스, 인민위원회 청사
← 도보 10분 ←
15:00 벤탄 시장 구경
↓ 택시 10분
16:00 사이공 스카이덱 전망대에서 전망 구경
→ 택시 15분 →
18:30 수상 인형극 관람
→ 도보 10분 →
19:30 냐항 응온에서 저녁 식사
↓ 택시 10분
21:00 OMG 스카이 바에서 달콤한 칵테일
← 택시 10분 ←
22:00 여행자거리 구경

SEE

Writer's Pick! 24시간 활기가 넘치는 여행자들의 아지트
호치민의 여행자거리 Bui vien&De Tham st.

여행자거리로 불리는 데탐 거리와 부이비엔 거리는 24시간 분주하다. 다른 도시에서 밤새 달려온 슬리핑 버스는 해가 뜨기도 전에 여행자들을 이 거리에 내려준다. 날이 밝아오면 신투어리스트 앞에는 메콩강이나 꾸찌 터널로 출발하는 여행자들이 북적거리고, 풍짱 버스 대기실에는 무이네와 냐짱으로 향하는 여행자들이 삼삼오오 모여든다. 아침부터 활기가 넘치는 거리에는 바게트 빵에 각종 야채와 고기를 넣어먹는 반미 가게와 쌀국수를 말아주는 작은 가게들이 진을 친다. 여행자들은 반미와 신또를 사들고 투어 버스에 오른다. 뜨거운 한낮에 조용해 보이던 부이비엔 거리는 해가 질 무렵에 다시 한 번 깨어난다. 투어에서 돌아온 여행자들이 부이비엔 거리에 몰려든다. 울긋불긋 조명이 켜지면 여행자거리의 랜드마크인 크레이지 버팔로와 고2 바에서 종업원들이 쏟아져 나와 '해피 아워'를 외치며 호객을 시작한다. 해피 아워에는 칵테일 2잔을 시키면 1잔을 더 준다. 일명 목욕탕 의자로 불리는 작은 의자들이 길에 늘어서 여행자들을 유혹한다. 한 병에 1천 원 정도인 맥주와 1개에 500원 하는 꼬치를 먹으며 거리를 오가는 사람들과 오토바이의 행렬을 구경하는 것이 바로 여행자거리의 묘미! 새벽 3시까지 음악이 점점 시끄러워지고 사람들이 점점 늘어난다.

Data 지도 108p-E
가는 법 벤탄 시장에서 도보 10분
주소 Đề Thám, Phạm Ngũ Lão, Quận 1

호치민 시내 관광의 중심지
응우옌후에 거리와 동커이 거리 Nguyễn Huê&Đồng Khởi st.

호치민 시청 앞으로 쭉 뻗은 광장의 양쪽 길이 바로 응우옌후에 거리다. 좁은 골목에 사람들이 북적거리는 여행자거리와는 사뭇 다른 느낌이다. 호치민의 여행자거리가 전 세계의 여행자들이 몰려든 서울의 홍대 앞과 비슷하다면, 응우옌후에 거리는 강남역 대로와 비슷하고, 응우옌후에 거리의 한 블록 뒤에 있는 동커이 거리는 아기자기한 가로수 길과 비슷하달까. 응우옌후에 거리와 동커이 거리에는 여행자거리보다 조금 더 세련된 숍과 고급스러운 호텔들, 분위기 있는 레스토랑과 카페들을 만날 수 있다. 동커이 거리에는 빈컴 센터, 팍슨, 유니온 스퀘어 같은 커다란 쇼핑몰에서부터 값비싼 아오자이 숍, 독특한 기념품숍이 있어 쇼핑의 거리로도 불린다. 시청사를 중심으로 오페라 하우스, 노트르담 성당과 우체국까지 가까워서 도보로 시내 관광을 하기에 편리하다. 고풍스러운 렉스 호텔의 루프탑에서 커피를 마시며 한낮의 응우옌후에 거리를 내려다보아도 좋고, 사이공강에서 불어오는 시원한 바람을 만끽하며 마제스틱 호텔의 M.바에서 생맥주를 마셔도 좋겠다. 응우옌후에 거리에 접한 시청 앞 광장은 낮이면 한산하지만, 밤이면 현지인들과 여행자들이 야경을 즐기는 명소다.

Data 지도 107p-D
가는 법 벤탄 시장에서 도보 10분
주소 108 Nguyễn Huệ, Bến Nghé, Quận 1

베트남 현대사의 상징
통일궁 The Indepenence Palace / Dinh Thống Nhất

베트남 전쟁을 배경으로 하는 뮤지컬 '미스 사이공'은 미군 병사인 크리스와 베트남 처녀인 킴의 안타까운 이별의 순간을 그려낸다. 뮤지컬에서 실제 크기의 거대한 헬기가 미군을 싣고 철수하던 스펙터클한 장면이 바로 이곳, 통일궁을 모티브로 한다. 프랑스 식민시대에 지어진 건물은 노로돔 궁전이라고 불리다가, 프랑스로부터 독립하며 독립궁이라는 이름으로 불렸고, 베트남이 분단된 후에는 남부 베트남 대통령의 관저로 사용되었다. 1975년 북부 베트남군의 탱크가 철문을 밀고 들어오면서 전쟁이 끝나고, 이곳에서 남북통일이 선언된 후에 통일궁이라는 이름을 얻었다. 당시 사이공에서는 매일 파티에 여념이 없어서 북베트남군이 코앞까지 탱크를 밀고 들어오는 것도 몰랐다고. 당시의 탱크가 정문 옆에 전시되어 무심하게 관람객을 맞는다. 통일궁에 들어서면 전쟁 중에도 사치와 향락을 일삼던 남부 베트남의 모습을 볼 수 있다. 1층과 2층에는 화려하게 치장된 대회의장, 연회장, 대통령 집무실이 있고, 2층과 3층에는 침실, 서재, 영화관이 있다. 4층의 헬기장에서는 옥상에 떨어진 폭탄 자국이 보인다. 4층에서 통로를 따라 지하벙커로 내려가면 기념품숍과 다큐멘터리 룸, 사격연습장을 볼 수 있다. 점심시간에는 문을 닫으니 관람시간을 잘 맞춰가자.

Data 지도 107p-C
가는 법 벤탄 시장에서 도보 10분, 인민위원회 청사에서 도보 5분
주소 135 Nam Kỳ Khởi Nghĩa, Bến Thành, Quận 1
전화 28-3822-3652
운영시간 07:30~11:00, 13:00~16:00
요금 어른 40,000동, 베트남 대학생 20,000동, 초·중·고교생 10,000동
홈페이지
www.dinhdoclap.gov.vn

우리가 몰랐던 베트남 전쟁의 실체

Writer's Pick!
전쟁 박물관 War Remnants Museum / Bảo tàng chứng tích chiến tranh

전쟁 박물관에 들어서면 베트남 전쟁에서 실제로 사용했던 탱크와 전투기, 미사일 같은 병기들이 관람객을 맞이한다. 베트남 전쟁을 치르는 동안 미국 정보부 건물로 쓰던 건물이 1975년 베트남이 통일된 이후 전쟁 박물관으로 변모했다. 1995년에 베트남과 미국이 수교를 하기 전까지 '미국 전쟁 범죄 박물관'이라고 불렸다. 이름은 바뀌었으나 여전히 베트남 시각으로 본 전쟁에 대한 기록이 생생하다. 3층 건물 내부의 전시실 안에는 전쟁 당시의 참상을 전하는 사진들이 빼곡하게 걸려있다. 로버트 파커를 비롯한 당시의 종군기자들이 찍은 전쟁의 모습, 고엽제 피해자들, 무참히 파괴된 시골 마을, 무고한 주민들의 죽음을 담은 사진들은 끔찍한 전쟁을 여과 없이 보여준다. 그동안 미국 영화를 통해 접했던 베트남 전쟁이 얼마나 미국 중심적이었는지 생각해보게 된다. 전쟁에 사용된 무기와 전쟁 관련 데이터도 잘 정리되어 있다. 야외에는 꼰썬섬에 있던 감옥을 재현해두었다. 프랑스의 식민 지배 시절에는 베트남 독립투사들을, 베트남 전쟁 중에는 베트콩 포로를 가두고 고문을 했던 감옥의 모습이 적나라하다. 어린이나 잔인한 장면을 보지 못하는 사람은 사진들을 보고 놀랄 수 있으니 주의하자.

Data 지도 107p-C 가는 법
통일궁에서 북쪽으로 도보 7분
주소 28 Võ Văn Tần, Phường 6, Quận 3 **전화** 28-3930-5587
운영시간 07:00~18:00
요금 입장료 40,000동
홈페이지 www.baotang
chungtichchientranh.vn/

호치민 시를 상징하는 아름다운 건물
호치민 시청, 인민위원회 청사 Hochiminh City Hall / Trụ sở Ủy ban Nhân dân Thành phố Hồ Chí Minh

인민위원회 청사라고도 불리는 호치민 시청은 현재 베트남에 남아 있는 가장 우아한 프랑스식 건축물이라고 평가받는다. 파리 시청을 '오텔 드 빌'이라고 부르는 것처럼 이곳은 '사이공의 오텔 드 빌'이라고 불린다. 파리 시청보다 웅장하지 않지만 아치형 창문과 발코니, 벽의 화려한 장식은 멀리서 보아도 아름답다. 응우옌후에 거리의 북쪽 끝자락에 위치한 호치민 시청사 앞에서부터 남쪽의 사이공 강변까지 넓은 시민 광장이 이어진다. 시민 광장에는 시청사를 배경으로 호치민의 동상이 우뚝 서 있는데 그 옆으로 사진을 찍는 사람들이 줄을 선다. 뜨거운 한낮의 광장은 한산하지만, 선선한 밤에는 산책을 즐기는 사람들과 데이트를 즐기는 연인들이 광장을 가득 메운다. 밤이면 화려한 불을 밝히고 시민들을 반긴다.

Data 지도 107p-D 가는 법 벤탄 시장에서 도보 10분, 응우옌후에 거리의 북쪽 끝 주소 86 Lê Thánh Tôn, Bến Nghé, Quận 1 전화 28-3829-6052 운영시간 내부 관람 불가 홈페이지 www.vpub.hochiminhcity.gov.vn

호치민 공연 문화의 중심
오페라 하우스, 시민 극장 Saigon Opera House / Nhà hát Thành phố

오페라 하우스는 중앙 우체국, 인민위원회 청사와 함께 호치민을 대표하는 건물 중 하나다. 1900년에 프랑스 식민정부가 고딕 양식으로 디자인하면서, 파리의 오페라 하우스인 팔레 가르니에와 파리 시립미술관을 본떠 지었다. 건축에 사용된 난간이나 조각 장식들까지 모두 프랑스에서 직접 공수했다. 프랑스 식민지 시대에는 오페라 하우스로, 베트남 전쟁 때는 국회의사당으로, 지금은 베트남 시민들의 시민 극장으로 사용되고 있다. 예전에는 주로 클래식 공연장으로 쓰였지만 최근에는 발레와 콘서트뿐만 아니라 뮤지컬, 패션쇼, 퍼포먼스 같은 다양한 행사를 진행한다. 아쉽게도 공연을 관람해야 내부를 둘러볼 수 있다.

Data 지도 107p-D
가는 법 호치민 시청에서 도보 3분, 호치민 성당에서 도보 10분
주소 7 Lam Son Square, Bến Nghé, Quận 1
전화 28-3823-7419
운영시간 공연 시 티켓 소지자에 한해 입장 가능
홈페이지 www.hbso.org.vn

핑크빛으로 빛나는 사진촬영의 명소
노트르담 성당
Saigon Notre Dame Cathedral / Nhà thờ Đức Bà

호치민 시를 대표하는 콜로니얼 건축물이자, 호치민 시민들의 나들이 장소다. 핑크색으로 물든 벽에 기대어 사진을 찍는 호치민 시민들을 종종 만날 수 있다. 로마네스크 양식으로 지어진 성당 건물은 1,200명이 동시에 미사를 볼 수 있는 규모로, 2개의 첨탑이 좌우 대칭으로 세워져 있다. 프랑스 마르세유에서 수입한 붉은 벽돌은 따뜻한 기운을 머금고, 샤르트르에서 수입한 스테인드글라스는 성당 내부에 영롱한 빛을 자아낸다. 성당 앞의 작은 광장에 놓인 성모 마리아상 앞에서는 사람들이 모여 기도도 하고, 사진도 찍는다. 하루에 2번 성당 문을 열어두어 내부를 둘러볼 수 있다. 기도하는 사람들을 위해 조용하게 둘러보자.

Data 지도 107p-D 가는 법 호치민 시청에서 도보 5분, 통일궁에서 도보 5분 주소 1, Công xã Paris, Bến Nghé, District 1 전화 28-3822-0477 운영시간 평일 05:30~17:30, 일요일 미사 05:30, 06:30, 07:30, 09:30, 일요일 영어 미사 16:00, 17:15, 18:30 홈페이지 giothanhle.net/gio-le/nha-tho-duc-ba-sai-gon

구스타브 에펠의 건축물로 유명한
중앙 우체국 Central Post Office / Bưu điện Trung tâm Sài Gòn

베트남에서 가장 큰 규모의 중앙 우체국이다. 에펠탑의 건축가로 유명한 구스타브 에펠이 설계한 건물로 유명하다. 밝은 노란색 건물은 높은 천장에 아치형 출입구를 가진 고딕 양식으로 지어졌다. 옛 모습을 고스란히 보존한 우체국 내부 벽에는 호치민의 초상화가 걸려 있다. 층고가 높은 우체국의 내부는 엽서를 쓰거나 소포를 부치려는 사람들, 기념품을 고르고 사진을 찍는 여행자들로 항상 북적인다. 우체국의 가운데 위치한 상점에서는 오래된 우표들을 모아 판매하는데 우표를 수집하는 사람들에게 인기. 우체국 입구의 양쪽에 정찰제로 판매하는 기념품 가게(142p)가 있으니, 흥정을 좋아하지 않는 여행자들이라면 이곳을 이용하자. 환전소도 있으나 벤탄 시장 앞의 금은방보다 비싼 편이다.

Data 지도 107p-D 가는 법 노트르담 성당의 맞은편, 호치민 시청에서 도보 5분 주소 2 Công xã Paris, Bến Nghé, Quận 1 전화 28-3822-1677 운영시간 07:00~18:00 홈페이지 hcmpost.vn

호치민 시의 역사와 문화를 한눈에
호치민 시 박물관
Ho Chi Minh City Museum / Bảo tàng Thành phố Hồ Chí Minh

프랑스풍 건축물의 외양이 고풍스럽다. 1890년에 건축된 이후 프랑스 총독 관저로 사용되다가 임시 행정위원회 본부, 남베트남 대통령 관저, 법원 등을 거쳐 현재 박물관으로 사용 중이다. 호치민 시가 문화적으로, 경제적으로 어떤 과정을 거쳐 발전해 왔는지 모형과 실물을 이용한 전시물을 통해 보여준다. 생태, 지질, 동식물 분포, 상업, 무역, 수공예, 화폐 같은 주제가 총망라되어 있고, 프랑스와 미국의 점령에 저항했던 베트남 전쟁 당시의 기록이 남아 있는 전시실도 있다. 오래된 사진들 속에서 발견하는 호치민의 옛 모습도 볼 만하다. 1층과 2층의 전시를 모두 돌아보는 데 1시간 정도 소요된다. 실내에서 사진을 촬영하고 싶다면 입장료를 낼 때 촬영료도 함께 내야 한다.

Data 지도 107p-D 가는 법 호치민 시청사 바로 옆, 도보 5분
주소 65 Lý Tự Trọng, Bến Nghé, Quận 1 전화 28-3829-9741
운영시간 07:30~17:00, 휴관 없음 요금 입장료 30,000동,
촬영료 20,000동 홈페이지 www.hcmc-museum.edu.vn

베트남이 사랑하는 '호 아저씨'를 기념하는
호치민 박물관 Ho Chi Minh Museum / Bến Nhà Rồng

호치민 시 박물관과 헷갈리지 말자. 호치민 시 박물관은 호치민 시내의 중심가에 있고, 호치민 박물관은 남쪽 강변에 있다. 1911년 호치민이 이곳에서 프랑스로 떠난 것을 기념하며 1979년 호치민 기념관으로 변신했다. 건물에 두 마리의 용이 조각되어 있어서 '드래곤 하우스'라고도 불린다. 호치민과 관련된 각종 사진과 자료뿐만 아니라 다른 베트남 독립투사들의 자료도 전시되어 있다. 1층과 2층의 전시실을 다 합쳐도 하노이에 있는 호치민 박물관보다 규모가 작지만, 여행지로서 호치민이라는 인물에 대해 이해하기에 충분하다. 강변의 정취가 여유롭다. 사이공 리버크루즈 선착장과 지척에 있으니 리버크루즈를 하러 가는 길에 들러도 좋겠다.

Data 지도 107p-F 가는 법 벤탄 시장에서 택시로 약 10분,
택시비 약 40,000동 주소 1 Nguyễn Tất Thành, phường 12, Quận 4
전화 28-3940-2060
운영시간 07:30~11:30, 13:30~17:00, 월요일 휴관 요금 입장 10,000동
홈페이지 baotanghochiminh-nr.vn/

HOCHIMINH BY AREA 01
호치민

Writer's Pick!

호치민에서 가장 큰 현대 예술 갤러리
호치민 미술관 Ho Chi Minh Fine Art Museum / Bảo tàng Mỹ thuật thành phố Hồ Chí Minh

호치민에서 꼭 가봐야 할 박물관을 꼽으라면, 전쟁 박물관과 함께 호치민 미술관을 꼽겠다. 박물관이나 미술관 나들이를 좋아한다면, 베트남의 현대 미술이 궁금하다면 호치민 미술관 나들이는 무척 만족스러운 선택일 것이다. 미술관 건물은 3개 동으로 나뉘어 있다. 매표소에서 가까운 노란색 건물이 본관이다. 본관에 들어서면 호치민 최초의 나무 엘리베이터와 스테인드글라스 창문이 아름다움을 뽐낸다. ㅁ자형 건물에 층마다 시기별로 분류하여 현대미술품을 전시했다. 베트남의 근현대사에서 빼놓을 수 없는 베트남 전쟁을 소재로 한 작품들이 인상적이다. 본관 옆의 또 다른 노란색 건물은 별관이며, 주로 특별전이 열린다. 호치민을 중심으로 활동하고 있는 작가들의 경향을 살펴볼 수 있다. 마지막으로 매표소에서 가장 멀리 떨어진 작은 3층 건물에는 베트남의 옛 유물들을 전시해 두었다. 참파 유적지의 출토물, 중국식 도자기, 크고 작은 불상들이 볼 만하다. 세 동의 미술관을 모두 훑어보려면 1시간 남짓 소요되나, 꼼꼼하게 둘러본다면 넉넉하게 2시간 정도 잡는 편이 좋겠다. 미술관 끄트머리의 아트 카페는 분위기도 좋고 맛도 좋아서, 커피 한잔과 함께 감상의 여운을 되새겨볼 수 있다.

Data 지도 107p-F
가는 법 벤탄 시장에서 도보 5분, 시청사에서 택시 5분
주소 97 Phó Đức Chính, Nguyễn Thái Bình, Quận 1
전화 28-3829-4441
운영시간 08:00~17:00, 월요일 휴관 요금 성인 30,000동, 어린이와 청소년 15,000동, 6살 이하 무료

고대에서 현대에 이르는 역사 유물들
베트남 역사 박물관 Vietnam History Museum / Bảo tàng lịch sử Việt Nam

베트남의 고대에서부터 근대에 이르는 수많은 유물들이 전시되어 있다. 박물관의 외관은 불교 사원을 본떠 만들었다. 역사 박물관답게 연대기 순으로 유물들을 전시한다. 중국으로부터 독립 투쟁을 했던 1세기에서 10세기, 11~13세기의 리 왕조, 13~14세기의 쩐 왕조, 15~18세기의 레 왕조, 18세기의 떠이썬 왕조, 19~20세기의 응우옌 왕조까지 전시가 이어진다. 그중에서도 참파 왕국을 대변하는 다양한 힌두교의 신, 링가와 요니 같은 조각품과 청동 불상이 근사하다. 메콩 델타 지역의 옥에오 유적, 베트남 소수민족 자료들, 응우옌 왕조의 왕실 유품들, 생생하게 보존된 미라 등이 볼 만하다. 수상 인형극 공연장도 있으나 단체 관람객이 주로 이용한다.

Data 지도 107p-B
가는 법 시청사에서 택시로 10분, 도보로 20분
주소 25/2 Nguyễn Bình Khiêm, Bến Nghé, Quận 1
전화 28-3829-8146 운영시간 08:00~11:00, 13:30~16:30
요금 30,000동, 수상 인형극 요금 별도

아이들과 함께 하는 동물원 나들이
사이공 동식물원 Saigon Zoo and Bontanical Garden / Thảo Cầm Viên Sài Gòn

역사 박물관과 사이공 동식물원의 입구가 같다. 대문으로 들어가면 왼쪽이 역사 박물관의 입구, 오른쪽이 동식물원의 매표소다. 동식물원으로 들어서 오른쪽에 식물원이 있다. 화려한 꽃들이 많아 사진 찍기 좋다. 코끼리, 기린 같은 대형 동물도 있고, 백호도 있다. 동물원의 규모가 크지 않아서 동남아시아의 특별한 동물들을 기대한다면 아쉬울 듯하다. 대신 유아용 놀이기구가 낳아 아이들에게 즐거운 경험을 선사한다. 우리나라처럼 자유이용권 같은 통합권이 없어서 놀이 기구별로 표를 사야 한다. 낮에는 햇볕이 따가우니 선선한 아침이나 오후 느지막이 가는 편이 좋다. 동식물원의 특성상 모기가 많으니 모기 퇴치 스프레이를 지참하자.

Data 지도 107p-B 가는 법 시청사에서 택시로 10분 주소 Số 2 Nguyễn Bình Khiêm, Phường Bến Nghé, Quận 1 전화 28-3829-1425
운영시간 07:00~17:00, 휴관 없음 요금 어른 50,000동, 키가 100~130cm인 어린이 30,000동 홈페이지 www.saigonzoo.net

호치민 최대의 도매상가와 중국식 사원들
쩌런, 차이나타운 China Town / Chợ Lớn

중국 남부에서 이주한 화교들이 정착한 지역이다. '쩌'는 시장이라는 뜻이고 '런'은 크다는 뜻으로, 크게 상권을 이룬 지역을 이른다. 호치민 광역시의 5군에 해당한다. 차이나타운에는 화교들이 건설한 회관, 사당, 불교사원, 도교사원, 성당과 호치민 최대 규모의 도매시장인 빈떠이 시장이 있다. 빈떠이 시장에서 시작해서 짜땀 성당을 지나 회관과 사원들을 모두 둘러보면 도보로 2시간 정도 소요된다. 하지만 호치민의 1군보다도 거칠게 달리는 오토바이들이 도로를 가득 메우고 있고, 골목마다 보행자 도로가 따로 있지 않아서 도보 여행을 권하기 어렵다. 그래도 호치민 차이나타운만의 독특한 정취를 느끼고 싶다면 택시를 타고 가자. 가고 싶은 사당 몇 곳만 콕 집어 다녀오기를 추천한다. 가깝게 모여 있는 띠엔허우 사원과 응이아안 회관, 온랑 회관 정도만 둘러보아도 충분하다.

Data 지도 119p
가는 법 벤탄 시장에서 택시로 약 20분
주소 빈떠이 시장은 6군, 성당과 회관들은 5군에 위치

푸옥안 회관
Chùa Minh Hương

홍 방 스트리트 Hồng Bàng St.

가전제품 도매상가

홍 방 스트리트 Hồng Bàng St.

온량 회관
Chùa Quan Âm

응이아안 회관
Hội quán Nghĩa An

홍 방 스트리트 Hồng Bàng St.

한약재 도매상가

쩌우 반 리엠 스트리트
Châu Văn Liêm St.

띠엔허우 사당
Chùa Bà Thiên Hậu

땀썬 회관
Tam Son Hoi Quan Pagoda

짜땀 성당
Giáo xứ Thánh Phanxicô Xaviê

쩌런 버스터미널
Bến xe Chợ Lớn

니푸 사당
Chùa Ông Bổn

하쯔엉 회관
Ha Chuong Hoi Quan Pagoda

깡 썽 스트리트 Lê Quang Sung St.

하이 쭈옹 란 옹 스트리트
Hải Thượng Lãn Ông St.

하이 쭈옹 란 옹 스트리트

탑 므오이 스트리트 Tháp Mười St.

빈떠이 시장
Chợ Bình Tây

N
0   200m

호치민 차이나타운
Hochiminh Chinatown

HOCHIMINH BY AREA 01
호치민

|Theme|
호치민 차이나타운의 볼거리 BEST 5

차이나타운의 대표적인 볼거리 5곳을 소개한다. 다른 곳들은 규모가 작거나
볼거리가 별로 없는 곳들이니 패스해도 무방하다. 빈떠이 시장과 짜땀 성당에 흥미가 없다면
택시를 타고 이동해서, 가장 구경거리가 많은 띠엔허우 사당과 온랑 회관,
응이아안 회관 세 곳만 보고 오기를 추천.

호치민 최대의 도매시장
빈떠이 시장 Binh Tay Market / Chợ Bình Tây

빈떠이 시장은 1년에 12만 명의 외국 관광객이 다녀가는 호치민 최대의 도매시장이다. 시장 내부에 들어가면 ㅁ자형 건물 안쪽으로 아담한 중국식 정원을 갖췄다. 약 2,400개의 상점이 빼곡하게 들어서 있는 내부에는 의류와 신발부터 천, 커피, 미용용품, 주방용품과 식료품까지 없는 게 없다. 도매시장이라 묶음으로 파는 경우가 허다하고, 베트남어를 모르면 흥정하기 어렵다. 자잘한 기념품을 사려면 시내의 벤탄 시장을 이용하는 편이 낫다.

Data 지도 119p-A 가는 법 벤탄 시장에서 택시로 약 20분
주소 57A Thap Moui, District 6 전화 28-0857-1512
운영시간 07:00~18:00 홈페이지 www.chobinhtay.gov.vn

차이나타운을 대표하는 카톨릭 성당
짜땀 성당 Cha Tma Church / Giáo xứ Thánh Phanxicô Xaviê

쩌런에 위치한 가톨릭 성당이다. 차이나타운에 위치한 성당답게 천주당이라고 한자로 쓰여 있다. 중국풍의 붉은 문과 스테인드글라스, 파스텔 톤의 노란색 성당, 그리스도 상이 묘한 조화를 이루어 독특하다. 넓은 부지 안에는 유치원과 자선 진료소가 있다. 1963년 응오딘지엠 대통령의 형제가 쿠데타로 실각하며 이 교회에 숨어있었으나 하루 만에 쿠데타 지지 세력에 의해 발각되어 사이공으로 되돌아가던 길에 처형당했다.

Data 지도 119p-A
가는 법 빈떠이 시장에서 도보 10분, 벤탄 시장에서 택시 20분
주소 25 Học Lạc, phường 14, Quận 5 전화 28-3856-0274 운영시간
07:00~11:00, 14:00~17:00 홈페이지 www.chatamvn.com

아름답고 세밀한 조각에 감탄하는
띠엔허우 사당 Thien Hau Temple / Chùa Bà Thiên Hậu

사당에 들어가기 전에 고개를 들어 지붕의 조각부터 감상해보자. 우리나라 절의 수수한 지붕, 처마와 달리 중국식 사당인 이곳은 화려하기 짝이 없다. 쩌런에 정착한 화교들이 친목을 도모하고 조상에게 제사를 지내기 위해 최초로 지은 향우회관이다. 띠엔허우는 항해를 지켜주는 바다의 여신을 뜻한다. 중국 남방 사람들은 띠엔허우가 풍요의 상징이라 생각한다. 천장에 스프링 모양의 향이 주렁주렁 매달려서 타고 있는데, 가장 큰 향은 두 달 동안 태울 수 있다. 향이 타는 동안에는 기도의 힘이 지속된다고 믿는다.

Data **지도** 119p-B **가는 법** 빈떠이 시장에서 도보 약 20분, 벤탄 시장에서 택시로 약 20분 **주소** 714/3 Nguyễn Trãi, phường 11, Quận 5 **운영시간** 07:00~17:00 **요금** 무료

화려한 사원의 내부를 둘러보자
온랑 회관 Quan Am Pagoda / Chùa Quan Âm

쩌런에 정착한 화교들이 1816년에 건설했다. 본당에는 띠엔허우 회관과 마찬가지로 띠엔허우를 모시고 있고, 본당 뒤에는 대자대비 관음보살을 모시고 있다. 관세음보살을 본존불로 모시고 있어서 쭈아꽌엄, 꽌옴사라고도 불린다. 다른 중국 사원들처럼 다양한 불교와 도교 신을 함께 모신다. 붉은색과 금색으로 치장된 사원의 내부가 화려하다. 화교들이 멀리 떠날 때 이곳에서 건강과 안녕을 빈다고 하니, 들른 김에 여행의 안녕을 빌어보자.

Data **지도** 119p-B **가는 법** 띠엔 허우 사원에서 도보 3분, 벤탄 시장에서 택시로 약 20분 **주소** 12 Lão Tử, phường 11, Quận 5 **전화** 28-3855-3543 **운영시간** 07:00~17:00 **요금** 무료

문 안의 문 안의 문 안의 문
응이아안 회관 Hội quán Nghĩa An

검은색 대문을 지나면 넓은 경내가 나온다. 띠엔허우 사당에서 100m 떨어져 있는 응이아안 회관은 차오저우 출신의 화교들이 1866년에 만든 향우회관이다. 내부에 관우를 모시는 제당을 만들면서 사당으로 변했다. 관우는 충성심이 강하고 용감한 무신이지만, 중국 남방의 상인들에게는 재력의 신이기도 하다. 장사를 주로 하는 화교들답게 장사의 신인 관우를 내세워 무사한 항해를 마칠 수 있도록 기원한다.

Data **지도** 119p-B **가는 법** 띠엔허우 사당에서 도보 1분, 벤탄 시장에서 택시로 20분 **주소** 676 Nguyễn Trãi, phường 11, Quận 5 **운영시간** 07:00~17:00 **요금** 무료

보트를 타고 미토와 벤쩨를 둘러보자
메콩 델타 투어 Mekong Delta Tour

메콩강의 하류에 삼각주로 만들어진 섬들을 여행하는 메콩 델타 투어는 화려하고 다이내믹한 투어는 아니지만, 강 한복판에 삶의 터전을 두고 살아가는 사람들의 생생한 모습을 엿보는 차분한 여행이다. 수많은 메콩강 투어가 있지만 그중에서도 여행자들이 많이 찾는 투어는 미토와 벤쩨를 돌아보는 1일 투어다. 큰 배를 타고 미토와 벤쩨 사이의 섬들을 돌면서 코코넛 농장, 벌꿀 농장, 열대과일 농장을 방문해 시식을 하고, 특산품도 구입한다. 까이베와 빈롱을 돌아보는 1일 투어는 조금 더 일찍 출발해서 수상시장을 둘러본다. 코코넛 나무를 깎아서 수공예품을 만드는 모습, 코코넛과 쌀을 갈아 불에 살짝 익혀 라이스페이퍼를 만드는 과정도 볼 수 있다. 캐러멜 같은 코코넛 캔디를 만드는 모습을 구경하고 구입할 수 있다. 벌꿀 농장에서는 꿀벌 집을 들어 올려 기념촬영을 하고, 달콤한 꿀차를 대접받는다. 메콩강에서 잡아 올린 생선으로 요리한 점심 식사를 하고, 베트남의 전통 음악을 들으며 과일을 먹는다. 메콩강 투어의 하이라이트는 작은 쪽배를 타고 좁은 맹그로브 숲을 통과하는 것. 야자나무 잎이 우거진 빛의 터널을 지난다. 반짝이는 윤슬 위로 느릿느릿 배가 나아간다. 신선놀음이 따로 없다.

Data 신투어리스트
The Sinh Tourist(Sinh Cafe)
지도 108p-E
가는 법 대중교통이 발달하지 않아서 1일 투어 이용을 추천
주소 246 Đề Thám, Phạm Ngũ Lão, Quận 1
전화 28-3838-9593
운영시간 신투어리스트 사무실 06:30~22:30, 미토와 벤쩨 1일 투어 08:30~17:00, 까이베와 빈롱 1일 투어 07:00~18:00
요금 미토와 벤쩨 1일 투어 229,000동, 까이베와 빈롱 투어 299,000동
홈페이지 www.thesinhtourist.vn

> **Tip** 신투어리스트에서 투어를 예약하면 출발 시간에 맞춰 신투어리스트로 와야 한다. 여행자거리에 묵는다면 저렴한 신투어리스트를 이용하는 편이 좋고, 응우옌 후에와 동커이 거리에 묵는다면 근처의 여행사에서 픽업이 되는 투어를 알아보자. 호텔에서 투어를 예약하면 비용은 조금 더 들지만 호텔 로비에서 픽업해주어 편하다. 체크아웃을 하는 날이라서 짐이 많다면 호텔 로비나 신투어리스트에 무료로 짐을 맡기고 투어를 다녀올 수 있다.

 베트남 전쟁의 역사를 온몸으로 체험하는
꾸찌 터널 투어 Cu Chi Tunnel Tour

꾸찌 터널은 호치민에서 북서쪽으로 약 50~60km 떨어진 꾸찌 지역에 파놓은 땅굴이다. 프랑스로부터 독립투쟁을 하던 베트민이 처음 땅굴을 파기 시작했고, 프랑스로부터 독립한 베트남이 남북으로 분단되면서 북베트남군 베트콩의 거점이 되었다. 이곳에 은신하며 게릴라 활동을 했던 인원이 약 1만8천 명이라 한다. 터널은 모두 7개인데 관광객에게 개방된 터널은 벤딘 터널과 벤즈억 터널 2개이다. 호치민에서 출발하는 투어는 대부분 벤딘 터널로 향한다. 직원들은 베트콩이 입던 초록 유니폼을 입고 관광객을 맞이한다. 먼저 1967년에 제작한 20분짜리 흑백 다큐멘터리를 관람한다. 우리나라의 반공영상과 비슷한 베트남식 반전영상이다. 이후 각종 부비트랩을 둘러보고, 땅굴을 견학한다. 잘 숨겨진 각종 부비트랩이 모습을 드러낼 때마다 관광객들은 놀라움의 탄성을 지른다. 회의실과 병원, 무기제작실, 침실, 부엌까지 만들어 생활했던 모습을 그대로 공개해 흥미롭다. 사람의 손으로만 조금씩 파내려간 땅굴은 지하 3층까지 이어진다. 깊이가 약 10m, 전체 길이가 250km나 되며, 폭은 50cm, 높이는 1m 정도. 원한다면 땅굴 속을 직접 들어가는 체험, 사격 체험도 할 수 있다. 터널에서 나오면 당시에 베트콩이 먹던 전투 식량을 따끈한 차와 함께 맛볼 수 있다.

Data 신투어리스트
The Sinh Tourist(Sinh Cafe)
지도 108p-E
가는 법 대중교통이 발달하지 않아서 1일 투어 이용을 추천
주소 246 Đề Thám, Phạm Ngũ Lão, Quận 1
전화 28-3838-9593
운영시간 신투어리스트 사무실 06:30~22:30, 오전투어 07:15~13:30, 오후투어 13:00~18:30
요금 119,000동
홈페이지 www.thesinhtourist.vn

신기한 베트남의 신흥 종교
까오다이교 사원 투어 Caodai Temple Tour

까오다이교 사원 투어는 떠이닌 지방으로 떠난다. 떠이닌은 호치민의 북서쪽으로 약 100km 떨어진 곳으로, 까오다이교의 총본산이 이곳에 있다. 떠이닌 인구의 70%가 까오다이교 신자로, 까오다이교는 베트남의 독특한 신흥 종교다. 현재는 베트남의 중남부 지방에만 3만 명에 가까운 신자가 있다. 까오다이교 사원은 불교와 도교, 유교와 그리스도교, 이슬람교가 모두 뒤섞여 독특한 분위기를 내뿜는다. 까오다이교의 3대 성인은 중국의 혁명가인 쑨원과 16세기의 베트남 시인인 응우옌빈키엠, 프랑스의 대문호 빅토르 위고다. 신발을 벗고 사원에 들어서면 셋이 사이좋게 박애공평이라는 글을 쓰는 벽화를 볼 수 있다. 예수, 공자, 무하마드, 삼장법사 등의 조각상이 공존한다. 천국을 상징하는 푸른색 천장 아래 까오다이교의 상징인 천안이 새겨진 둥근 원이 있다. 이들은 불교의 윤회사상을 바탕으로 금욕 생활을 하며, 자비로운 삶을 실천한다. 유교의 충효사상도 중요한 덕목이며, 유교의 영향으로 남녀 신도가 따로 앉아 예배를 본다. 종교적인 시스템은 그리스도교와 유사하여 교황과 추기경, 주교가 있고 하루에 4번 예배를 본다. 관광객들은 2층에서 정오의 예배를 관람할 수 있다. 각 종교를 상징하는 색깔의 옷을 입은 종교지도자들을 따라 흰색 아오자이를 입은 평신도들이 함께 입장한다. 예배는 베트남 전통 악기의 연주에 맞춰 찬양을 하며 엄숙하게 진행된다.

Data 신투어리스트
The Sinh Tourist(Sinh Cafe)
지도 108p-E
가는 법 대중교통이 발달하지 않아서 1일 투어 이용을 추천. 까오다이 사원만 다녀오는 투어는 없고 꾸찌 터널과 함께 묶어 1일 투어를 진행한다. 점심 식사 비용 별도
주소 246 Đề Thám, Pham Ngũ Lão, Quận 1
전화 28-3838-9597
운영시간 신투어리스트 사무실 06:30~22:30, 투어 07:15~18:30
요금 199,000동
홈페이지 www.thesinhtourist.vn

물속에서 살아 움직이는 인형들
골든 드래곤 수상 인형 극장 The Golden Dragon Water Puppet Theater

베트남 북부에서는 10세기 이후부터 수상 인형극이 발달했다. 벼농사를 짓던 농민들은 땅과 강에 깃든 혼을 위로하고 풍년을 기원하며 인형극을 펼쳤다. 하노이의 수상 인형 극장이 원조이지만, 베트남 남부와 호치민을 여행하는 사람들을 위해 호치민 시내에도 상설 수상 인형 극장을 열었다. 무대에는 작은 연못이 있고, 양옆으로 베트남의 전통 악기를 연주하는 악단이 앉아있다. 인형을 조종하는 단원들은 커튼 뒤에 숨어 대나무 막대로 인형들을 조종한다. 오프닝의 합주를 포함해서 총 17개의 단락으로 이루어진 인형극은 50분 동안 유쾌하게 진행된다. 베트남어로 진행하지만 인형들의 단순한 움직임만으로도 내용을 짐작하고 즐길 수 있다. 인형의 움직임이 정교하진 않지만 때로는 불꽃을 뿜기도 하고, 안개를 피우기도 해서 눈이 즐겁다. 소를 타고 피리를 부는 소년도 등장하고, 인형들이 배를 타고 경주도 한다. 봉황춤, 선녀춤도 재미있다. 맨 앞자리에 앉으면 물이 튀기도 하니 주의하자. 현장에서 매표가 가능하며 여행사에서도 바우처를 판매한다. 하루 두 번의 공연이 있으나, 단체 관람객이 많은 날은 표가 일찍 매진되니 미리 예매를 하거나 바우처를 사두자. 뷔페 식당에서 저녁을 먹고 나서 공연을 보는 프로그램도 있다.

Data 지도 107p-C
가는 법 벤탄 시장에서 도보 15분, 택시로 7분
주소 55B Nguyen Thi Minh Khai Street, Ben Thanh Ward, District 1
전화 28-3930-2196
운영시간 매표소 08:30~11:30, 13:30~19:30,
공연 17:00, 18:30
요금 250,000동,
신투어리스트 바우처 249,000동

크루즈를 타고 사이공 강변의 정취를 느껴보자
사이공 프린세스 크루즈 Saigon Princess Cruise

호치민 시내를 유유히 가로지르는 사이공강의 밤은 화려한 유람선이 불을 밝힌다. 사이공 프린세스 크루즈를 타면 호치민의 스카이라인을 바라보며 근사한 저녁을 먹고, 시원한 강바람을 맞으며 강변의 정취를 느낄 수 있다. 묵고 있는 호텔이나 근처의 여행사에서 예약할 수 있다. 자리는 인원수를 체크해 오는 순서대로 배정되니, 늦지 않게 오는 편이 좋겠다. 호치민 박물관 옆에 위치한 사이공 항구에는 크루즈 선박이 일찌감치 정박해서 손님들의 승선을 기다린다. 저녁 6시 15분에 승선을 시작해서 저녁 7시에 운항을 시작한다. 디너 크루즈를 예약하면 코스 요리를 제공한다. 코스 요리의 메뉴는 예약할 때 선택할 수 있으며, 퓨전 메뉴, 아시안 시푸드 메뉴, 웨스턴 메뉴 등 다양한 세트 메뉴가 구비되어 있다. 주류나 음료의 가격은 별도. 배가 움직이기 시작하면 아래층에서 밴드 연주가 흥을 돋운다. 배는 사이공강의 남쪽으로 내려갔다가 다시 사이공강의 북쪽까지 돌고 항구로 돌아온다. 정찬 코스를 차려내는 디너 크루즈가 부담스럽다면, 음료한 잔을 서비스하는 데일리 크루즈를 예약해도 좋겠다.

Data 지도 107p-F
가는 법 벤탄 시장에서 사이공 항구까지 택시로 15분 **주소** 05 Nguyen Tat Thanh St., District 4
전화 28-3514-6033 **운영시간** 승선시간 18:15, 유람시간 19:00~21:15
요금 디너 크루즈 어른 1,300,000동, 어린이 650,000동, 데일리 크루즈 어른 300,000동,
어린이 150,000동 **홈페이지** www.saigonprincess.com.vn

비텍스코 타워의 49층에서 호치민 내려다보기
사이공 스카이덱 전망대 Saigon Skydeck

68층 높이를 자랑하는 비텍스코 타워는 연꽃을 형상화한 헬리콥터 착륙대가 삐죽 튀어나와 멀리서도 한눈에 알아볼 수 있다. 49층 전망대에서 호치민 시내를 360도로 조망해보자. 고속 엘리베이터에 타기 전에 사진 촬영을 한다. 전망대에 올라가면 인물사진과 비텍스코 타워를 합성한 사진을 기념품으로 판매한다. 전망대에서는 탁 트인 통유리를 통해 호치민 시내가 훤히 내려다보인다. 벤탄 시장, 응우옌 후에 거리, 사이공강, 인민위원회 청사 같은 랜드마크를 찾아내는 재미가 있다. 무료 망원경이 여럿 설치되어 있다. 맑은 날에는 사이공강 너머까지 시야가 탁 트인다. 입장료를 내고 49층 전망대에 올라가느니, 같은 값이면 50층의 이온 카페나 51층의 이온 헬리 바에서 전망도 즐기고 음료수도 마시는 편이 낫다는 후기도 있으나, 카페나 바에서는 360도의 경치를 모두 감상하긴 어렵다. 360도 관람이 가능한 전망대만의 매력을 즐겨보자. 작은 규모의 아오자이 박물관에서는 8분 정도의 패션쇼 영상이 흘러나와 볼 만하다. 스카이덱 전망대에 올라가려면 건물을 바라보고 왼편의 입구로, 이온 헬리바나 이온 카페에 가려면 건물을 바라보고 오른쪽의 입구로 들어가면 된다.

Data 지도 107p-F
가는 법 응우옌 후에 거리의 남동쪽, 호치민 동상에서 도보 10분
주소 36 Hồ Tùng Mậu, Bến Nghé, District 1
전화 28-3915-6156
운영시간 09:30~21:30, 마지막 입장은 45분 전에 마감
요금 성인 200,000동, 4~12세 어린이와 노약자 130,000동, 단체 50인 이상 180,000동
홈페이지
www.saigonskydeck.com

© Dallas Waines

씨스타도 다녀간 핫한 수영장 파티!
사이공 소울 풀 파티 Saigon Soul Pool Party

11월 말부터 5월 중순까지, 매주 토요일이면 뉴 월드 호텔(152p)에서 근사한 수영장 파티가 열린다. 디제이의 손끝에서는 흥겨운 하우스 뮤직이 흘러나오고, 바에서는 생맥주를 주문하는 사람들이 끊이지 않으며, 바비큐를 굽는 고소한 냄새가 풍긴다. 뉴월드 호텔에 묵는 사람은 파티에 무료입장이 가능하다. 다른 호텔에 묵으면서 파티 입장권을 구매해 놀러오는 서양 관광객들도 많고, 베트남에서 좀 논다 하는 언니들도 몰려와서 파티를 즐긴다. 가수 씨스타도 호치민에 왔을 때 파티에 들렀다고 한다. 파티는 오전 10시부터 시작해서 저녁 10시에 끝난다. 오후 3시 이후에는 사람들이 몰리기 시작하므로 선베드를 차지하려면 오후 3시 전에 가는 편이 좋겠다. 5개의 카바나는 미리 예약을 해야 이용이 가능하다. 사람들은 빈백에 늘어져 앉아 떠들썩한 수다와 화창한 날씨를 만끽한다. 풀사이드에 앉아 디제이의 선곡을 즐기며 낮맥의 호사를 누려보자. 낮에는 뉴 월드 호텔의 소울 풀 파티를, 밤에는 AB타워의 칠 바(136p)에서 춤을 즐기면 무척이나 화끈한 주말이 되겠다.

Data 지도 107p-E, 108p-B
가는 법 뉴월드 호텔 2층, 벤탄 시장에서 도보 5분
주소 76 Lê Lai, Ben Thanh Ward, District 1
전화 122-734-8128
운영시간 11월 말에서 5월 중순 토요일 10:00~22:00, 카바나 13:30~22:00
요금 입장료 150,000동, 주스 50,000동, 생맥주 50,000동
홈페이지 www.saigonsoul.com

EAT

Writer's Pick!

베트남 가정식이 이렇게 맛있을 줄이야!
꾹갓콴 Cục Gạch Quán

베트남 가정식 요리의 끝판왕이라 칭할 만하다! 안젤리나 졸리와 브래드 피트가 다녀갔다고 해서 유명한데, 실은 예전부터 아는 사람은 다 아는 유명한 집이었다. 시내에서 떨어져 있어 택시를 타고 15분을 가야 하지만 맛을 생각하면 충분히 감수할 만하다. 골목길을 사이에 두고 양쪽 맞은편에 식당의 간판이 달려있다. 양쪽 모두 꾹갓콴이니 아무 데나 들어가서 안내를 받도록 하자. 가족끼리 외식 나오는 현지인들도 많을 만큼 인기가 있어서 식사 시간이면 식당 앞 골목에 택시들이 가득 찬다. 그러니 여럿이 간다면 예약을 하고 가는 편이 좋겠다. 베트남 가옥을 개조하여 야외 좌석도 있지만, 낮에는 에어컨이 나오는 실내가 쾌적하다. 유명세에 비하면 가격이 합리적이어서 여러 종류의 메뉴를 맛보기에 부담이 없다. 가장 인기 있는 요리는 부드럽게 튀겨낸 게 요리인 소프트셸 크랩. 뼈째 씹어먹는 고소한 맛이 일품이다. 다른 요리에 비하면 가격이 높은 편이지만, 한국과 비교하면 저렴하다. 겉은 바삭하지만 속은 푸딩처럼 부드러운 베트남식 손두부 요리도 인기다. 모두 한국인의 입맛에 잘 맞아 어떤 요리를 시켜도 만족스럽다. 새로 오픈한 꾹갓콴 카페도 이 집에서 운영하니, 찾아갈 때 헷갈리지 말자.

Data 지도 107p-A
가는 법 시청사에서 택시로 15분, 약 50,000동
주소 10 Đặng Tất, Tân Định, Quận 1 **전화** 28-3848-0144
운영시간 09:00~23:00
가격 손두부 요리 100,000동, 튀긴 소프트셀 크랩 240,000동
홈페이지
www.cucgachquan.com.vn

다정한 분위기, 맛있는 베트남 음식
호아뚝 Hoa Tuc

호치민의 파크 하얏트 사이공 호텔 뒤편에는 마법의 골목이 있다. 작은 노란색의 아치를 통해 들어가면 갑자기 마당처럼 넓은 공간이 나타나고, 이 공간을 맛집들이 둘러싸고 있다. 끄트머리에는 아담하게 꾸민 베트남 음식점 호아뚝이 있다. 사랑스러운 분위기에서 맛있는 베트남 요리를 맛볼 수 있는 집이다. 점심 식사를 한다면 고급스러운 분위기의 실내에서 시원하게, 저녁 식사를 한다면 촛불 빛 은은한 야외에서 분위기 있게 즐기면 좋겠다. 가격대는 다른 베트남 음식점에 비하면 높은 편이지만, 여행 중 한 번쯤은 분위기 있는 식사를 즐기고 싶다면 가보자. 세트 메뉴나 해피 아워를 이용하면 합리적인 가격으로 즐길 수 있다. 생과일주스도 신선하고, 음식의 맛과 서비스도 수준급이다. 주중에는 오전 11시부터 오후 5시까지 런치 세트를 주문할 수 있다. 5가지 종류의 런치 세트는 애피타이저와 메인요리, 음료가 나온다. 오후 3시부터 6시 사이의 해피 아워에는 음료나 와인이 40% 할인된다. 호아뚝에서는 쿠킹클래스도 운영한다. 아침에 장을 보고 3시간 동안 4가지 요리를 만들어서 먹는 프로그램이 인기다.

Data 지도 107p-D
가는 법 오페라 하우스에서 파크 하얏트 사이공 호텔 쪽으로 도보 5분
주소 74/7E, Hai Ba Trung Street, Ben Nghe Ward, District 1
전화 28-3825-1676
운영시간 11:00~22:30
가격 분팃 느엉 135,000동, 런치 세트 185,000동
홈페이지 www.hoatuc.com, 쿠킹클래스 www.saigoncookingclass.com

현지인들과 여행자들로 북적거리는 오픈 쿠킹 레스토랑
냐항 응온 Nhà hàng Ngon

현지인들에게도, 관광객들에게도 유명한 베트남 식당이다. 조리하는 과정을 볼 수 있는 오픈된 주방이어서 구경하는 재미도 있고, 깨끗하다는 믿음도 간다. 메뉴가 다양하고 가격이 합리적인 데다 인테리어도 산뜻하다. 저녁 시간에는 아롱아롱 불빛 켜진 야외석의 분위기가 좋지만, 현지인뿐만 아니라 외국인들까지 붐벼서 자리가 없을 정도. 대가족이 와도 끄떡없을 만큼 커다란 테이블이 많지만 이마저도 꽉 차는 경우가 많으니 여럿이 가려면 예약을 하고 가는 편이 좋겠다. 종업원들은 친절한 편이지만 손님이 많은 저녁에 혼자 갈 경우에는 세심한 서비스를 기대하기 어렵다. 조용한 분위기에서 여유 있게 식사를 하고 싶다면 점심시간을 이용하자. 손님이 많아도 음식을 주문하면 비교적 일찍 나오는 편이다.

Data 지도 107p-D 가는 법 시청사에서 도보 5분, 벤탄 시장에서 도보 10분 주소 160 Pasteur, Bến Nghé, Hồ Chí Minh, Bến Nghé Quận 1 전화 28-3827-7131 운영시간 08:00~22:30 가격 반세오 56,000동, 짜조&쌀국수 75,000동, 망고 스무디 60,000동 홈페이지 www.quananngon.com

다양한 요리마다 게살이 듬뿍
콴 94 Quán 94

콴 94는 게를 전문으로 요리하는 로컬 식당이다. 스테인리스 테이블에 플라스틱 목욕탕 의자를 둔 허름한 내부에 에어컨도 없지만 호치민 맛집으로 유명하다. 인기가 많아진 콴 94는 10m 옆에 가게를 하나 더 냈는데, 두 식당의 맛 차이는 거의 없다. 게살 볶음밥은 익숙하니 게살 당면 요리인 미엔 싸오 꾸아를 시도해보면 어떨까. 게살이 푸짐하고 양도 많아서 한 끼 식사로 제격이다. 짭조름한 요리들은 맥주를 절로 부른다. 현지 물가에 비하면 싸지는 않지만 게살이 듬뿍 들어간 다양한 요리를 먹을 수 있다는 것이 장점. 튀김옷이 두꺼워서 호불호가 갈리는데, 소프트셸 크랩만 비교하면 얇은 튀김옷의 꾹갓콴이 더 나을 수도.

Data 지도 107p-B 가는 법 시청사에서 택시로 12분, 벤탄 시장에서 택시로 15분 주소 94 Đinh Tiên Hoàng, Đa Kao, Quận 1 전화 28-3825-8633 운영시간 09:00~22:00 가격 게살 당면볶음 170,000동, 게의 집게 요리 250,000동, 소프트셸 크랩 250,000동

분위기도 맛도 고급스러운
템플 클럽 Temple Club

어둡고 비밀스러운 통로를 들어가면서 이미 템플 클럽의 매력에 푹 빠질지도 모른다. 외관상으로는 프렌치 스타일 빌라인가 싶지만 내부는 베트남과 중국 스타일이 어우러진 고풍스러운 인테리어로 단장했다. 붉은색 벽돌 위로 파스텔 톤의 등불 빛이 기분 좋게 스며든다. 중국식 도자기와 베트남의 그림들, 복고풍의 소품과 한쪽에 놓인 피아노까지, 분위기 좋은 레스토랑에서의 한 끼 식사를 원한다면 적절한 선택이다. 실내 공간은 라운지와 레스토랑, 바로 나뉜다. 낮에는 햇살이 은은하게 들어오는 자리에 앉아 커피를 한잔 마셔도 좋고, 저녁에는 따뜻한 색감을 자아내는 불빛 아래서 낭만적인 저녁 식사를 해도 좋겠다. 전통적인 베트남 음식을 기본으로 중국과 캄보디아, 인도, 태국 스타일을 가미한 퓨전 음식을 선보인다. 요리와 어울리는 와인 리스트도 잘 갖추었다. 저녁에 방문할 계획이라면 며칠 전에 예약을 해야 근사한 창가 자리에 앉을 수 있다. 한때는 안젤리나 졸리와 브래드 피트가 다녀간 식당으로도 유명했다. 종업원들의 매너도 좋다. 가격대는 살짝 높은 편이고, 봉사료 10%도 별도로 청구된다.

Data 지도 107p-D
가는 법 응우옌 후에 거리에서 팰리스 호텔의 맞은편 골목으로 도보 2분
주소 29-31 Tôn Thất Thiệp, Bến Nghé, Quận 1
전화 28-3829-9244
운영시간 12:00~00:00
가격 템플클럽 플래터 150,000동, 그릴드 치킨 165,000동, 칵테일 120,000동
홈페이지 www.templeclub.com.vn

여행자거리의 진면목을 만나는 시간
비비큐 사이공 나이트 BBQ Saigon Night

여행자거리가 변화무쌍한 이유는 시간대마다 달라지는 풍경 때문이다. 저녁이 되어 문을 닫은 상점들 앞에 새로운 노점이 열린다. 간신히 몸을 구겨 앉을 만한 의자와 테이블이 거리에 줄줄이 늘어선다. 낮에는 존재하지 않았던 노점들이 환히 불을 켜고 손님들을 맞는다. 비비큐 사이공 나이트도 그중의 하나인데, 메라키 부티크 호텔 앞에서 성업 중이다. 한국 여행자들이 '목욕탕 의자'라고 지칭하는 작은 플라스틱 의자에 앉아 시원한 맥주를 한잔 마시면 여행 온 기분이 물씬 난다. 1천 원도 안 하는 병맥주와 5개쯤 골라도 3천 원이 안 되는 실한 꼬치구이에 기분이 좋아진다. 독특한 양념을 발라 구운 문어구이야말로 한국엔 없는 별미!

Data **지도** 108p-D **가는 법** 여행자거리의 메라키 부티크 호텔 바로 옆 **주소** 198 Bùi Viện, Phạm Ngũ Lão, Quận 1 **운영시간** 20:00~03:00 **가격** 사이공 비어 14,000동, 꼬치 1개 10,000동, 문어 1마리 120,000동

다양한 먹거리를 마음껏 골라 먹어보자
벤탄 스트리트 푸드 마켓 Benthan Street Food Market

벤탄 스트리트 푸드 마켓은 수많은 레스토랑과 즉석코너, 디저트 가게가 한자리에 모인 종합선물세트다. 처음엔 가격에 놀라고, 다음엔 맛에 반한다. 쌀국수나 덮밥 같은 익숙한 베트남 음식뿐만 아니라 좀처럼 시도하기 어려웠던 베트남의 각종 길거리표 간식들을 눈앞에서 깔끔하게 조리해주어 믿음직스럽다. 한국 음료를 파는 가게, 롤을 파는 일식집, 조개를 굽는 중국집, 여러 종류의 생맥주 가게까지 다양한 음식을 직접 골라 배불리 먹을 수 있다. 저녁이면 각종 꼬치에 해산물 바비큐를 안주 삼아 생맥주를 마시는 관광객들이 가득하다. 음식을 주문할 때 주는 번호표를 테이블 위에 올려놓으면 친절히 가져다준다. 안쪽에도 넓은 공간이 있으니 자리가 없더라도 그냥 지나치지 말고 안쪽을 둘러보자.

Data **지도** 107p-C **가는 법** 벤탄 시장의 북문에서 통일궁 쪽으로 50m **주소** 26-28-30 Thủ Khoa Huân, Bến Thành, Quận 1 **전화** 09-0126-2830 **운영시간** 09:00~23:00, 매장별로 다름 **가격** 옥수수구이 10,000동, 해산물바비큐 85,000동, 생맥주 30,000동

여행자거리의 맛있는 베트남 요리
비에트 베트남 퀴진 Viet Vietnamese Cuisine

이름에서부터 주인장의 자부심이 느껴진다. 우리 집은 베트남 요리 전문이야, 큰소리치는 느낌이랄까. 붉은 체크무늬 식탁보는 정갈하고 서빙은 친절하다. 메뉴판에는 웬만한 베트남 요리가 다 있다. 사진과 설명이 곁들여져 고르기 쉽다. 부담스럽지 않은 가격이지만 양은 꽤 많다. 여럿이 가더라도 한 사람당 한 접시면 충분하다. 베트남에 왔으니 새콤달콤한 베트남식 연근 샐러드를 맛보는 건 어떨까. 식사로는 짜조를 얹은 분팃느엉을 추천.

Data **지도** 108p-E **가는 법** 부이비엔 거리의 애스톤 호텔 앞에서 메라키 호텔 쪽으로 걸어가다가 왼쪽 **주소** 59-61, Bùi Viện, Quận 1 **전화** 28-3837-9872 **운영시간** 06:00~22:00 **가격** 오렌지주스 49,000동, 고이꾸온 69,000동, 분팃느엉 짜조 95,000동

여행자거리에서 시원한 생맥주 한잔
동키 바 앤 레스토랑
Donkey Bar&Restaurant

여행자거리에서 눈에 띄는 레스토랑이다. 알록달록한 벽화와 나무로 만든 의자, 활기찬 분위기가 한몫한다. 캐주얼한 인테리어의 스포츠 바이지만 음식이 맛깔나게 나오므로 식사를 하러 들러도 좋다. 낮이건 밤이건 맥주 한 잔 즐기러 오는 사람들이 많다. 타이거 생맥주와 하이네켄 생맥주를 갖추고 있고, 각종 칵테일과 하우스와인까지 드링크 리스트가 다양하다. 밤이면 2층까지 사람들이 가득 모여들어 흥겨운 분위기를 자아낸다.

Data **지도** 108p-D **가는 법** 6번 도로와 샤를드골 도로의 교차점에서 2분 거리 **주소** 119-121, Bùi Viện, Quận 1 **전화** 28-3836-9220 **운영시간** 08:00~03:00 **가격** 생맥주 40,000동

진한 국물의 베트남 쌀국수!
포 2000 Pho 2000

클린턴 전 미국 대통령이 다녀갔다는 포 2000에 들러 쌀국수를 먹어보자. 1층의 커피빈과 입구를 같이 쓰니, 입구를 찾아 헤매지 말고 커피빈 입구로 들어가 2층으로 올라가면 된다. 벽에는 클린턴 대통령이 방문했을 당시의 사진과 뉴스가 붙어 있다. 쌀국수를 시키면 넓적한 면발의 쌀국수 한 그릇이 나오고 익힌 숙주와 매운 고추, 야채가 따로 나온다. 시원하고 진한 국물이 해장에 그만이다. 과일을 갈아 만든 스무디인 신또도 판매한다.

Data **지도** 108p-C **가는 법** 벤탄 시장의 서쪽, 길 건너편 2층 **주소** 1-3, Phan Chu Trinh, Phường Bến Thành, Quận 1 **전화** 28-3822-2788 **운영시간** 07:00~21:00 **가격** 쌀국수 레귤러사이즈 80,000동, 라지 95,000동, 신또 50,000동 **홈페이지** www.pho2000.com.vn

Writer's Pick!
호치민에서 가장 핫한 스카이 바는 단연
칠 스카이 바 Chill Sky Bar

칠 스카이 바는 호치민에 우후죽순처럼 생겨난 스카이 바 중에서도 단연 돋보이는 곳이다. 화려한 파티를 즐기는 현지 젊은이들과 신나는 나이트라이프를 원하는 외국인들이 밤이면 칠 바로 모여든다. 방콕의 시로코 바를 연상시키는 테이블에서는 바텐더들이 현란한 손놀림으로 쉴 새 없이 칵테일을 만든다. 대부분의 칵테일이 진한 편이다. 저 멀리 비텍스코 타워까지 내려다보이는 야경을 감상하다 보면 음악 소리는 점점 높아지고, 분위기는 더욱 흥겨워진다. 분위기가 최고조에 달하면 층계에서 비보이들이 춤을 추고, 래퍼가 마이크를 든 채 바 위로 뛰어오른다. 디제이가 볼륨을 높이면 하늘 위로 쏘아 올린 레이저 불빛이 넘실거린다. 매일 흥겨운 파티 분위기지만 주말이면 더욱 붐빈다. 금요일에는 AB타워의 1층에서 칵테일 1잔이 포함된 입장권을 판매한다. 슬리퍼 차림의 남성이나 탱크톱 차림의 여성은 입장을 제한한다. 멋지게 차려입고 오는 사람이 많으니 아무래도 복장에 신경 쓰고 가는 편이 좋겠다. 밤을 불사르기엔 더할 나위 없지만, 비싸다는 것이 함정. 거기에 세금과 봉사료 17%가 더 붙는다. 저녁 8시 이전에 해피 아워를 진행하니 조용히 경치를 보고 싶다면 일찍 방문하자.

Data 지도 108p-B
가는 법 여행자거리에서 도보 6분, 벤탄 시장에서 도보 8분
주소 AB Tower, Tầng 26, 76 Lê Lai, Bến Thành, Quận 1
전화 09-3882-2838
운영시간 칠 바 라운지 17:30~02:30, 다이닝 17:30~22:30
가격 시그니처 칵테일 320,000동, 병맥주 180,000동, 17:30~20:00 해피아워에는 음료 88,000동~
홈페이지 www.chillsaigon.com

벤탄 시장의 야경이 한눈에 내려다보이는
OMG! 루프탑 바 OMG! Rooftop Bar

호치민의 야경을 보면서 시원한 루프탑 바에 앉아 칵테일을 마시며 도란도란 이야기를 나누고 싶다면 OMG 바로 가자. 칠 바의 음악이 너무 시끄럽다거나, 스탠딩 파티를 좋아하지 않는다면 여기가 훨씬 마음에 들 것이다. 적당한 높이의 루프탑 바여서 벤탄 시장 앞 로터리와 비텍스코 타워가 친근하게 다가온다. 칠 바가 젊은이들이 열정적으로 밤을 불태우기에 좋다면 OMG 바는 가족끼리, 친구들끼리 오붓하게 모여 앉아 담소를 나누기에 적당하다. 여럿이 앉아도 좋은 테이블과 소파를 비치해두어 오래 앉아 있어도 편안하다. 저녁이면 라이브 공연을 하기도 하고, 가끔씩 DJ 파티도 열리긴 하지만 칠 바처럼 시끌벅적한 날은 그리 많지 않다. 벤탄 시장에서 가까워 걸어가기도 좋다.

Data **지도** 108p-C **가는 법** 벤탄 시장에서 도보 2분, 실버랜드 센트럴 호텔의 8층 **주소** 14 Lê Lai, Bến Thành, Quận 1 **전화** 28-3827-2738
운영시간 17:00~01:00 **가격** 사이공 비어 90,000동, 칵테일 200,000동
홈페이지 www.silverlandhotels.com

호치민에서 가장 높은 바
이온 헬리 바 Eon Heli Bar

밤이 되면 비텍스코 타워의 이온 헬리 바에서 화려한 조명을 쏘아댄다. 현란한 조명 때문에 클럽 분위기라고 생각하면 오산. 한쪽에서는 밴드의 라이브 공연으로 흥겨운 분위기지만, 다른 한쪽에서는 조용하게 이야기를 나눌 수 있다. 호치민 시내의 가장 높은 자리에 앉아 야경을 내려다보는 기분이 쏠쏠하다. 하지만 사람이 많아 창가 자리에 앉으려면 기다려야 할 수도 있고, 360도 전망을 모두 볼 수 있는 전망대와는 달리 자신이 앉아 있는 자리의 야경만 즐길 수 있다는 점을 고려하자.

Data **지도** 107p-F
가는 법 응우옌 후에 거리의 남동쪽, 호치민 동상에서 도보 10분
주소 2 Hai Trieu, Ward Ben Nghe, District 1
전화 28-6291-8752
운영시간 22:00~00:00, 해피 아워 13:00~16:00
가격 헬리 시그니처 칵테일 260,000동, 헬리 클래식 칵테일 220,000동, 세금과 봉사료 15% 별도
홈페이지 www.eon51.com

라이브 뮤직과 사이공 강변의 정취를 즐기는
M.바 M.Bar

호치민의 루프탑 바 중에서도 사이공강을 내려다볼 수 있는 M. 바는 조금 특별하다. 콜로니얼 양식으로 지어진 마제스틱 호텔의 우아한 로비를 지나면 왼쪽에 M.바로 올라가는 엘리베이터가 있다. 마제스틱 호텔에는 M.바 외에도 스카이 브리즈 바가 있는데, 둘 다 루프탑 바이지만 분위기도 다르고 보이는 경치도 다르다. 올라가는 엘리베이터도 다르니 탈 때 주의하자. 사이공 강변의 정취를 즐기려면 M.바를 추천한다. 한낮의 M.바에는 시원한 주스나 생맥주를 마시는 이들이 많다. 어둑어둑해지고 사이공강에 반짝이는 리버크루즈가 지나가면 M.바에서는 라이브 공연이 시작된다. 자유롭고 느슨한 M.바의 분위기가 들썩거린다. 고소한 감자튀김에 생맥주를 곁들이면 행복 그 자체.

Data **지도** 107p-D **가는 법** 응우옌 후에 거리에서 강변 쪽으로 끝까지 내려와 왼편 **주소** 8F, 1 Đồng Khởi, Bến Nghé, Quận 1 **전화** 28-3829-5517 **운영시간** 16:00~01:00 **가격** 과일주스 165,000동, 타이거 생맥주 145,000동 **홈페이지** www.majesticsaigon.com/m-bar

아는 사람만 아는 아담한 루프탑 바
브로마 Broma

시끌벅적한 광장을 뒤로 하고 브로마에 올라가 보자. 편안한 분위기의 작은 루프탑 바다. 광장의 소음 대신 부드러운 음악 소리가 들려온다. 여럿이 와도 앉을 수 있는 넓은 테이블과 편안한 소파도 있고, 응우옌 후에 거리와 시청 앞 광장이 한눈에 들어오는 발코니 자리도 있다. 친절한 스텝들이 주문을 도와준다. 발코니의 반대편에서는 종종 색다른 공연이 열린다. 어느 날은 흥겨운 재즈를 연주하고, 어느 날은 감미로운 보컬이 노래를 한다. 일부러 공연을 보러 오는 사람들이 있을 정도로 단골손님이 많다. 공연이 없는 시간에는 달콤한 칵테일을 앞에 두고 앉아 오붓하게 이야기를 나누기 좋다.

Data **지도** 107p-D **가는 법** 시청에서 응우옌 후에 거리를 따라 강변 쪽으로 도보 5분 **주소** 41 Nguyễn Huệ, Bến Nghé, Quận 1 **전화** 28-3823-6838 **운영시간** 17:30~02:00 **가격** 타이거비어 90,000동, 마티니 150,000동, 모히또 150,000동

여행자거리의 붉은 이정표
크레이지 버팔로 Crazy Buffalo

붉은색 거대한 간판 위에 당당하게 그려진 버팔로 그림 덕분에 여행자거리의 랜드마크로 불린다. 하지만 택시 기사들은 크레이지 버팔로에 가자고 하면 잘 알아듣지 못한다. 택시를 타고 기사에게는 '부이비엔, 데탐 스트리트'라고 말하자. 크레이지 버팔로와 고2 바가 마주보고 있는 여행자거리의 교차로에서 내릴 수 있다. 살짝 어둠이 내려앉을 시간이면 크레이지 버팔로와 고2 바 앞에는 경쟁하듯 종업원들이 쏟아져 나와 호객행위를 시작한다. 칵테일 한잔을 시켜놓고 지나다니는 여행자들을 구경하는 재미가 있다.

Data **지도** 108p-E **가는 법** 데탐 거리와 부이비엔 거리의 교차점 **주소** Đề Thám, Phạm Ngũ Lão, Quận 1 **전화** 09-0842-4037 **운영시간** 08:00~23:00 **가격** 칵테일 99,000동, 사이공 비어 50,000동, 스프링롤 120,000동

쿵쿵대는 클럽 음악이 새벽까지 울려 퍼지는
고2 바 Go2 Bar

고2 바의 1층 바깥 자리에는 하루 종일 사람들이 붐빈다. 시원한 음료수를 마시며 지나가는 여행자들을 지켜보기만 해도 여행 온 기분을 만끽할 수 있기 때문. 대부분의 여행자거리에 있는 바와 마찬가지로 자정 전에는 헐거 아워다. 칵테일 2잔을 시키면 1잔이 공짜. 여럿이 모여 물담배인 시샤를 피우기도 한다. 바비큐를 구워먹는 루프탑이 있으나 썰렁하니 1층에 앉자. 2층의 클럽은 늦은 시간이 되어야 분위기가 무르익는다.

Data **지도** 108p-E **가는 법** 데탐 거리와 부이비엔 거리의 교차점 **주소** 187 Đề Thám, Phạm Ngũ Lão, Quận 1 **전화** 28-3836-9575 **운영시간** 24시간 **가격** 데킬라 선라이즈 90,000동, 피나콜라다 95,000동, 치킨 윙 150,000동

여행자거리의 또 다른 명물
알레즈 부 Allez Boo

크레이지 버팔로와 알레즈 부는 닮았다. 메뉴의 종류도 가격도 비슷하다. 같은 사장님이 운영하기 때문. 알레즈 부는 신투어와 하일랜드 커피의 맞은편으로 위치가 좋다. 오며 가며 한 번쯤은 알레즈 부의 산뜻한 노란색 외관을 마주했을지 모른다. 아침 일찍 투어를 시작하기 전에 진한 커피 한잔해도 좋고, 저녁나절 투어를 마치고 시원한 맥주를 한잔해도 좋겠다. 2층보다는 1층이 더 낫다.

Data **지도** 108p-E **가는 법** 신투어리스트 옆의 하일랜드 커피 맞은편, 풍짱 버스 오피스 옆 **주소** 195 Phạm Ngũ Lão, Quận 1 **전화** 28-9870-0039 **운영시간** 07:00~04:00 **가격** 타이거 크리스털 60,000동, 카페 쓰어다 50,000동 **홈페이지** www.allezboobar.webnode.vn

베트남 프랜차이즈 커피의 대명사
하일랜드 커피 Highlands Coffee

베트남의 프랜차이즈 커피숍 중에 가장 눈에 띄는 커피숍이다. 베트남의 어느 도시를 여행하더라도 붉은색 글씨의 하일랜드 커피숍을 만날 수 있다. 여행자거리에도 하일랜드 커피가 있어 아침부터 커피를 찾는 사람들로 북적인다. 우리나라에서 사먹던 아메리카노는 잠시 잊고, 진하고 달콤한 베트남 커피인 '카페 쓰어다'를 마셔보자. 1일 1커피를 하다 보면 진하게 우려낸 베트남 커피와 달콤한 연유의 조화로움에 빠져든다. 커피를 좋아하는 사람이라면 한국에 돌아와서 카페 쓰어다를 그리워하게 될 것이다. 하일랜드 커피에서는 자체 블렌딩한 커피를 판매한다. 오가는 사람이 많은 1층은 좀 번잡하지만, 2층은 자리가 넓고 한적하다. 콘센트를 꽂을 수 있는 자리에는 노트북을 펼친 여행자들이 많다.

Data **지도** 108p-E **가는 법** 알레즈 부 맞은편, 신투어리스트 옆 **주소** 187 Phạm Ngũ Lão, Quận 1 **전화** 28-3838-9523 **운영시간** 07:00~23:00 **가격** 카페 쓰어다 35,000동, 아메리카노 44,000동, 반미 19,000동 **홈페이지** www.highlandscoffee.com.vn

먹는 콩 아니에요, 베트콩이에요!
콩 카페 Cộng Cà phê

베트남에는 프렌차이즈로 운영하는 몇몇 커피숍이 있는데, 콩 카페도 그중 하나다. 베트콩을 모티프로 한 콩 카페는 독특한 인테리어가 돋보인다. 얼룩덜룩한 콘크리트 벽, 국방색을 기본으로 한 인테리어에 촌스럽지만 정감 어린 꽃무늬 패브릭을 곁들여 지점마다 개성을 뽐낸다. 여행자거리에 있는 콩 카페에는 벽을 가득 메우고 있는 오래된 책장이 있어 근사하다. 여행자거리의 일부가 되는 듯한 바깥쪽 자리에 앉아도 좋고, 빈티지한 느낌의 안쪽 자리에 앉아도 좋다. 콩 카페가 유명해진 이유는 젊은 세대가 겪지 못한 베트콩의 감성을 살려낸 분위기뿐만 아니라 시그니처 메뉴인 코코넛 커피 때문이기도 하다. 코코넛의 풍미가 살아있는 코코넛 커피는 달달하고 부드럽다. 카페 놀이를 즐긴다면 역시 콩 카페다.

Data **지도** 108p-D **가는 법** 메라키 부티크 호텔 건너편 **주소** 129-127 Bùi Viện, Phạm Ngũ Lão, Quận 1 **전화** 09-1181-1145 **운영시간** 09:00~02:00 **가격** 코코넛 커피 65,000동, 카페 쓰어다 35,000동 **홈페이지** congcaphe.com

BUY

낮에도 밤에도 활기 넘치는 재래시장
벤탄 시장 Ben Than Market / Chợ Bến Thành

호치민을 대표하는 재래시장인 벤탄 시장은 낮이나 밤이나 활기가 넘친다. 100년의 역사를 가진 시장답게 낮에는 건물 안의 2천여 개 상점이 활기가 넘치고, 밤에는 건물 밖을 빙 둘러싼 야시장의 천막이 펼쳐진다. 로터리에 면한 남문으로 들어가면 의류, 가죽제품 가게들이 늘어섰고, 중앙 통로 근처에는 신발과 가방, 화장품과 수공예품 가게들이 반긴다. 북쪽 출입구 쪽에는 소미료, 커피, 차를 파는 상점들과 식당들이 있다. 상점들이 다닥다닥 붙어 있고 통로가 좁아서 지나다니기가 쉽지 않지만 구경하는 재미가 쏠쏠하다. 알록달록한 색깔의 아오자이를 입은 인형들, 다양한 크기의 래커 웨어들, 나전 세공된 젓가락 세트 같은 아기자기한 기념품들이 다양하다. 반짝이는 액세서리, 에스닉한 가방, 화려하지만 한국보다 저렴한 샌들도 유혹적이다. 무엇을 사든 흥정은 필수! 시장 건물은 저녁 6시면 문을 닫기 시작하고, 저녁 7시가 되면 건물 밖에 야시장이 들어선다. 야시장에서는 주로 의류와 기념품을 판매한다. 저렴하고 맛있는 베트남 음식을 사 먹을 수도 있다. 야시장은 보통 밤 11시면 철수를 시작한다. 벤탄 시장 서쪽 문 앞의 금은방들은 환율이 좋아 사람들이 줄 서있다. 벤탄 시장 내에서는 카메라를 목에 걸고 가방을 앞으로 매서 소매치기를 방지하자.

Data 지도 108p-C
가는 법 시청 앞에서 도보 10분, 여행자거리에서 도보 15분
주소 Đường Lê Lợi, Bến Thành, Quận 1
전화 28-3829-9274
운영시간 07:00~19:00, 야시장 19:00~23:00
가격 기념자석 20,000동, 부채 60,000동, 팔찌 180,000동
홈페이지 www.chobenthanh.org.vn

다양한 기념품이 한자리에
중앙 우체국 안의 기념품 가게 The Post Shop

중앙 우체국 문 안쪽으로 들어서면 기념품숍이 양쪽으로 하나씩 위치했다. 두 곳 모두 비슷한 물품을 비슷한 가격으로 판매한다. 호치민에서 기념품을 다량으로 구입하기에 가장 좋은 곳은 벤탄 시장이지만, 시장 안이 더워서 오래 돌아다니기 어렵거나, 흥정하는데 소질이 없어서 물건을 사기 어려웠다면 우체국 안의 기념품숍이 적격. 벤탄 시장에서 파는 웬만한 기념품은 다 있고, 가격도 비슷하다. 물건들이 가지런하게 정리되어 있고, 모든 물건에 가격이 적혀 있어 바가지를 쓴다는 느낌이 없이 구입할 수 있다. 엽서나 자석 같은 소소한 기념품부터 지갑, 천가방이나 나전칠기로 만든 조각품까지 다양한 기념품이 구비되어 있다.

Data **지도** 107p-D **가는 법** 시청사에서 도보 5분 **주소** Bến Nghé, District 1 **전화** 09-0635-6999 **운영시간** 08:00~18:00 **가격** 아오자이 인형 20,000동, 천가방 120,000동

베트남 요리의 식재료는 여기에 다 있다
꿉 마트 Co.op mart / Cống Quỳnh

꿉 마트는 베트남 주요 도시에 지점을 둔 대형 할인 매장이다. 호치민에도 꿉 마트가 여럿 있는데, 현지인들이나 장기 여행자들은 여행자거리와 시청사에서 가까운 꿉 마트를 주로 이용한다. 1층에는 거대한 식료품 매장이 있고, 2층에는 옷과 샌들, 여행가방을 파는 매장과 간단한 스낵을 먹을 수 있는 공간이 있다. 식료품 매장에서 1천 원이 채 안 되는 다양한 베트남 소스들을 보면 요리를 못하는 사람이라도 쓸어 담고 싶은 욕구가 생긴다. 다양한 식재료를 일반 마켓보다 저렴한 가격으로 구입할 수 있다는 장점이 있지만, 무거운 짐을 들고 나와 택시를 잡기가 불편하다. 기본적인 식재료나 컵라면, 간단한 간식거리를 구입하는 정도라면 숙소 근처 편의점에서 구입하는 편이 낫겠다.

Data **지도** 107p-E **가는 법** 여행자거리나 벤탄 시장에서 택시로 5분 **주소** 189C Cống Quỳnh, Nguyễn Cư Trinh, Quận 1 **전화** 28-3832-5239 **운영시간** 07:30~22:00 **가격** 칠리소스 10,000동, 쌀국수 1봉지 12,000동, 코코넛 캔디 1박스 20,000동 **홈페이지** www.co-opmart.com.vn

2개의 쇼핑몰이 한곳에!
사이공 센터&타카시마야 백화점 Saigon Centre&Takashimaya Vietnam

호치민에서 가장 핫한 쇼핑몰은? '그때그때 달라요!'가 정답. 무엇이든 빠르게 변하는 호치민에서는 쇼핑몰이라고 다르지 않다. 그럼에도 불구하고 최근 가장 핫한 쇼핑 스폿을 고르라면 2016년에 오픈한 타카시마야 백화점을 꼽는다. 일본 오사카의 유명 백화점인 타카시마야가 싱가포르와 상하이에 이어 호치민에도 진출해, 사이공 센터 내에 자리를 잡았다. 입구만 다를 뿐 1층에서 매장이 이어진다. 백화점 쇼핑을 하고 싶다면 사이공 센터든, 타카시마야 백화점이든 가까운 입구로 들어가면 되겠다. 1층 로비로 들어서면 사이공 센터 쪽 입구에는 커피숍과 의류 매장들이 있고, 타카시마야 쪽 입구에는 화장품 매장들이 들어서 있다. 시이공 센터는 지하 2층에서 지상 5층까지 사용하지만 타카시마야는 지하 2층에서 지상 3층까지만 사용한다. 같은 층이라도 사이공 센터 쪽은 편안한 느낌이고, 타카시마야 쪽은 고급스러운 느낌이다. 지하 1층에는 베네통, 망고, 바나나 리퍼블릭 같은 캐주얼 브랜드와 신발과 가방 매장이 있다. 지하 2층에는 하일랜드 커피숍, 비첸향, 맥도날드가 있다. 깔끔하고 널찍한 안남 구르메 마켓도 지하 2층에 있어 과일, 식료품, 주류를 구입할 수 있다. 넓은 푸드코트와 고급스러운 레스토랑은 5층에 있다.

Data 타카시마야 백화점
지도 107p-D
가는 법 벤탄 시장에서 도보 5분, 시청사에서 도보 5분
주소 92-94 Nam Kỳ Khởi Nghĩa, Phường Bến Nghé, Quận 1
전화 18-0057-7766
운영시간 월~금요일 09:30~21:30, 토~일요일 09:30~22:00
홈페이지 www.takashimaya-vn.com

사이공 센터
지도 107p-D
가는 법 벤탄 시장에서 도보 5분, 시청사에서 도보 5분
주소 65 Le Loi Boulevard, District 1
전화 28-3829-4888
운영시간 월~목요일 09:30~21:30, 금~일요일 09:30~22:30
홈페이지 www.shopping.saigoncentre.com.vn

호치민 시내의 현대적인 쇼핑몰
빈컴 센터 Vincom Center

주상복합 단지의 6개 층에 걸쳐 쇼핑센터가 들어섰다. 슈퍼마켓인 빈 마트도 있고, 푸드코트와 커피숍, 의류, 액세서리, 신발, 핸드백, 스포츠 용품, 어린이 용품까지 쾌적한 공간에 다양한 매장이 들어서 있다. 망고, 자라 같은 패스트 패션 브랜드와 스와로브스키, 액세서라이즈 같은 글로벌 액세서리 브랜드들도 볼 수 있다. 글로벌 브랜드는 세일 품목 외에는 대부분 한국과 가격대가 비슷하다. 지하 3층의 푸드코트에는 다양한 먹거리와 커피숍이 있으니 시내 관광을 하다 더위에 지칠 때 들러보자.

Data 지도 107p-D 가는 법 시청사에서 도보 3분 주소 72 Lê Thánh Tôn, Bến Nghé, Quận 1 전화 09-7503-3288 운영시간 09:30~22:00 홈페이지 www.vincom.com.vn

1층의 화장품 매장 구경하기
팍슨 Parkson / Parkson Lê Thánh Tôn

팍슨 백화점 전면에 배우 이영애의 화장품 광고가 걸려 있어 친숙한 느낌을 준다. 1층에 들어서면 우리나라의 화장품 브랜드뿐만 아니라 프랑스산 화장품, 스파용품이 눈에 띈다. 1층엔 화장품 외에도 여성 구두와 핸드백, 2층엔 여성 의류, 3층엔 남성 의류, 스포츠 의류, 유아용품 매장이 있고, 4층에 푸드코트와 슈퍼마켓이 있다. 2층부터는 특별히 눈에 띄는 매장이 없고 동선이 불편하니, 1층 정도만 둘러보는 편이 좋겠다.

Data 지도 107p-D 가는 법 시청사에서 도보 3분 주소 35-45 Lê Thánh Tôn, Bến Nghé, Quận 1 전화 28-3827-7636 운영시간 09:30~22:00 홈페이지 www.parkson.com.vn

고급 호텔을 짓기 위해 새롭게 단장하는
유니온 스퀘어
Union Square Shopping Mall

시내 한복판에 있던 콜로니얼 건물을 철거하고 야심차게 세운 쇼핑몰. 오픈할 때는 베트남의 신흥 부자들을 겨냥하여 내세워 다양한 명품 브랜드를 유치했으나 2016년 11월부터 2층과 3층의 매장을 닫고 고급 호텔을 짓는 공사를 하고 있다. 아직도 1층에는 에르메스, 휴고 보스, 디오르, 쇼파드, 보테가 베네타 같은 명품 브랜드가 유니온 스퀘어의 명맥을 유지하고 있다.

Data 지도 107p-D 가는 법 인민위원회 청사 앞 호치민 동상의 동쪽 건물 주소 171 Đồng Khởi, Bến Nghé, Quận 1 전화 28-3825-8855 운영시간 09:00~22:00 홈페이지 www.unionsquare.vn

이렇게 크고 다양한 편집숍이라니
트라이북 Nhà Sách Tribooks

트라이북은 지점이 여럿 있는 꽤 큰 책방의 이름이다. 서점 안에 들어서면 작은 기념품 가게들이 옹기종기 모여 있다. 베트남도 모르는데 무슨 책을 사느냐며 지나치지 말고 구경해보자. 시원한 에어컨 바람을 쐬며 아기자기한 소품을 구경하면 더위가 싹 달아난다. 넓은 내부에는 호치민과 베트남의 사진을 담은 여행 책부터 영어로 된 소설책들, 어린이용 동화책까지 다양한 책이 진열되어 있다. 책과 더불어 아기자기한 소품과 기념품, 핸드메이드 비누와 자동차 소품들, 각종 인형과 엽서들까지 깔끔하게 전시되어 있다. 한 번 발을 들이면 어른들뿐만 아니라 아이들도 시간 가는 줄 모르고 둘러보게 된다. 알록달록한 모빌이나 다른 곳에서 볼 수 없는 독특한 엽서들은 탐나는 아이템.

Data **지도** 107p-D **가는 법** 빈컴 센터에서 노트르담 성당으로 가는 길, 오른편 **주소** 158ED Đồng Khởi, Quận 1 **전화** 28-3914-7445 **운영시간** 09:00~21:00 **가격** 엽서 35,000동, 호치민 여행서 120,000동, 베트남 사진집 390,000동

여행자거리에서 가장 저렴한 기념품 가게
A.M. 래커웨어 A.M Lacguerwares

밖에서 보면 작고 허름하지만, 막상 들어가 보면 없는 게 없다. 각종 DVD와 오래된 책들이 수북하게 쌓여 있는 입구를 지나면 아기자기한 기념품이 반겨준다. 이 집의 모토는 여행자거리에서 제일 저렴한 가격의 기념품숍. 벤탄 시장에서 파는 대부분의 아이템들이 모여 있는 데다 실제로 가격도 저렴하다. 심지어 가격까지 문 앞에 써 붙여둘 정도이니, 무엇을 사더라도 바가지 쓸 일은 없겠다. 여행자들이 주로 사는 품목인 커피, 젓가락 받침, 아오자이 인형부터 래커 웨어, 도자기, 컵 종류까지 다양하니 친구들에게 나눠줄 저렴한 기념품이 고민이라면 이곳에서 해결하자. 베트남에서 샀다는 티를 팍팍 낼 수 있는 아이템들이 많다. 책갈피는 개당 300원, 젓가락 세트는 500원 정도의 가격에 구입할 수 있다.

Data **지도** 108p-B **가는 법** 하일랜드 커피에서 벤탄 시장 쪽으로 한 블록 떨어져 오른편 **주소** 185 Phạm Ngũ Lão, Quận 1 **전화** 28-3836-8651 **운영시간** 08:30~21:00 **가격** 천가방 120,000동, 책갈피 5,000동

알록달록한 사파 마을 기념품
사파 빌리지 Sapa Village

베트남 북부의 고산 지역인 사파에서 직접 사들인 알록달록한 잡화가 그득하다. 컬러풀한 천가방과 실크 스카프, 원석이 주렁주렁 달린 목걸이와 팔찌가 시선을 사로잡는다. 에스닉한 소품과 액세서리를 좋아하는 사람이라면 시간가는 줄 모르고 이곳의 매력에 푹 빠져들 것. 수많은 가방들이 벽에 걸려있지만 같은 디자인이 하나도 없다. 색감이 고운 실크 스카프도 종류별로 걸려 있어 구매욕을 자극한다. 친절한 점원은 사파 지역의 특산품인 손가락만 한 악기를 어떻게 연주하는지 시범한다. 잡아당기면 줄자가 나오는 열쇠고리는 구경만으로도 재미있다. 정가제라 편리하다. 다른 기념품숍보다는 가격이 높지만, 독특한 디자인과 퀄리티를 생각하면 합리적인 가격이다.

Data 지도 108p-D **가는 법** 고2 바에서 메라키 호텔 방향으로 도보 5분
주소 168 Bùi Viện, Phạm Ngũ Lão, Quận 1 **전화** 09-8305-2053
운영시간 08:00~23:00 **가격** 전통피리 70,000동, 가방 400,000동

디자이너의 손길로 제작된 베트남 기념품
긴쿄 콘셉트 스토어 Ginkgo Concept Store

긴쿄는 호치민 시내에만 4개의 지점이 있다. 르 러이 거리에 긴쿄 콘셉트 스토어와 긴쿄 티셔츠가 있고, 데탐 거리에 콘셉트 스토어, 최근 쉐라톤 호텔에도 지점을 하나 열었다. 깔끔하고 시원해보이는 숍 안에는 긴쿄만의 오리지널 디자인으로 제작한 다양한 티셔츠와 바지, 오가닉 화장품과 오일 제품, 기념으로 갖고 싶은 문구류까지 잘 정돈해두었다. 세계 각국의 디자이너들이 이름을 걸고 제작한 세련된 감각의 소품들에 베트남의 정취가 듬뿍 묻어난다. 품질이나 디자인은 정말 착한데, 가격은 착하지 않은 게 함정. 오가닉 제품을 내세우는 기업답게 자연친화적인 에코 투어를 진행한다. 에코 투어에 관심이 있다면 매장에서 안내를 받을 수 있다.

Data 지도 107p-D **가는 법** 렉스 호텔 바로 옆
주소 10 Lê Lợi, Bến Nghé, Quận 1 **전화** 28-3521-8775
운영시간 08:00~22:00
가격 반팔 티셔츠 360,000동, 필통 220,000동
홈페이지 www.ginkgo-vietnam.com

SLEEP

호치민에서 누리는 최고의 사치
더 레버리 사이공 The Reverie Saigon

레버리 사이공 호텔은 수많은 이탈리아의 디자이너 브랜드와 협업해 286개의 객실과 스파, 레스토랑, 수영장에 이르기까지 럭셔리한 인테리어를 완성했다. 눈길 닿는 곳마다 콜롬보스틸레와 그리포니의 근사한 소품이 놓였고, 비지오네르의 눈부신 그림이 걸렸다. 호치민 시내 관광보다는 레버리 사이공을 여행하는 기분이 더욱 근사할 정도. 불가리아에서 수입한 푸른 대리석으로 꾸며진 1층에서 황금색으로 빛나는 엘리베이터를 타고 7층으로 올라가면 레버리 사이공의 화려한 로비를 만난다. 황금과 보석으로 치장된 시치스의 보랏빛 타조 가죽 소파와 수공예 크리스탈이 돋보이는 에메랄드빛 발디 시계가 존재감을 과시한다. 객실은 위치에 따라 호치민 시내나 사이공 강변이 내려다보인다. 호화로운 가구들로 가득 채워진 방은 루벨리의 벽지로 마감했고, 심지어 널따란 화장실 한편에는 시치스의 소파가 놓였다. 커튼이나 러그, 침구의 패브릭도 고급스럽기 그지없다. 룸 타입에 따라 쇼파드, 에르메스, 아쿠아 디 파르마의 어메니티를 제공한다. 특별한 날을 기념하는 커플이라면 반짝이는 금실로 수놓인 붉은 벽지와 타일의 마감이 유혹적인 레버리 로맨스 스위트를 추천한다. 레버리 사이공이라면 어떤 방에 묵어도 만족스럽겠지만!

Data 지도 107p-D
가는 법 호치민 시청사에서 응우옌 후에 거리를 따라 강변 방향 500m
주소 Times Square Bd. 22-36 Nguyen Hue Boulevard, District 1
전화 28-3823-6663
요금 디럭스룸 350~550달러, 스위트 800~1,500달러
홈페이지 www.thereveriesaigon.com

고급스러운 편안함, 세련된 만족스러움

르 메르디앙 사이공 Le Meridien Saigon

르 메르디앙의 이름에 걸맞게 꽃으로 장식된 방은 여유롭고, 침구는 폭신하고, 웰컴 프루트와 쿠키는 달콤하다. 고급스러운 욕실에는 구강청결제까지 비치해두었다. 침대 머리맡의 마스터 키판으로 방의 모든 램프와 에어컨을 켜고 끄는 건 기본, 커튼까지도 여닫을 수 있어 편리하다. 아침에 눈을 떠서 침대에 누운 채 버튼을 누르면 화사한 햇살 속에 호치민의 풍경이 눈앞에 펼쳐진다. 메자닌 플로어에 위치한 밝은 분위기의 식당에서 조식 뷔페를 제공한다. 요리뿐만 아니라 디저트의 종류도 다양하다. 객실 내에 비치된 안내서 중에 커피 1잔을 무료로 주는 바우처가 포함되어 있어서 시내 관광을 나갈 때 테이크아웃하면 좋다. 르 메르디앙 사이공의 느낌은 전체적으로 모던하면서도 각지지 않고 부드럽다. 유유히 흘러가는 사이공강과 강물 위에 띄운 배를 모티브로 해서 호텔 전체를 곡선으로 디자인했다. 객실 앞 복도가 직사각형이 아니라 유선형이고, 수영장이 네모반듯하지 않고 둥글게 마감된 것도 그 때문이다. 지도상에는 사이공 강변에 위치해 있지만 생각보다 시내 중심가와 가까워서 시내 관광을 하기에 불편하지 않다.

Data 지도 107p-D
가는 법 응우옌 후에 거리에서 택시로 10분
주소 3C Ton Duc Thang Street, District 1
전화 28-6263-6688
요금 프리미어 클래식룸 120~150달러, 그랜드 디럭스룸 150~170달러
홈페이지
www.lemeridiensaigon.com

세련된 보랏빛 객실, 섬세한 서비스
소피텔 사이공 플라자 Sofitel Saigon Plaza

오래전부터 베트남의 부잣집에는 새장을 여럿 두어 새가 지저귀는 소리를 들으며 부를 과시했다고 한다. 소피텔 사이공 플라자는 수영장에도, 복도에도, 방에도 새장을 장식해두어 럭셔리함을 과시한다. 방마다 조금씩 달라지는 진한 보랏빛이 우아한 분위기를 자아낸다. 서비스 역시 아코르 계열의 고급스러운 호텔답다. 방에 들어서면 탄산수와 말린 사과, 작은 쿠키가 환영해준다. 저녁에는 초콜릿과 차를 준비해 섬세한 턴다운 서비스를 제공한다. 베개 메뉴가 따로 있으며, 침구는 폭신한 편. 커다란 욕조에는 목욕소금이 같이 준비되어 있고, 어메니티는 랑방과 에르메스를 사용한다. 맑은 날이면 루프탑 수영장에서 시간을 보내자. 어두워지면 수영장에서 내려다보이는 호치민의 야경 또한 근사하다. 조식 뷔페는 오픈 키친으로 프랑스 요리에서부터 아시아 요리까지 구비했다. 다양한 종류의 디저트 코너와 즉석에서 원하는 과일을 썰어주는 과일 코너가 인상적이다. 지도상으로는 시내에서 약간 떨어져 있는 듯 보이지만 우체국까지 도보로 약 10분 거리이며 사이공 동식물원까지도 7분이면 걸어갈 수 있다.

Data 지도 107p-B
가는 법 중앙 우체국에서 도보 10분 거리, 시내에서 택시 약 20,000~30,000동
주소 17 Le Duan Boulevard District 1
전화 28-3824-1555
요금 슈피리어룸 140~240달러, 럭셔리룸 160~260달러
홈페이지 www.accorhotels.com/ko/hotel-2077-sofitel-saigon-plaza

호치민에서도 그 품격 그대로
인터컨티넨탈 사이공 Intercontinental Saigon

품격 있는 호텔답다. 있어야 할 모든 물건이 전부 갖춰진 느낌이랄까. 차분한 색감의 복도를 지나 방으로 들어가면 하루 종일 뒹굴기만 해도 좋을 만큼 편안한 공간을 만날 수 있다. 웰컴 프루트를 베트남 전통 모자 농에 담아 두어 앙증맞다. 아이폰을 거치하는 아이홈이 있어 충전을 하면서 음악을 들을 수도 있고, 우퍼가 내장된 DVD 플레이어가 있어 실감나는 영상을 감상할 수도 있다. 미니바에는 와인을 포함한 각종 양주에 컵라면까지 갖추었고, 캡슐 커피뿐만 아니라 직접 내려먹는 원두커피도 준비했다. 붉은색의 어메니티 박스로 포인트를 준 욕실이 고급스럽다. 창밖으로는 노트르담 성당의 뾰족한 종탑과 우체국의 지붕이 내려다보인다. 시내를 도보로 여행하기에도 위치가 좋다. 총 305개의 객실이 있고, 특별한 스위트룸 18개를 갖췄으며, 야외 수영장도 널찍하다. 가족끼리 여행할 때 조금 더 넓고 편안한 공간을 원한다면 웬만한 호텔의 스위트룸과 비슷한 사이즈의 레지던스도 고려해보자. 레지던스는 조리대와 세탁실, 거실 공간을 갖췄다. 조식 뷔페도 맛있지만 중식당 '유추'도 맛있기로 유명하다. 원래 인터컨티넨탈 아시아나 사이공 호텔이었으나 현재 오너가 바뀌면서 인터컨티넨탈 사이공으로 이름이 바뀌었다.

Data 지도 107p-D
가는 법 노트르담 성당에서 우체국 방향으로 약 250m, 도보 3분
주소 Hai Bà Trưng, Bến Nghé, Hồ Chí Minh, Bến Nghé Quận 1 Hồ Chí Minh
전화 28-3520-9999
요금 디럭스룸 150~180달러, 클럽 인터컨티넨탈 룸 220~280달러
홈페이지 www.ihg.com/intercontinental/hotels/us/en/ho-chi-minh-city/sgnha/hoteldetail

시내 중심가의 위치 좋은 호텔
쉐라톤 사이공 호텔 앤 타워 Sheraton Saigon Hotel&Towers

스타우드 계열의 호텔인 쉐라톤 사이공 호텔 앤 타워는 그동안 고급 호텔로 오랜 기간 사랑을 받아왔다. 오페라 하우스 바로 옆의 시내 중심가에 위치해서 주요 관광지까지 걸어 다니기에 좋다. 1층에는 구찌, 뱅앤올룹슨 같은 명품 매장이 입점해 있고 직접 운영하는 커피숍인 모조 카페가 있다. 367개의 객실이 위치한 메인 윙과 118개의 스위트, 스튜디오가 위치한 타워 윙으로 구분되는데, 타워 윙에서는 별도의 체크인과 체크아웃, 별도의 클럽 라운지를 이용할 수 있다. 역사가 오래된 호텔인 만큼 객실을 리모델링 중이며 2017년 내에 모든 리모델링이 마무리된다. 지금도 리모델링이 끝난 세련된 방에서 묵을 수 있으니, 방을 예약할 때 꼼꼼히 체크하자. 좀 더 고급스럽고 넓은 룸을 원한다면 레지던스 형식의 타워 윙으로 업그레이드하는 편이 좋겠다. 타워 윙과 메인 윙 사이에 널찍한 야외 수영장과 피스니스 센터가 있다. 로비에서는 매일 오후 4시부터 약 2시간가량 베트남 전통 악기를 연주한다. 조식은 오픈 키친의 뷔페로 제공되며 맛도 종류도 풍부하다. 23층에 위치한 와인 바에서는 호치민 시내가 훤히 내려다보여 웬만한 스카이 바 부럽지 않다.

Data 지도 107p-D
가는 법 오페라 하우스에서 강변 쪽으로 약 130m, 도보 2분
주소 88 Đồng Khởi, Bến Nghé, Quận 1
전화 28-3827-2828
요금 프리미어 디럭스 167~180달러, 프리미어 스튜디오 184~210달러
홈페이지
www.sheratonsaigon.com

파티 피플을 위한 최고의 선택
뉴 월드 호텔 사이공 New World Hotel Saigon

552개의 객실을 보유한 호치민 시내 최대 규모의 호텔이다. 건물의 규모만 큰 게 아니라 방도 넓어 지내기에 편안하다. 특히나 주말에 호치민을 여행한다면 토요일마다 열리는 소울 풀 파티(129p)를 즐길 수 있다. 뉴 월드 호텔은 호치민에서 가장 큰 야외 수영장을 자랑한다. 토요일의 소울 풀 파티에는 비트가 강한 신나는 음악을 들으며 맥주를 즐기고 싶은 젊은이들이 모여든다. 뉴 월드 호텔 투숙객은 파티 입장료가 무료. 친구들과 신나는 밤을 즐기고 싶은 젊은이들에게 좋은 선택이다. 조금만 걸어 나가면 벤탄 시장과 야시장이 있고, 옆 건물에는 칠 바(136p)가 있어 나이트라이프를 즐기기에 좋은 위치다. 방이 넓은 편인데다 제법 큼직한 소파와 테이블이 놓여 있어서 여럿이 함께 이야기꽃을 피우기에도 좋다. 미니바에도 다양한 스낵과 음료가 채워져 있다. 화장실은 방에 비하면 약간 낡은 느낌이지만 어메니티의 퀄리티는 괜찮은 편이다. 통유리로 햇살이 들어오는 1층에서 조식을 먹을 수 있다. 주스와 스무디 코너가 따로 있어 다양한 과일 음료를 골라 마실 수 있다.

Data 지도 108p-B
가는 법 벤탄 시장에서 서쪽으로 약 450m, 도보 5분
주소 76 Lê Lai, Bến Nghé, Quận 1
전화 28-3822-8888
요금 디럭스룸 118~186달러, 프리미어룸 120~196달러
홈페이지 www.saigon.newworldhotels.com

시내 한복판의 위치 좋은 호텔
팰리스 호텔 사이공 Palace Hotel Saigon

팰리스 호텔은 응우옌 후에 거리의 한복판, 광장 앞에 위치한다. 로비에서 몇 걸음만 걸어 나오면 바로 앞에 호치민 동상과 인민위원회 청사가 보인다. 도보 여행을 하기에는 웬만한 5성급 호텔보다 좋은 위치에 있다. 아담한 사이즈의 루프탑 수영장도 갖추었다. 수영장에서는 왼쪽으로 비텍스코 타워와 사이공강까지 내려다보이고, 오른쪽으로는 인민위원회 청사와 호치민 동상, 렉스 호텔의 커피숍까지 보인다. 수영장의 아래층에는 피트니스 클럽이 있고, 조그만 야외 공간에 테이블과 의자가 놓여 있어 잠시 여유를 즐기기에 좋다. 방은 아담한 크기이지만 아늑하게 꾸몄다. 디럭스룸 이상으로 예약하면 작은 발코니가 딸려 있어 갑갑하지 않다. 조식 뷔페는 가짓수가 많지 않으니 큰 기대는 하지 말자. 하지만 가성비를 생각하면 위치와 서비스 모두 괜찮은 호텔이다. 비즈니스로 호치민을 방문하거나, 여행자거리가 번다하게 느껴지는 사람에게 추천한다. 택시 잡기가 편리하며, 주위에 편의점과 여행사들도 즐비하다. 밤에 광장으로 산책을 나오기에도 좋다.

Data 지도 107p-D
가는 법 호치민 동상에서 강변 쪽으로 약 300m, 도보 4분
주소 56-66 Nguyễn Huệ, Bến Nghé, Quận 1
전화 28-3829-2860
요금 디럭스 시티뷰 92달러, 패밀리 스위트 106달러
홈페이지
www.palacesaigon.com

여행자거리에서 유일하게 수영장을 갖춘
뷰티풀 사이공 부티크 호텔
Beautiful Saigon Boutique Hotel

뷰티풀 사이공 부티크 호텔은 여행자거리 안쪽의 미니 호텔이 즐비한 골목에 오아시스 같은 미니 호텔이다. 골목의 터줏대감 격인 뷰티풀 사이공 호텔에서 야심 차게 수영장이 딸린 부티크 호텔을 오픈했다. 골목 안에 뷰티풀 사이공 호텔이 총 3개가 있다. 어떤 호텔을 예약하더라도 수영장을 이용할 수 있지만 뷰티풀 사이공 '부티크' 호텔을 예약해야만 길거리로 나서지 않고 수영장으로 바로 연결된다. 인터넷으로 호텔을 예약한다면 호텔 이름에 주의하자. 수영장에서는 사물함과 수건을 제공하며, 아이들을 위한 튜브도 대여한다. 엘리베이터도 있고, 방이 깨끗한 편이며, 웰컴 프루트도 제공한다. 조식도 깔끔하게 차려진다. 투숙객에게는 스프링롤 무료 쿠폰과 마사지 할인 쿠폰을 제공한다.

Data **지도** 108p-E **가는 법** 크레이지 버팔로에서 약 50m, 도보 1분 **주소** Quận 01, 40/13 Bùi Viện, Phạm Ngũ Lão, Quận 1 **전화** 28-3838-8889 **요금** 스탠더드 풀뷰 룸 68달러, 슈피리어 풀뷰 룸 78달러 **홈페이지** www.beautifulsaigonboutiquehotel.com

여행자거리 초입에 있어 찾기 쉬운
애스톤 호텔 사이공 Aston Hotel Saigon

애스톤 호텔 사이공은 여행자거리 초입에 위치해 있는 데다 24시간 환하게 불을 밝히고 있어 찾아가기 쉽다. 복잡한 여행자거리에서 숙소를 어떻게 찾아갈까 고민되는 사람에게, 혹은 밤 비행기를 이용하면서 하루쯤 여행자거리의 저렴한 숙소를 찾는 사람에게 추천한다. 크레이지 버팔로와 고2 바에서 가깝고, 바로 앞 골목으로 걸어나가면 신투어리스트와 풍짱 버스가 있어 위치는 나무랄 데 없다. 나이트라이프를 즐기는 사람이라면 분명 위치가 마음에 들겠지만 부이비엔 거리 쪽으로 위치한 방에 묵으면 새벽까지 시끄러워서 잠을 못 이룰 수도. 여행자거리의 다른 미니 호텔에 비하면 방이 깔끔한 편이지만 인터넷에 올라온 사진을 보고 너무 기대하지 말자. 건물의 외관에 비교하면 방은 가격에 걸맞은 수준이다.

Data **지도** 108p-E **가는 법** 고2 바에서 부이비엔 거리로 도보 1분 **주소** 27-29 Bui Vien, District 1 **전화** 28-3838-9898 **요금** 더블룸 30달러, 디럭스룸 35달러 **홈페이지** www.astonhotel.vn

깨끗하고 아기자기하고 친절한
트립라이터 호텔 앤 비스트로 Tripwriter Hotel&Bistro

여행자거리에 새로 생긴 깔끔하고 친절한 미니 호텔이다. 부이비엔 거리에서 미니 호텔 골목으로 조금만 들어오면 세련된 입구가 나타난다. 싱그러운 초록의 나뭇잎 사이로 새장이 조롱조롱 달렸다. 조식을 먹거나 음료를 마시며 쉴 수 있는 조용한 야외 카페 공간을 지나면 작은 로비가 나타난다. 오래된 구식 타자기 위에는 호텔의 이름이 왜 트립라이터인지 설명하는 액자가 걸려 있다. 오래된 ㅁ자형 건물이어서 엘리베이터가 없지만 여행자거리의 다른 호텔들에 비해 방이 큰 편이고, 내부를 모두 새 단장해서 깨끗하다. 직원들도 무척 친절하다. 시끌벅적한 여행자거리에서 조용하고 편안하게 쉴 수 있는 가성비 좋은 미니 호텔이다.

Data 지도 108p-E **가는 법** 하일랜드 커피에서 벤탄 시장 쪽으로 한 블록 걸어가 우회전 **주소** 185/28 Pham Ngu Lao, District 1 **전화** 28-3836-1915 **요금** 스탠더드룸 20달러, 디럭스룸 30달러

최신식 빨래방 시설을 갖춘 미니 호텔
메라키 부티크 호텔 Meraki Boutique Hotel

여행자거리의 끄트머리에 있는 메라키 호텔에서 부티크 호텔을 하나 더 오픈했다. 여행자거리의 미니 호텔들 중에서는 꽤나 단정하고 깔끔한 호텔이다. 엘리베이터가 있어 오르내리기 편하다. 옥상에 위치한 식당에서 조식이 준비된다. 빵과 음료, 과일, 커피와 차를 마음껏 먹을 수 있고, 메인 메뉴를 한 가지 주문할 수 있다. 미니 호텔이지만 더블베드가 2개나 들어간 패밀리룸도 갖췄다. 여행자거리 한복판에 위치해 호텔 바로 앞에 레스토랑과 카페, 바가 즐비하다. 발코니가 있는 방을 예약하면 여행지거리를 내려다보는 재미가 쏠쏠하지만 새벽까지 시끄러울 수 있으니 주의하자. 메라키 부티크 호텔 정문 아래쪽의 세탁기는 투숙객이 아니어도 이용이 가능하다. 호치민에 오래 머무르는 여행자에게 유용하다.

Data 지도 108p-D **가는 법** 부이비엔 거리의 콩 카페 맞은편
주소 178 Bui Vien Street, Pham Ngu Lao Ward, District 1
전화 28-3838-5337
요금 더블룸 20달러, 패밀리룸 30달러
홈페이지 www.merakihotel.com

Hochiminh By Area
02

무이네
MUINE

무이네는 해변에 위치한
아담한 휴양지다. 모래사막을
품은 독특한 풍광과 사람 사는
맛이 묻어나는 작은 어촌 마을,
카이트 서퍼들이 사랑하는 바람,
느긋하고 여유로운 분위기 덕분에
바닷가에 위치한 베트남의
여러 휴양지 중에서도 여행자들이
무척 선호하는 곳이다.

Muine
PREVIEW

무이네는 한적하고 자그만 시골마을이다. 행정구역상 판티엣에 속해 있지만 여행자들은 동서로 긴 해변을 통틀어 무이네라고 부른다. 호치민 시에서 200km 정도 떨어져 있는데, 도로 사정이 좋지 않아 버스로 편도 5~6시간이 걸린다. 워낙 작은 마을이라서 반나절이면 대부분의 관광지를 다 둘러볼 수 있다. 무박 2일이나 당일치기로 다녀올 수도 있지만 바닷가에서 여유를 만끽하며 무이네의 독특한 매력을 느끼려면 하루로는 모자란다.

SEE

흰색 모래 언덕인 화이트 샌드듄은 높은 모래 언덕 위에서 만나는 일출이 장관이다. 붉은 색깔의 모래 언덕, 레드 샌드듄은 붉은 석양이 질 때 모래 언덕도 붉게 물들어 아름답다. 피싱 빌리지는 오래된 어촌 마을의 분위기를 고스란히 간직하고 있다. 아침이면 수산물을 흥정하는 상인들과 관광객들이 북적인다. 요정의 시냇물에서는 붉은색 모래 언덕 사이로 흐르는 시냇물을 따라 독특한 경치를 감상할 수 있다.

ENJOY

미아 리조트 근처의 해변에서 카이트서핑을 즐길 수 있다. 오후가 되면 하늘 가득 알록달록한 연을 볼 수 있다. 화이트 샌드듄과 레드 샌드듄에서는 ATV를 즐기거나 모래 썰매를 탈 수 있다.

EAT

무이네의 중심 도로 양옆으로 다양한 레스토랑이 늘어서 있다. 미아 리조트 앞에 레스토랑이 몰려 있는 편. 동쪽의 보케 거리에는 주로 해산물 바비큐를 전문으로 하는 레스토랑이 많다. 바다를 바라보며 로맨틱한 디너를 즐기거나 여럿이 맥주를 마실 만한 바도 많고, 밤새 흥겨운 음악이 흘러나오는 클럽도 있다.

BUY

특별한 기념품숍은 찾기 어렵다. 베트남 전역에서 파는 소소한 기념품들을 슈퍼마켓에 갖춘 정도. 크고 작은 슈퍼마켓과 대형 마트가 길에 늘어서 있으니 간식거리는 고민하지 않아도 좋다. 해변 마을이어서 수영복과 비치웨어를 파는 가게들이 눈에 띈다. 슈퍼마켓에서도 저렴한 비치웨어를 판매한다.

SLEEP

호치민에 도시 여행자를 위한 호텔들이 발달했다면, 무이네에는 해변의 휴양을 즐기는 여행자들을 위한 리조트가 발달했다. 다양한 리조트가 있으니 원하는 스타일의 리조트를 골라보자. 해변의 맞은편 도로에는 비교적 저렴한 호텔이나 게스트하우스들이 많아서 서양 여행자들은 무이네에 도착한 다음에 직접 돌아보며 숙소를 구하기도 한다.

Muine
GET AROUND

🚗 어떻게 갈까?

| 베트남의 다른 도시에서 무이네로 이동 |

무이네에는 공항이 없다. 그래서 한국에서 항공으로 바로 무이네로 갈 수 없고, 마찬가지로 베트남 다른 도시에서도 비행기로 갈 수 없다. 무이네에 가려면 보통 호치민과 달랏, 냐짱에서 버스를 타는데, 호치민에서 6시간, 달랏에서 4시간, 냐짱에서 4시간 정도 걸린다. 무이네와 호치민, 무이네와 냐짱을 연결하는 버스는 슬리핑 버스이고, 달랏과 무이네를 연결하는 버스는 일반 버스다. 신투어리스트, 풍짱 버스 등 다양한 회사의 버스가 다양한 시간대에 출발한다. 버스 회사는 달라도 가격은 비슷하니 원하는 시간과 장소에서 출발하는 버스표를 예매하면 된다. 베트남의 다른 도시에서 기차를 타고 무이네로 오는 방법도 있는데, 기차역은 판티엣 시내에 있기 때문에 무이네 해변까지는 9번 시내버스로 갈아타거나 택시를 타고 가야 한다.

어떻게 다닐까?

1. 택시

무이네에는 동서를 가로지르는 약 10km 길이의 메인 도로가 있다. 10km 내 대부분의 리조트와 레스토랑이 모여 있어, 동쪽과 서쪽 방향만 알면 원하는 곳으로 가는 택시를 탈 수 있다. 무이네의 택시 기본요금은 호치민보다 더욱 저렴하다. 겨우 5,000동이니 250원 꼴이다. 한국의 시내버스 요금보다도 싸다. 택시 기사에 따라 다르지만, 가까운 거리를 오가면 거스름돈을 주지 않는 경우가 태반이다. 몇백 원 정도 팁을 준다고 생각하면 마음 편하다. 서쪽 끝의 빅토리아 판 티엣 리조트에서 동쪽 끝의 호앙 응옥 리조트까지 택시를 타면 10만 동 정도의 요금이 나온다. 마일린 택시가 가장 믿을 만하지만, 다른 택시들도 미터를 켜고 이동하면 거의 비슷한 요금이 나온다. 어떤 택시를 타든 미터를 확인하고 탄다면 문제가 없겠다.

2. 시내버스

시내버스가 서쪽의 판티엣 시내에서 동쪽의 무이네 해변까지 동서를 오고 간다. 1번 버스를 타면 판티엣 시내의 꿉 마트로, 9번 버스를 타면 시내의 롯데마트와 판티엣 기차역으로 갈 수 있다. 그러나 택시비가 워낙 저렴하다 보니 굳이 버스를 타는 여행자들은 많지 않다.

3. 오토바이 렌트

베트남의 다른 도시와 마찬가지로 무이네에서도 24시간에 10달러 정도면 스쿠터를 빌릴 수 있다. 렌트 기간이 길다면 흥정해서 더욱 저렴하게 빌릴 수 있다. 무이네에는 동서를 관통하는 중심 도로밖에 없으므로 길을 잃을 염려는 없지만, 도로 상태가 그다지 좋지 않다. 특히 동쪽으로는 신투어리스트를 지난 다음부터 움푹 파인 도로가 많으니 조심하자. 어촌 마을을 지나 레드 샌드듄이나 화이트 샌드듄까지 가는 길도 상태가 좋지 않다. 레드 샌드듄까지는 그다지 부담스럽지 않지만 화이트 샌드듄은 1시간가량 달려야 하니 어두울 때 무리하게 운전해서 가지 않는 게 좋겠다.

4. 도보

숙소의 위치에 따라 다르겠지만 리조트 앞의 슈퍼마켓에 가거나, 가까운 레스토랑에 다닐 때는 걸어 다녀도 충분하다. 아침저녁에는 덥지 않아 산책도 할 겸 천천히 도보로 다녀도 좋다. 낮에는 너무 더워서 짧은 거리를 걸어도 지칠 수 있으니 유의하자.

5. 투어

관광지를 한 번에 돌아보는 투어를 선택하면 굳이 택시를 대절하거나 교통편을 고민하지 않아도 된다. 보통 오전에 한 번, 오후에 한 번 화이트 샌드듄과 레드 샌드듄, 어촌 마을과 요정의 시냇물을 모두 포함한 반나절 투어 상품이 있다. 일행끼리, 가족끼리만 다니고 싶다면 프라이빗 지프 투어를 선택하면 된다.

Muine
ONE FINE DAY

새벽에 일찍 일어나서 화이트 샌드듄에서 일출을 보는 투어를 마치고 돌아오면 느긋하게 조식을 먹을 수 있고, 오후 시간이 여유롭다. 일출 투어를 포함한 하루의 일정을 소개한다.

04:30
일출을 보러 출발!

지프차로 50분 →

05:20
화이트 샌드듄의 일출 감상

지프차로 20분 →

06:30
레드 샌드듄의 모래 썰매 즐기기

지프차로 10분 ↓

08:50
리조트에서 여유 있는 아침 식사

← 지프차로 10분

07:30
요정의 시냇물 산책

← 지프차로 10분

07:10
어촌 마을 투어

↓ 택시 10분

10:00
해변 산책 후 낮잠

→

13:00
보고 비치 바에서 점심 식사

→

15:00
망고주스 마시며 수영

↓

17:00
미스터 크랩에서 새우 구워먹기

←

19:00
라인업 바에서 맥주 한잔

하늘과 모래를 물들이는 환상적인 일출
화이트 샌드듄 White Sand Dune / Đồi Cát Trắng

화이트 샌드듄은 고운 흰색 모래 언덕이다. 마치 사막에 온 듯 넓게 펼쳐진 해안 사구 너머로 바다도 보이고, 숲도 보인다. 이왕이면 일출을 볼 수 있는 오전 투어를 선택하자. 화이트 샌드듄의 가장 아름다운 모습을 볼 수 있다. 낮에는 모래가 사막처럼 뜨거워져서 구경하기에 쉽지 않다. 화이트 샌드듄에 도착하면 모래 언덕을 걸어서 올라가거나 ATV를 타고 올라갈 수 있다. 지프를 타고 화이트 샌드듄에 도착하면

Data 지도 162p-F
가는 법 무이네 시내에서 차량으로 약 1시간 거리
주소 Hòa Thắng, Bắc Bình District
요금 지프 투어 1인/5인승 139,000동, 프라이빗 지프 투어 449,000동, ATV 200,000~300,000동

그곳에서 ATV를 타고 모래 언덕을 돌아보는 투어를 별도로 신청할 수 있다. 모래 언덕 위를 달리는 지프차는 별도 요금을 받는데, 1인 150,000동 정도. 사방 어디를 둘러보아도 모래로 가득한 사막과는 달리, 저 멀리 바다와 호수가 보이는 모래 언덕이지만 그래서 더욱 독특한 멋이 있다. 해가 떠오르고 하늘이 붉게 물들기 시작하면 흰 모래 언덕도 같이 붉은빛을 발한다. 잠시 앉아서 신발을 벗고 고운 모래를 느껴보자. 모래 언덕 아래쪽에서 사진을 찍으면 점프샷을 찍기 좋아서 많은 사람들이 폴짝폴짝 뛰는 재미있는 광경도 볼 수 있다. 운동화에 모래가 많이 들어가므로 아쿠아슈즈나 아쿠아 트레킹화를 추천. 슬리퍼보다는 뒤 끈이 달린 샌들이 편하다.

썰매를 즐기는 작고 붉은 모래 사막
레드 샌드듄 Red Sand Dune / Đồi Hồng

레드 샌드듄은 붉은 모래가 쌓인 언덕이다. 붉은 사막이라고 불리기도 하지만, 그러기엔 좀 규모가 작다. 저 멀리 바다도 보이고, 저 멀리 나무숲도 보인다. 붉은 모래 언덕에 서서 파란 하늘을 배경으로 사진을 찍으면 색감의 대비가 무척 예쁘다. 화이트 샌드듄에서는 스릴 넘치는 ATV가 인기라면, 레드 샌드듄에서는 모래 썰매를 주로 탄다. 모래 언덕 위에 올라가면 썰매를 빌려주는 아주머니들이 있으니, 굳이 아래에서부터 썰매를 빌려서 들고 올라오지 않아도 된다. 일행이 많더라도 먼저 썰매를 1개만 빌려서 타보고 더 빌릴 것인지 결정하자. 모래 언덕을 내려갈 때는 신나지만, 발이 푹푹 빠지는 모래 위로 다시 올라오는 일이 만만치 않다. 모래 썰매를 탈 때는 최대한 엉덩이를 썰매 뒤쪽 끄트머리에 붙여서 앉은 후 손으로 잡은 썰매의 앞머리를 최대한 위로 끌어올려 C자를 만들어야 스피드가 제대로 난다. 화이트 샌드듄이 일출을 보기에 제격이라면, 붉은 모래 언덕에서는 근사한 일몰을 보기 좋다. 레드 샌드듄은 무이네의 동쪽 끝에 있어서 찾아가기 어렵지 않고, 스쿠터를 빌리거나 택시로 다녀오기도 수월하다.

Data 지도 162p-F
가는 법 신투어리스트에서 동쪽으로 약 8.5km, 차량으로 약 11분
주소 706B, Mũi Né, Tp. Phan Thiết
요금 지프 투어 1인/5인승 139,000동, 프라이빗 지프 투어 449,000동, 썰매 대여료 50,000동(흥정 가능)

새벽부터 부산한 바닷가의 장터
어촌 마을 Muine Fishing Village / Làng Chài Mũi Né

베트남의 작은 시골, 작은 어촌 마을이 관광지로 변했다. 투어 상품 대부분에 어촌 마을 투어가 속해 있다. 아침저녁으로 수많은 여행자들이 다녀가지만 시골스러운 정취는 여전하다. 새벽까지 낚아온 물고기들과 해변가에서 캔 조개들, 거대한 랍스터와 독특한 모양의 소라들이 큰 대야에 담겨 주인을 기다린다. 바구니처럼 생긴 베트남 전통 낚싯배인 '퉁'에서 그물을 손질하거나, 서로의 해산물을 주거니 받거니 흥정하는 현지인들의 삶을 생생하게 만날 수 있다. 대야에 담긴 해산물을 고르면 즉석에서 구워주는 간이식당도 있다. 요리를 해 먹을 수 있는 숙소에 머문다면 레스토랑보다 저렴한 가격으로 신선한 해산물을 사서 요리를 해 먹을 수도 있겠다.

Data 지도 162p-F
가는 법 신투어리스트에서 동쪽으로 약 5km, 차량으로 9분
주소 Huỳnh Thúc Kháng, Mũi Né, Tp. Phan Thiết

사시사철 바람이 머무는 곳
무이네의 해변 Muine Beach

무이네에는 동서로 10km나 길게 이어진 해변이 있다. 하지만 해변 전체에 고운 모래사장이 깔려 있지는 않다. 서쪽의 클리프 리조트나 미아 리조트 근처에는 고운 모래의 프라이빗 비치를 가진 리조트가 있다. 하지만 대부분의 리조트는 동쪽 방파제 위에 위치한다. 만약 해변에서 모래놀이를 하고 싶다면 블루 오션 리조트 옆 골목으로 들어가서 바다를 만나보자. 이곳의 넓은 해변에서는 카이트서핑을 즐기는 사람들도 많고, 산책을 즐기는 사람들도 많다. 하루 종일 하늘이 맑은 날이면, 해 질 무렵에 파란 하늘이 짙푸른 남색으로 변하는 아름다운 색의 향연을 볼 수 있다. 해변에 위치한 카페나 바에는 해먹과 소파를 둔 곳이 많으니 취향대로 무이네의 해변을 즐겨보자. 해변 동쪽 끝은 어촌 마을과 이어진다.

Data 지도 162p
가는 법 블루 오션 리조트의 서쪽 골목을 따라 바다 쪽으로 10m

무이네

푸른 하늘 아래 붉은 언덕 사이로
요정의 시냇물 Fairy Stream / suối Tiên

초록 나무와 붉은 언덕, 투명한 물빛과 푸르른 하늘빛이 강렬하다. 요정의 시냇물에서는 물가를 따라 산책하는 것이 아니라, 물속에 들어가 물길을 따라 걷는다. 신발을 담을 봉투를 하나쯤 챙겨가는 편이 좋겠다. 아쿠아슈즈를 신어도 좋지만, 발바닥을 간질이는 고운 모래의 느낌이 좋아서 금방 신발을 벗어던지게 된다. 물 밑으로 보이지 않는 바닥에 돌이 있기도 하니 맨발로 걸을 때는 주의하자. 고운 모래가 깔린 얕은 부분에는 물 표면에 자글자글한 윤슬이 생기니 그곳을 디디면 된다. 물가에 코코넛을 파는 상점들도 있고, 물속에 의자를 비치하고 음료를 파는 카페도 있다. 끝까지 가면 사람 키만 한 작은 폭포를 볼 수 있다. 투어로 가는 경우 다른 사람들과 보조를 맞추기 위해 보통 1시간 안에 다녀와야 하는데, 1시간 안에 폭포까지 다녀오려면 매우 빠른 걸음으로 걸어야 한다. 폭포보다는 경치가 더욱 아름다우니, 사진도 찍을 겸 30분 동안 천천히 걷다가 다시 30분 동안 천천히 돌아오기를 추천한다.

Data 지도 162p-C
가는 법 신투어리스트에서 동쪽으로 약 2.4km, 택시로 5분
주소 12 Huỳnh Thúc Kháng, khu phố 4, Hàm Tiến, Tp. Phan Thiết
요금 1인 150,000동

무이네의 관광지를 반나절에 섭렵하기

지프 투어 Jeep tour

지프 투어는 약 4시간 동안 화이트 샌드듄, 레드 샌드듄, 어촌 마을, 요정의 시냇물을 둘러보는 코스로 진행된다. 오전에 화이트 샌드듄에서 일출을 보는 투어는 새벽 4시 30분경에 출발하고, 오후에 출발하는 투어는 보통 오후 1시에 출발한다. 일몰을 보고 싶다면 이보다 더 늦게 출발하는 투어나 프라이빗 투어를 선택하자. 대부분의 여행사에서 지프 투어 상품을 갖추고 있으니 가까운 곳에서 신청하면 된다. 지프는 6인까지 탑승이 가능하지만 4인은 차 안에 앉고, 2인은 차 뒤편의 오픈된 공간에 앉아야 한다. 5명 이상이 함께 지프를 탄다면 좌석을 고려하자. 신투어리스트의 투어 가격은 꽤 저렴하지만 투어를 신청한 인원이 6명이 넘으면 지프 대신 미니버스로 바꿔 운행한다. 신투어까지 거리가 멀다면 숙소와 가까운 곳에서 예약하자. 가격은 비슷하다. 우리 일행끼리만 다니고 싶다면 가격은 조금 비싸지겠지만 묵고 있는 호텔이나 리조트에 알아보자. 아침에 일어나 바로 출발하니 다른 사람을 기다릴 필요가 없다. 늦잠을 잔 사람을 기다렸다가 픽업하느라 같은 지프 투어를 신청한 사람들이 일출을 놓치는 경우도 종종 있으니, 여럿이 가는 투어를 신청했다면 꼭 픽업 시간을 지키자.

Data 무이네 신투어리스트
지도 162p-C
가는 법 신밧드 케밥에서 동쪽으로 240m, 도보 3분
주소 144 Nguyễn Đình Chiểu, khu phố 2, Hàm Tiến, Tp.
전화 252-384-7542
운영시간 07:00~22:00
요금 지프 투어 1인/5인승 139,000동, 프라이빗 지프 투어 449,000동
홈페이지 www.thesinhtourist.vn

아찔한 스릴에 보는 사람도 심쿵!
모래 언덕에서 ATV 타기 | ATV Riding

화이트 샌드듄에 도착하면 다양한 종류의 ATV와 지프차가 호객을 시작한다. 모래 언덕 꼭대기까지 걸어 올라가기 힘드니 ATV를 타고 올라가라는 유혹이다. 걸어 올라갈 만한 거리여서 걸어가는 사람들도 꽤 되지만 일출을 보러 간 시간에는 해가 뜨지 않아 어둡기도 하고, 빨리 모래 언덕 위로 올라가고 싶은 마음에 그냥 지나치기 쉽지 않다. 여럿이라면 지프를 타고 올라가는 게 편하다. 혼자라면 다른 사람들과 뭉쳐 지프를 타는 것도 좋은 방법. 해가 떠오르면서 주위가 환해지면 모래 언덕 위를 왕복하는 ATV와는 별도로, 화이트 샌드듄을 크게 한 바퀴 돌면서 30~40분간 ATV를 타라는 호객이 시작된다. ATV는 절벽처럼 깎아지른 모래 언덕을 내달린다. 타본 사람들은 입 모아 한 번 더 타고 싶다고 말하지만, 보는 것만으로도 심장이 쫄깃해진다. 소형 ATV는 뒤에 한 사람이 탈 수 있고, 대형 ATV는 두 사람이 탈 수 있다. 운전을 직접 해보고 싶겠지만 한국에서 ATV를 능숙하게 몰던 사람도 모래사장에 바퀴가 빠져 당황하는 경우가 있으니, 웬만하면 현지인에게 운전을 부탁하고 중간에 잠깐 핸들을 잡아보길 권한다.

Data 지도 162p-F
가는 법 무이네 시내에서 차량으로 약 1시간 거리
주소 Hòa Thắng, Bắc Bình District
요금 지프 5인 탑승 시 1인 150,000동, ATV 탑승 거리에 따라 200,000~300,000동

해양 스포츠의 천국, 서퍼들의 천국
카이트서핑 Kite Surfing

무이네의 해변은 에메랄드빛 바다와는 거리가 멀다. 낭만을 찾는 연인들에게는 그다지 아름다운 해변이 아니지만, 바람이 강해서 윈드서핑과 카이트서핑을 하는 서퍼들에게 사랑받는 해변이다. 오전에는 서핑을 하고, 오후에는 카이트를 타고, 마음만 먹으면 하루 종일 해양 스포츠를 즐길 수 있다. 일부러 카이트서핑을 배우기 위해 무이네로 여행을 가는 사람이 있을 정도. 아난다 리조트와 블루 오션 리조트의 사이 골목으로 들어오면 길고 긴 모래 해변이 펼쳐진다. 서프 포인트 베트남을 중심으로 좌우에 해변을 따라 유명한 카이트서핑 스쿨이 늘어섰다. 보통 강습은 2시간 단위로 시작하지만 서프보드 위에서 중심을 잡으려면 운동신경이 발달한 사람이라도 10시간 이상 배워야 하고, 제대로 배우려면 일주일은 걸린다. 대부분의 숍에서 카이트서핑과 윈드서핑을 가르치고, 장비를 대여한다. 서핑을 배우지 않더라도 해변의 바에 앉아 서핑하는 사람들을 구경하면 나도 모르게 둥실둥실 파도를 타는 기분. 겨울 시즌에는 더욱 바람이 강하다고 하니 초보자들은 조심하자.

Data 윈드 차임스 인터내셔널 카이트서핑 스쿨
Windchimes International Kitesurfing School
지도 162p-D **가는 법** 블루 오션 리조트 서편 골목길을 따라 바닷가 쪽으로 10m 들어와 왼쪽에 위치 **주소** 56 Nguyễn Đình Chiểu, khu phố 1, Hàm Tiến, Tp. Phan Thiết **전화** 09-0972-0017
운영시간 09:00~17:30 **요금** 초보자 2시간 100달러, 기본 5시간 250달러, 10시간 450달러 **홈페이지** www.kiteboarding-vietnam.com

서프포인트 베트남 Surfpoint Vietnam
지도 162p-D **가는 법** 블루 오션 리조트 서편 골목길을 따라 바닷가 쪽으로 10m 들어와 오른쪽에 위치 **주소** 56 Nguyễn Đình Chiểu, khu phố 1, Hàm Tiến, Tp. Phan Thiết **전화** 16-7342-2136
운영시간 09:00~17:00 **요금** 맛보기 3시간 코스 150달러, 초급 5시간 강습 250달러, 7시간 340달러, 10시간 470달러
홈페이지 www.surfpoint-vietnam.com

파도소리를 들으며 해산물 바비큐
보 케 미스터 크랩 Bo Ke Mr. Crab

스폰지밥의 구두쇠 아저씨인 미스터 크랩이 무이네까지 와서 여행자의 지갑을 노린다?! 재미있는 발상만큼이나 무이네 최고의 인기를 누리는 레스토랑이다. 보 케 거리의 수많은 해산물 바비큐 레스토랑 중에서 줄을 설 만큼 북적거리는 집은 이곳이 유일하다. 저녁이면 주문을 위해 수조 앞에 긴 행렬이 늘어선다. 가족 단위로 온 한국인 관광객도 많다. 해산물은 테이블 회전이 빠른 집에서 먹어야 신선하게 먹을 수 있으니 여기만 한 곳도 없겠다. 수조 앞에서 주문을 받는 직원 중에 한국어가 능숙한 직원이 있어서 편하게 주문할 수 있다. 수조 안에 들어 있는 해산물을 골라 kg 단위로 주문한다. kg당 단가가 정해져 있지만, 많은 양을 주문하면 적당히 흥정도 가능하다. 한국에서는 볼 수 없는 독특한 조개나 소라도 있지만, 아무래도 익숙한 새우와 가리비가 만만하다. 맛은 한국과 비슷한데 가격은 무척 저렴하다. 한국과 비교하면 랍스터 가격도 괜찮다. 바다를 바라보며 바비큐를 먹는 낭만을 즐기려면 초저녁부터 가야 한다. 저녁엔 깜깜해서 여기가 해변인지 수산시장인지 구분하기 어려울뿐더러, 바닷가 쪽에 있는 자리를 잡기도 어렵다. 로터스 빌리지 리조트 옆에 분점이 있으나 보 케 거리에 있는 본점을 추천한다.

Data 지도 162p-B
가는 법 미아 리조트에서 동쪽으로 3km, 택시로 5분
주소 179 Nguyễn Đình Chiểu, khu phố 2, Hàm Tiến
전화 03-9492-4345
운영시간 15:00~23:00
가격 가리비 40,000동/kg, 새우 280,000동/kg, 맥주 10,000동

베트남 음식을 베트남스럽게
럼똥 레스토랑 Lam Tong Restaurant

무이네의 현지인들에게 맛있는 레스토랑을 추천해달라고 하면 럼똥 레스토랑을 빼놓지 않는다. 럼똥 레스토랑이 다른 베트남 음식점보다 빼어나게 맛있다기보다는 주위의 다른 식당보다 저렴하게 베트남 음식을 맛볼 수 있는 로컬 식당이라 그런 듯하다. 어떤 요리를 시켜도 보통은 하고, 가격도 부담 없으니 여러 가지 메뉴를 시도해봐도 좋겠다. 쌀국수부터 돼지고기, 소고기, 생선 요리, 국물 요리, 해산물 요리까지 있다. 바다를 바라보며 식사를 할 수 있지만 바다와 가까운 테이블의 대부분에는 그늘이 없고, 바닥에 모래가 깔려 있다. 햇살이 강한 날엔 그늘이 있는 테이블에 앉자. 골목 안쪽에 위치해 있지만 규모가 넓어 단체 손님도 많은 편.

Data 지도 162p-B 가는 법 로터스 빌리지 리조트에서 서쪽으로 약 350m, 도보 4분 주소 109b Nguyễn Đình Chiểu, khu phố 1, Hàm Tiến, Tp. 전화 252-384-7598 운영시간 08:30~22:00 가격 볶음밥 59,000동, 음료 11,000동

줄 서서 먹는 맛집엔 이유가 있다?
신밧드 케밥 Sindbad Kebab

트립어드바이저 사이트에서 항상 상위에 랭크되는 맛집이자, 한국 파워 블로거들 사이에서도 유명한 케밥집이다. 베트남이 작은 마을 무이네에서 베트남 음식점이 아닌 케밥집이 이렇게 인기가 있다는 게 신기할 정도. 주메뉴는 소고기가 들어간 도너 케밥. 빅과 스몰, 두 가지 사이즈가 있다. 빵이 두툼하고 고기와 야채가 듬뿍 들어있다. 양이 적은 사람이라면 스몰 사이즈만 먹어도 든든하겠지만, 먹고 나면 빅 사이즈를 시킬 걸 그랬나 싶도록 입에 착착 붙는다. 달콤하고 진한 스무디는 가격도 착하고 양도 많다. 애피타이저나 샐러드 메뉴도 혼자 먹기에는 양이 좀 많다. 내부에는 테이블이 몇 개 없어 점심이건 저녁이건 식사 시간쯤엔 자리가 없어 오래 기다려야 한다. 테이크아웃도 가능하다.

Data 지도 162p-B
가는 법 신투어리스트에서 서쪽으로 약 240m, 도보 3분
주소 235 Nguyễn Đình Chiểu, khu phố 2, Hàm Tiến, Tp.
전화 16-9991-5245
운영시간 11:00~01:00
가격 스무디 29,000동, 도너 케밥 빅 65,000동, 스몰 45,000동

도시마다 하나씩 있는 인도 음식점
가네쉬 Ganesh

베트남의 전역을 여행하다 보면 도시마다 꼭 한 번씩 마주칠 만큼 인기 있는 인도 음식 체인점이다. 호치민, 냐짱, 달랏뿐만 아니라 호이안과 후에에도 지점이 있다. 무이네의 가네쉬는 인도인이 운영한다. 관광지의 맛집답게 적당히 인도의 맛을 잘 살려내어 서양 관광객들도 많은 편이다. 한국보다 저렴한 가격으로 인도 요리를 즐길 수 있으니 평소에 인도 음식을 좋아했다면 찾아가보자. 여러 인도 음식을 한 접시에 담아주는 탈리 세트, 매콤짭짤한 맛이 한국인의 입맛에 잘 맞는 탄두리 치킨, 향신료가 적당히 들어간 커리가 있다. 매운 음식을 좋아한다면 가네쉬 스페셜 난을 먹어보자. 빨간 고추를 얹어 구워낸 매콤한 난이 어떤 커리에도 잘 어울린다. 망고나 바나나, 파인애플이 들어간 인도식 요거트 라씨도 달콤하다.

Data **지도** 162p-D **가는 법** 미아리조트에서 동쪽으로 300m, 도보 3분 **주소** 57 Nguyễn Đình Chiểu, khu phố 1, Hàm Tiến, Tp. Phan Thiết **전화** 252-374-1330 **운영시간** 11:00~22:00 **가격** 치킨 코코넛 커리 99,000동, 난 38,000동, 망고 라씨 54,000동 **홈페이지** www.ganesh.vn

라이브 음악을 즐기는 흥겨운 카페
조스 카페 Joe's Cafe Muine

저녁이면 라이브 음악이 울려 퍼지는 즐거운 카페 겸 레스토랑이자 바이다. 낮에는 시원한 그늘에 앉아 커피를 마시며 노트북을 하는 사람들이 많고, 저녁에는 간단한 식사를 하러 오거나 신나는 라이브 음악을 들으러 오는 사람이 많다. 매일 저녁 흥겨운 연주를 즐기러 오는 단골이 있을 정도. 베트남 소고기를 구운 스테이크는 1만 원, 타조 스테이크는 6천 원 정도에 맛볼 수 있다. 베트남식 진한 아이스커피를 마시거나 간단한 안주를 곁들여 맥주를 한잔해도 좋겠다. 놀랍게도 수십 종류의 맥주와 와인 리스트를 갖췄다. 카페 안쪽으로 들어가면 바닷가 앞으로 방갈로가 있고, 작은 수영장도 있다. 아기자기한 방갈로에 묵으려면 홈페이지에서 예약하거나 조스 카페의 카운터에 방이 있는지 물어보면 된다.

Data **지도** 162p-B **가는 법** 로터스 빌리지 리조트에서 서쪽으로 도보 5분 **주소** 86 Nguyễn Đình Chiểu, khu phố 1, Hàm Tiến, Tp. Phan Thiết **전화** 252-384-7177 **운영시간** 10:00~22:00 **가격** 분팃느엉 60,000동, 베트남 커피 30,000동 **홈페이지** www.joescafemuine.com

무이네에도 핫한 클럽이 있다는 사실!
드래곤 비치 라운지 앤 클럽 Dragon Beach Lounge&Club

드래곤 비치 라운지 앤 클럽은 낮과 밤이 다른 두 얼굴을 가졌다. 환한 대낮에 가면 침대처럼 넓고 푹신한 소파에 반쯤 누워 앉아 달콤한 주스를 마시면서 파도 소리를 들을 수 있다. 해 질 무렵에는 붉게 물든 하늘과 바다를 볼 수 있어 더욱 로맨틱하다. 혼자나 둘이라면 빈백이 놓인 자리를, 여럿이라면 커튼이 드리워진 평상 자리를 추천한다. 밤이 되면 음악 소리가 더욱 커진다. 독특하게도 낮과 밤에 다른 메뉴판을 준다. 밤에는 주류의 가격이 조금 더 높아진다는 사실. 삼삼오오 모여든 사람들이 더 이상 앉을 자리가 없을 만큼 들어차면 이곳은 후끈후끈 진짜 클럽의 면모를 과시한다. 오예!

Data **지도** 162p-B **가는 법** 보 케 미스터 크랩에서 동쪽으로 도보 3분
주소 120/1 Nguyễn Đình Chiểu, khu phố 2, Hàm Tiến, Tp. Phan Thiết **전화** 09-3804-7169
운영시간 12:30~03:00, 토요일 ~04:00 **가격** 주스 50,000동, 타이거맥주 40,000동, 칵테일 120,000동

바닷가의 로맨틱한 저녁 식사

라인 업 바 앤 그릴 Line Up Bar&Grill

무이네의 해변에는 수많은 리조트들뿐만 아니라 숨어 있는 비치 바들이 많다. 라인 업 바도 그중 하나다. 밖에서 볼 때와 달리, 좁은 통로를 지나 안으로 들어오면 굉장히 넓고 세련된 인테리어를 만날 수 있다. 라인 업 바의 매력은 파도치는 소리를 가장 가까이 들을 수 있는 바닷가에 테이블이 있다는 점. 사랑하는 사람과 로맨틱한 디너를 계획한다면 해 질 무렵 이곳으로 오자. 뉘엿뉘엿 지는 해를 바라보며 달콤한 칵테일을 한잔 즐기면 무이네가 천국인가 싶을 테다. 게다가 저녁 8시부터 10시까지는 해피 아워여서 칵테일 1잔을 시키면 1잔이 무료다. 저녁만 먹으러 오는 사람도 있을 정도로 바비큐 메뉴를 포함해 요리의 수준도 만족스럽다. 여럿이 와도 좋은 커다란 테이블과 푹신한 소파도 갖췄다. 거의 매일 파티 분위기이긴 하지만 더욱 시끌벅적한 파티를 즐기고 싶다면 홈페이지에서 이벤트를 확인해보자.

Data **지도** 162p-B
가는 법 보 케 미스터 크랩에서 동쪽으로 도보 6분 **주소** 122 guyễn Đình Chiểu, khu phố 2, Hàm Tiến, Tp. Phan Thiết
전화 92-2841-9988
운영시간 17:00~02:00, 월요일 ~00:00
가격 타이거 크리스털 40,000동, 감자 요리 95,000동, 시샤 200,000동
홈페이지 www.lineupbar.com

크고 작은 슈퍼들이 즐비한 거리
슈퍼마켓과 편의점, 구멍가게들

무이네는 관광지이긴 하지만 쇼핑에 특화된 지역은 아니다. 재래시장은 무이네의 동쪽 끄트머리에 위치했으나 택시를 타고 나가 볼 만큼 흥미롭지 않을뿐더러 쾌적하지 않다. 딱히 내세울 만한 브랜드숍이 있는 것도 아니고 꼭 가봐야 한다고 추천할 만한 기념품숍이 있는 것도 아니다. 적당히 있을 것만 있고 없는 건 없는 곳이 무이네다. 거리를 지나다니다 보면 곳곳에 작은 슈퍼마켓이나 편의점이 있으니 시원한 음료수나 주전부리, 과일 등을 사기에 어렵지 않다. 여름옷이나 모자, 수영복 가게도 자주 보인다. 조금 규모가 있는 슈퍼마켓 안에서는 래시가드와 수영복을 팔기도 한다. 대형 슈퍼마켓에서는 저렴한 가격에 래시가드나 보드숏을 득템할 수 있다. 주류를 전문으로 파는 가게, 커피를 전문으로 파는 가게도 있다. 선크림이나 여행용품도 가게마다 잘 구비되어 있다. 카이트서퍼들이 많이 다니기 때문에 관련 용품을 파는 숍도 간간이 눈에 띈다. 베트남 인형이나 자석, 엽서 같은 자잘한 기념품들도 웬만한 가게에서 판매한다.

Data 지도 162p
가는 법 리조트나 호텔 앞의 메인 도로에 크고 작은 슈퍼마켓과 편의점이 있다
가격 캔 음료 20,000동, 코코넛 오일 60,000동, 알로에 로션 60,000동, 바나나보트 선크림 220,000동

친환경 소재와 괜찮은 퀄리티
뱀부 BamBou

뱀부는 호치민과 냐짱에서도 만날 수 있는 베트남 의류 브랜드다. 친환경 섬유를 사용하는 것으로 유명하다. 면보다 4배나 흡습력이 좋고 부드러운 대나무 섬유, 너도밤나무에서 추출한 유연한 모달 섬유, 커피 섬유, 면섬유로 만든 각종 패브릭 제품이 매장 안에 가득하다. 반팔, 반바지, 원피스는 물론 속옷, 수영복, 신발, 마스크까지 있다. 매장은 넓고 깔끔하며 시원해서 둘러보기에도 좋다. 어른들이 쇼핑을 하는 동안 아이들은 놀이방에서 시간을 보낼 수 있다. 선글라스와 액세서리 코너도 있다. 여행 중에 편하게 입을 티셔츠나 반바지, 혹은 무이네 여행을 기념할 소소한 액세서리를 사도 좋겠다. 뱀부 매장은 미아 리조트 근처 번화가에 위치했다. 작은 규모의 매장이 로터스 빌리지 쪽에 하나 더 있다.

Data **지도** 162p-A **가는 법** 미아 리조트 건너편, 동쪽 방향으로 도보 2분 **주소** 49A Nguyễn Đình Chiểu - Mũi Né **전화** 252-374-1145 **운영시간** 08:00~22:00 **요금** 탑 460,000동, 바지 650,000동, 팔찌 400,000동, 비키니 549,000동
홈페이지 www.bamboucompany.com

다양한 종류의 저렴한 의류
소피아 Sofia Shopping Center

소피아는 에스닉한 분위기로 매장을 꾸며두어 지나가는 사람들의 시선을 끈다. 인도나 태국에서 수입한 옷이 많을 것 같은 분위기지만, 정작 안에 들어가 보면 무난한 스타일의 옷들을 많이 갖춰두었다. 매장이 넓고 다양한 종류의 의류를 갖추고 있다. 다양한 스타일의 수영복을 구비했으며 사이즈도 XS에서 XXL까지 다양하다. 가게 주인이 미국인이어서 그런지 미국 브랜드의 옷들이 종종 눈에 띈다. 하지만 워낙 매장이 넓고 종류가 많아 마음에 쏙 드는 옷을 찾기 위해서는 꼼꼼하게 둘러볼 시간이 필요하다. 여성용 탑 종류가 많고 독특한 원피스도 종종 보인다. 실크숍을 표방하고는 있으나 진짜 실크 제품은 찾기 어렵다. 맘에 드는 물건이 있어도 사이즈가 없는 경우가 있으니 찾느라 애쓰지 말고 직원에게 문의하자.

Data **지도** 162p-D
가는 법 미아 리조트 건너편
주소 53 Nguyễn Đình Chiểu, khu phố 1, Hàm Tiến, Tp. Phan Thiết
전화 09-3341-4888
운영시간 08:00~22:00
요금 티셔츠 200,000동, 밀짚모자 390,000동

SLEEP

역시 아난타라구나!
아난타라 무이네 리조트 앤 스파 Anantara Mui Ne Resort&Spa

작은 마을 무이네에서도 아난타라 무이네 리조트의 최고급 서비스를 즐길 수 있다. 군더더기 없이 깔끔한 메인 건물에는 프리미어 룸에서 투 베드룸 스위트에 이르는 다섯 종류의 룸 타입이 위치했다. 모든 방이 꽤 큰 편이다. 이국적인 느낌의 정원을 내려다보는 가든뷰, 연못과 수영장, 바다까지 내려다보이는 오션뷰 모두 아름답다. 메인 건물 밖에는 개별 수영장을 갖춘 고급 빌라들이 있다. 리조트의 한가운데에 위치한 연못에서는 뱃놀이도 가능하다. 가끔 연못에 촛불을 환하게 밝히고, 신혼부부들을 위한 로맨틱한 이벤트를 준비한다. 리조트 안에만 있어도 하루 종일 즐길 거리가 많다. 아이들을 위한 체험도 다양하다. 베트남 모자 농에 색칠놀이를 하고, 연을 날리고, 베트남 전통 배를 젓는 법을 배울 수 있다. 조식 뷔페 바로 옆에 키즈룸을 두어, 아이들이 노는 동안 어른들의 여유를 가질 수 있도록 했다. 데크가 설치된 프라이빗 비치에는 선베드와 테이블이 넉넉하다. 선베드에서 뒹굴다가 실내로 들어오기 전, 곳곳에 잘라둔 알로에 즙을 몸에 발라 그을린 피부를 식혀보자. 리조트에 가득한 소소한 배려를 느낄 때마다 역시 아난타라구나 싶다.

Data 지도 162p-D
가는 법 미아 리조트에서 서쪽으로 약 700m
주소 Mui Ne Beach, KM10, Ham Tien Ward, Phan Thiet
전화 252-374-1888
요금 디럭스룸 185~285달러, 원베드룸 풀빌라 280~470달러
홈페이지
www.mui-ne.anantara.com

자연스럽고 편안하면서도 고급스러운
미아 리조트 무이네 Mia Resort Mui Ne

연한 하늘색과 내추럴한 베이지의 조화가 순식간에 마음을 사로잡는다. 화사한 색감의 방갈로가 무척 매력적이다. 로비가 그리 크지 않다고 실망하지 말자. 방갈로는 딱 30개밖에 없지만 리조트 자체가 엄청 넓어서 길을 헤매기 십상이다. 아늑한 색감의 방에는 공간을 최대한 활용한 기발한 아이디어가 가득하다. 티브이는 미닫이장 안쪽에 위치했고, 미니바는 소파에 붙어 있다. 청동빛으로 번쩍이는 욕실의 세면대는 호화스럽다. 어메니티는 록시땅 제품을 사용하며, 미아 리조트 고유의 도기에 담아 두었다. 방 안에 모기 스프레이와 모기향을 비치해 필요하면 바로 사용할 수 있다. 방갈로 입구에는 물통을 두어 발에 묻은 모래를 씻고 들어갈 수 있도록 배려했다. 방갈로 앞에 딸린 라탄 소파와 테이블은 오래 앉아 있어도 편안하다. 수영장은 작지만 한가롭다. 해변의 선베드에도, 비치 바의 소파에도 사람들이 편안하게 널브러졌다. 자연색을 내세운 인테리어 때문인지 리조트 전체가 고급스러우면서도 분위기는 캐주얼하다. 프라이빗 비치에서는 리조트에서 직접 운영하는 세일링 클럽에서 카이트서핑 강습도 한다.

Data 지도 162p-D
가는 법 무이네 해변 서쪽의 번화가에 위치, 아난타라 무이네에서 동쪽으로 약 700m, 택시로 1분
주소 24 Nguyen Dinh Chieu Street, Mui Ne, khu phố 1, Hàm Tiến
전화 252-384-7440
요금 가든뷰 방갈로 130~162달러, 디럭스 비치프론트 방갈로 192~240달러
홈페이지 www.miamuine.com

연인이라면 탐낼 만한 야외 자쿠지
더 클리프 리조트 앤 레지던스 The Cliff Resort&Residences

넓은 로비에 앉으면 꽃을 두른 사랑스러운 웰컴 드링크가 반겨준다. 클리프 리조트의 룸 타입은 여러 종류가 있어서 취향껏 고를 수 있다. 바다가 한눈에 내다보이는 방갈로에서 파도 소리를 들으며 눈을 뜨는 일이 로망이라면 해변 앞에 위치한 방갈로를 예약해보자. 여러 식구들이 함께 간다면 복층 풀빌라를 예약할 수도 있다. 커플이라면 바다가 내려다 보이는 테라 오션뷰를 탐낼 만하다. 테라 오션뷰 룸은 야외 발코니에 넉넉한 크기의 자쿠지와 선베드를 갖췄다. 굳이 야외 수영장까지 나가지 않아도 될 만큼 로맨틱하다. 우든 에지를 두른 가구들은 깔끔하고, 지중해를 연상시키는 푸른색 패브릭은 상큼하다. 내추럴한 베이지색과 하늘색의 포인트가 차분하면서도 멋스럽다. 야외에는 큰 수영장이 2개 나란히 붙어 있다. 한쪽에 어린이를 위한 얕은 수영장이 있어 가족 여행에도 제격이다. 매일 색다른 체험이 시간대별로 진행되니 아이와 함께 즐길 수 있는 체험을 골라보자. 부지가 넓어 버기카를 운영한다. 번화가에서 살짝 떨어져 있지만 덕분에 조용하다. 리조트에서 시내를 오가는 무료 셔틀버스가 있고, 자전거도 대여해준다.

Data 지도 162p-D
가는 법 미아 리조트에서 서쪽으로 약 2km, 택시로 4분
주소 5 Nguyễn Đình Chiểu, khu phố 1, Hàm Tiến, Tp. Phan Thiết
전화 252-371-9111
요금 이줄 가든뷰 143달러, 테라 오션뷰 307달러
홈페이지 www.thecliffresort.com.vn

방마다 달린 해먹에서 유유자적
빅토리아 판티엣 리조트 앤 스파 Victoria Phan Thiet Resort&Spa

원래 프랑스인이 운영하던 리조트였으나 현재 오너가 베트남 사람으로 바뀌었다. 하지만 숙련된 프랑스인 스텝들과 매니저들은 그대로 남아 있어 격조 높은 서비스를 받을 수 있다. 방에 들어서면 은은하게 풍기는 레몬그라스 향은 확실히 프랑스 스텝들의 센스를 느끼게 한다. 룸 타입은 방갈로 혹은 풀빌라다. 인테리어는 편안하고 단정하다. 침대마다 캐노피가 걸려 있고 화장실이 꽤 넓은 편이다. 화장실 옆에 작은 야외 공간을 만들고 해먹을 걸어두어 보기만 해도 여유롭다. 패밀리룸의 개별 수영장은 거의 일반 수영장만큼이나 크다. 7명까지 머물 수 있으니 두 가족 이상이라면 괜찮은 선택이다. 빌라와 빌라 사이를 잇는 길이 좁아서 버기카는 운영하지 않는다. 짐은 벨보이가 들어주지만, 그래도 걷기가 부담스럽다면 로비와 가까운 쪽으로 배정해달라고 말하자. 테니스 코트, 배드민턴, 스쿼시, 헬스장이 모두 무료이며 아이들이 뛰놀 수 있는 키즈룸도 큰 편이다. 야외 수영장은 2개인데 인피니티 풀이 근사하다. 해변에 위치한 스파에서는 무료로 자쿠지를 이용할 수 있는 공간이 있어 좋다. 품격 있는 서비스를 알아보는 사람이라면 머무는 동안 틀림없이 빅토리아 판티엣 리조트의 진가를 눈치챌 수 있겠다.

Data 지도 162p-D
가는 법 미아 리조트에서 서쪽으로 약 2.7km, 택시로 5분
주소 KM 9, Nguyễn Thông, khu phố 1, Phú Hài, Tp. Phan Thiết
전화 252-381-3000
요금 가든뷰 방갈로 88~121달러, 오션뷰 빌라 128~145달러
홈페이지 www.victoriahotels.asia

카이트 서퍼들에게 좋은 위치
블루 오션 리조트 Blue Ocean Resort

블루 오션 리조트는 위치가 참 좋다. 미아 리조트와 블루 오션 리조트 사이가 무이네 해변에서 가장 번화한 거리이며, 다양한 레스토랑과 마켓이 몰려 있는 곳이다. 블루 오션 리조트 앞 해변에서 서쪽의 아난타라 리조트까지 이어지는 백사장이 카이트서핑의 명소이기도 하다. 블루 오션 리조트 앞에는 서프 포인트 베트남, 윈드차임스 카이트서핑 등 많은 서핑 스쿨이 있어서 카이트서핑을 하러 오는 사람들이 블루 오션 리조트에 자주 묵는다. 적당한 위치, 적당한 가격으로 휴양을 즐기기에도 괜찮다. 야자수가 우거진 정원, 한가로운 수영장에서 늘어져 마음껏 여유를 즐길 수 있다. 로비가 있는 메인 건물은 2층으로 되어 있고, 스탠더드룸과 슈피리어룸이 이곳에 위치한다. 모든 방에는 큼직한 발코니가 딸려 있고, 기다란 소파가 놓였다. 바다 앞에 위치한 패밀리 방갈로에는 프라이빗 풀이 딸려 있다. 해변의 솔트 레스토랑은 가격이 저렴해서 굳이 밖에 나갈 필요가 없을 정도. 매주 토요일 저녁에 한 잔의 레드와인이나 맥주를 포함, 1인당 2만 원가량의 비용을 내면 바비큐 파티에 참여해 다양한 베트남 음식과 바비큐를 즐길 수 있다.

Data 지도 162p-E
가는 법 미아 리조트에서 동쪽으로 약 750m, 도보 9분
주소 54 Nguyễn Đình Chiểu, khu phố 1, Hàm Tiến, Tp. Phan Thiết
전화 252-384-7322
요금 스탠더드룸 60~100달러, 바다 전망 방갈로 120~180달러
홈페이지
www.blueoceanresort.com.vn

인피니트 풀에서 인생샷 한 방
로터스 빌리지 리조트 무이네 Lotus Village Resort Muine

바다를 향한 인피니티 풀과 합리적인 가격 덕분에 한국 여행자들에게 사랑받고 있는 리조트다. 백사장은 없지만 바다를 내려다볼 수 있는 선베드가 방파제 위에 조르르 놓였다. 선베드에 누우면 발밑에서 파도 소리가 들린다. 층계를 따라 바다로 내려갈 수는 있지만 파도가 거세니 조심하자. 로터스 빌리지 리조트는 무이네 시내를 관통하는 도로를 사이에 두고, 해변 쪽에 로비와 풀사이드 객실이, 도로 북쪽으로 스파와 가든뷰 객실이 위치한다. 가든뷰 객실이라고 해도 매번 길을 건너서 인피니티 풀을 이용하지 않아도 된다. 가든뷰 객실 쪽에 수영장이 하나 더 있다. 오히려 조용하게 머물고 싶다면 가든뷰 룸을 추천. 2층 객실은 층계로 오르내려야 하지만 발코니 앞으로 지나다니는 사람이 없어 좀 더 프라이빗하다. 싱그러운 정원도 근사하고, 아담한 인피니티 풀도 놀기 좋고, 매일 바뀌는 쌀국수 메뉴와 조식 뷔페도 괜찮다. 객실도 넓은 편이다. 다만 욕실과 세면대가 모두 야외에 있어서 다소 불편할 수도 있는데, 로맨틱함과 불편함 중에서 어느 쪽을 크게 느낄지는 개인 차가 있을 듯하다. 최고급 리조트라고는 할 수 없지만 가격 대비 괜찮은 리조트임에 분명하다. 어메니티는 부실한 편이니 민감한 사람이라면 챙겨가는 게 좋겠다.

Data 지도 162p-B
가는 법 블루 오션 리조트에서 동쪽으로 약 1.6km, 택시로 3분
주소 100 Nguyễn Đình Chiểu, khu phố 2, Hàm Tiến, Tp. Phan Thiết
전화 252-374-3868
요금 스탠더드 가든뷰 56~80달러, 디럭스 시뷰 70~100달러, 방갈로 비치프론트 98~140달러
홈페이지
www.lotusvillageresort.com

무이네 동쪽의 편안한 리조트
호앙 응옥 리조트 Resort Hoàng Ngọc Mũi Né

호앙 응옥 리조트는 베트남식 이름이고, 영어로는 오리엔탈 펄 비치 리조트다. 신투어리스트가 있는 동쪽 편에는 특별히 고급스러운 리조트가 없지만, 프라이빗 비치를 가진 호앙 응옥 리조트는 추천할 만하다. 호앙 응옥 리조트의 프라이빗 비치는 꽤 넓은 데다 야자수 아래의 선베드까지 잘 갖추었다. 이 리조트의 장점이라면 모던한 인테리어로 꾸민 널찍한 방을 꼽겠다. 무이네에는 로맨틱한 해변을 즐기러 오는 경우가 많아서 그런지 대부분의 리조트에서 욕실을 야외에 두었으나, 호앙 응옥 리조트는 일반 호텔처럼 욕실이 내부에 있다. 슈피리어룸과 디럭스룸은 엘리베이터가 있는 건물에 위치했다. 로비와 정원이 생각보다 올드한 느낌이고, 곰 발바닥처럼 생긴 수영장 또한 인터넷에 올라온 사진만큼 크지 않지만, 건물에는 엘리베이터가 있어 오르내리기 편하고 모던한 객실은 지내기 편하다. 발코니가 딸려 있어 웰컴 과일을 먹으며 쉬기에도 좋다. 다양한 종류의 조식이 준비되어 있고, 쌀국수뿐만 아니라 반쎄오와 스프링롤도 즉석에서 만들어 따뜻하게 먹을 수 있다. 수영장은 아이들이 놀기에 좋다. 신투어리스트와 가깝고, 신밧드 케밥과도 가까운 편.

Data 지도 162p-C
가는 법 신투어리스트에서 동쪽으로 약 200m, 도보 3분
주소 152 Nguyen Dinh Chieu, Mui Ne, Phan Thiet
전화 252-384-7858
요금 슈피리어 가든뷰 50~110달러, 디럭스 시뷰 114~175달러
홈페이지 www.hoangngoc-resort.com

Hochiminh By Area
03

달랏
DA LAT

일 년 내내 화창하고 선선한
봄 날씨인 달랏은 일찍부터
프랑스인들의 피서지로
개발되었고 베트남 사람들의
신혼여행지로도 인기가 많다.
아침저녁으로 산책하기 좋은
호수, 사시사철 화사함을 뽐내는
꽃들, 언덕 밑에 옹기종기 늘어선
알록달록한 집들, 랑비앙산과
계곡, 크고 작은 폭포와 아름다운
자연, 달랏 와인과 아티초크차를
즐기며 베트남의 여느 도시와는
다른 달랏의 매력에 폭 빠져보자.

Da Lat
PREVIEW

달랏은 해발 1,500m의 고지대에 위치하여 일 년 내내 선선한 날씨.
덕분에 프랑스 식민지 시절부터 일찌감치 피서지로 발전했다. 언덕배기에 늘어선 알록달록한
집들을 바라보면 베트남의 다른 도시와는 다른 달랏만의 독특한 매력이 있다.

SEE

맑은 날이면 쑤언 흐엉 호수 주위를 산책하거나 오리 배를 탈 수 있다. 꽃이 만발한 사랑의 계곡이나 싱그러운 꽃의 정원을 돌아보고, 아름다운 풍경의 랑비앙산 전망대에 올라보자. 달랏의 시내가 내려다보이는 로빈 힐에는 케이블카가 운행한다. 죽림 선원이나 린프억 사원에서 독특한 베트남 사원을 둘러보고, 바오다이 황제의 여름 별장에서 왕족의 삶을 살짝 엿본다. 달랏 주위에는 다탄라 폭포, 엘리펀트 폭포, 프렌 폭포가 있어 자연을 즐길 수 있다.

ENJOY

로빈 힐에서 케이블카를 타거나 다탄라 폭포에서 롤러코스터를 타며 짜릿함을 즐겼다면 캐녀닝에도 도전해보자. 캐녀닝은 로프에 매달려 암벽을 타고, 맨몸으로 바위의 급류를 타고, 폭포에서 뛰어내리는 레저 스포츠다. 산으로 둘러싸인 달랏에는 계곡이 많아 캐녀닝 투어를 즐기기에 좋다. 캐녀닝을 주선하는 여행사들에서 데이 투어로 다녀올 수 있다.

EAT

달랏 야시장에서 해산물 바비큐와 꼬치구이, 달랏 피자를 맛보자. 달랏의 분위기를 미각으로 느낄 수 있다. 아침저녁 따끈한 두유를 파는 노점이 많은 것도 선선한 달랏만의 독특한 정취다.

BUY

달랏의 특산물인 아티초크를 말린 차, 달랏의 고원에서 자란 딸기로 만든 잼, 달랏 와인과 달랏 커피 등이 유명하다. 달랏 특산물 전문 체인점인 랑팜에서 합리적인 가격에 다양한 특산물을 판매한다. 달랏의 대형마트 빅 씨에서 달랏 와인을 포함한 각종 베트남 먹거리를 구입할 수 있다.

SLEEP

오래전부터 프랑스 사람들의 피서지로 발달한 만큼 고풍스러운 유럽풍의 호텔들을 찾아볼 수 있다. 달랏 시장 근처에도 중급 이상의 호텔들이 많고, 중심가에도 미니 호텔이 즐비하다. 시내 중심가에서 떨어진 고급스러운 빌라형의 리조트에서 조용한 휴식을 즐길 수 있다.

Da Lat
GET AROUND

 어떻게 갈까?

| 베트남의 다른 도시에서 달랏으로 이동 |

호치민에서 달랏까지는 약 300km 정도로, 신투어리스트나 풍짱 버스를 이용하면 약 8시간 정도 걸린다. 무이네에서 달랏까지는 버스로 약 4시간 정도, 냐짱에서 달랏까지는 약 3시간 남짓 걸린다. 하노이와 호치민에서 베트남항공과 비엣젯항공을 이용해 달랏으로 갈 수 있다. 달랏의 리엔크엉 국제공항에서 달랏 시내까지는 택시(25만 동)나 셔틀버스(4만 동)를 타고 30분 정도 걸린다.

어떻게 다닐까?

1. 데이 투어

달랏에는 볼거리가 여기저기 흩어져 있으나, 대중교통은 발달하지 않았다. 대신 여행사에서 다양한 1일 투어를 판매한다. 데이 투어 상품을 고를 때는 어느 여행지를 방문하는지, 픽업 유무를 확인하자. 우리나라 사람들이 많이 이용하는 신투어리스트(202p)에서는 코스가 각기 다른 1일 투어 상품을 판매한다. 신투어리스트의 시티 투어는 여러 군데를 돌아보면서도 저렴해서 인기가 많지만, 아침에 사무실 앞으로 집합해야 하는 번거로움이 있다. 일행끼리 투어를 즐기고 싶다면 묵고 있는 호텔에서 예약하거나, 택시를 대절해도 좋겠다. 혼자 하는 여행이라면 이지라이더(202p)를 고려해보자.

2. 오토바이 대여

달랏에서도 베트남의 다른 도시와 마찬가지로 24시간에 10달러 정도면 스쿠터를 빌릴 수 있다. 달랏의 여행지는 외곽에 흩어져 있고, 언덕길이 많기 때문에 오토바이로 돌아보면 편리하지만, 운전에 능숙한 사람이나 지도를 잘 보는 사람이 아니라면 주의하자. 달랏의 풍광을 즐기는 오토바이 여행을 해보고 싶다면 노련한 드라이버 뒤에 앉아서 여행하는 이지라이더(202p)를 추천한다.

3. 택시

택시비가 한국보다 저렴하기 때문에 택시를 대절하는 것도 요령이다. 하루는 데이 투어를 하고, 다음 날은 데이 투어에서 가보지 못한 곳을 택시로 다녀오면, 달랏을 대부분 돌아볼 수 있다. 택시를 타면 일정을 유동적으로 조정할 수 있고, 여행지에서 여유롭게 시간을 보낼 수 있다. 달랏에서도 마일린 택시를 타면 바가지 걱정이 덜하다. 관광지에 도착해서 기다려달라고 하면 미터를 끄고 기다려주고, 다시 타면 미터를 켠다. 택시에서 내릴 때마다 미터 요금을 확인하자. 랑비앙산까지 왕복요금 약 30만 동 정도, 반나절 동안 린푸옥 사원과 꽃의 정원, 크레이지 하우스를 돌아보는 요금 약 30만 동 정도. 영어가 통하지 않는 택시 기사들이 많지만 기사에게 갈 곳을 보여주면 친절하게 데려다줄 것이다.

4. 도보

달랏 시장 앞 광장을 중심으로 호텔과 레스토랑이 모여 있어 걸어 다니며 둘러보기에 편하다. 신투어에서 시장 앞까지 걸어오는데 10분, 시장 앞에서 윈드밀 카페나 리엔호아까지 5~10분, 시장 앞에서 호수까지 10분이면 걸어 갈 수 있다.

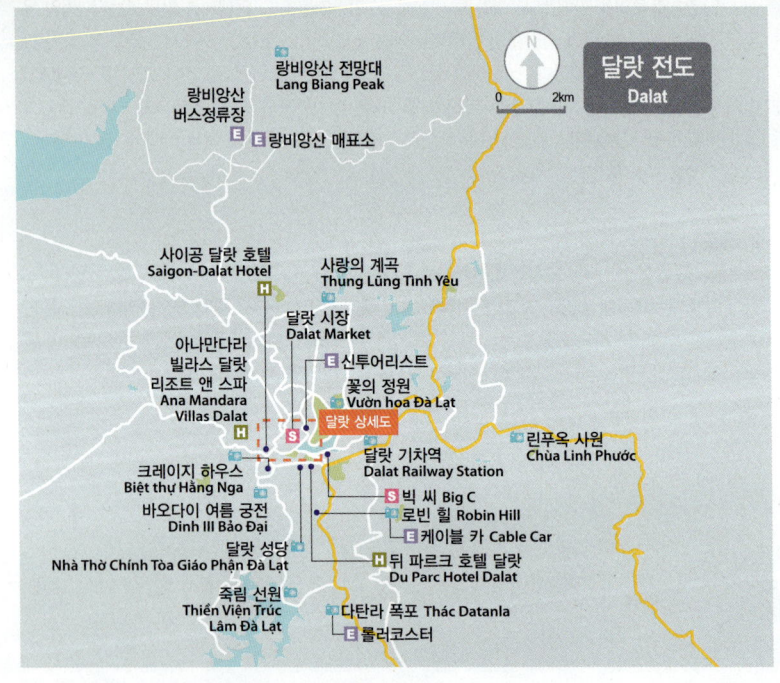

HOCHIMINH BY AREA 03
달랏

Da Lat
ONE FINE DAY

데이 투어를 이용해서 알차게 하루를 보내보자. 첫째 날은 신투어리스트의 데이 투어 일정을 참고했다. 둘째 날은 데이 투어에서 다녀오지 않는 북쪽의 랑비앙산, 동쪽의 린푸옥 사원, 크레이지 하우스를 둘러보면 하루가 알차다. 최소한 이틀은 머물러야 웬만한 관광지들을 돌아볼 수 있다. 달랏의 커피농장이나 와이너리, 공예품을 방문하는 1일 투어에 참여하거나, 캐녀닝과 골프 같은 액티비티를 원한다면 여유 있게 일정을 짜는 편이 좋겠다.

1일차

08:00
신투어리스트 앞에서 투어 출발!

→ 투어 버스 10분

09:00
달랏 성당 구경

→ 투어 버스 20분

10:00
로빈 힐 방문

↓ 케이블카 10분

12:30
신투어리스트 식당에서 점심 식사

← 투어 버스 20분

11:20
다탄라 폭포 구경

← 투어 버스 10분

10:30
죽림 선원 구경

↓ 투어 버스 10분

13:30
달랏 기차역 구경

→ 투어 버스 15분

14:10
사랑의 계곡 탐방

→ 투어 버스 15분

16:00
리엔 호아, 윈드밀에서 원기회복

도보 5분 →

17:20
랑팜에서 달랏의 특산물 구경

18:00
쌀국수와 소이밀크로
간단한 저녁 식사

2일차

10:00
랑비앙산 전망대 구경

↓ 택시 40분

19:30
달랏 피자와 해산물 바비큐 먹기

19:00
달랏 야시장 구경

12:00
곡하탄에서 점심

택시 20분 →

13:30
린푸옥 사원 구경

택시 20분 →

15:00
크레이지 하우스 구경

↓ 택시 10분

18:00
자퀴에서 뜨끈한 핫팟으로 저녁 식사

← 도보 5분

17:00
쑤언 흐엉 호수 산책

달랏 여행의 중심지
달랏 시장 앞 광장 Chợ Đà Lạt

도시마다 가장 번화하고 시끌벅적한 중심가가 있기 마련이다. 달랏에는 호치민처럼 왁자지껄하고 흥겨운 여행자거리는 없지만, 달랏 시장 앞의 광장이 밤늦도록 불을 밝히고 여행자들을 불러 모은다. 커다란 동상이 서 있는 로터리를 중심으로 달랏의 시장과 호텔들이 빙 둘러섰다. 달랏의 특산물 가게인 랑팜의 분점도 시장 주위에 3군데나 있다. 낮에는 꽃가게와 과일가게, 간식을 파는 노점상이 늘어서고, 밤에는 각종 기념품과 달랏 피자, 해산물과 꼬치구이, 국수와 먹거리를 파는 야시장으로 변신한다. 저녁 무렵의 광장 앞은 달랏 시내의 모든 사람이 몰려나온 듯 북적거린다. 광장에서 쯩꽁딘 거리로 올라가는 계단까지 노점들에서 내놓은 목욕탕 의자가 깔린다. 국수를 말아먹는 현지인들과 달랏 피자를 골라 먹는 여행자들이 섞여 앉아 시끌벅적하다. 광장에서 호수 쪽으로 가다 보면, 왼편에 해산물 바비큐 집이 늘어섰다. 해산물을 먹고 싶다면 계단보다는 이쪽을 추천. 한낮에는 조용하던 바비큐 집이 저녁이면 오징어 배처럼 환한 불로 여행자들을 유혹한다. 한국에 돌아오면 사람 사는 맛이 진하게 배어나던 달랏 광장이 어느 관광지보다도 그리울 것이다.

Data 지도 189p-B
가는 법 신투어리스트에서 약 400m, 도보 5분
주소 Phường 1, Dalat
운영시간 달랏 시장 07:15~18:00, 야시장 17:00~00:00

산책하기 좋은 인공호수
쑤언 흐엉 호수 Xuan Huong Lake

쑤언 흐엉 호수는 홍수를 막기 위해 프랑스 식민 정부에서 댐을 건설한 후 생긴 인공호수다. 베트남은 전쟁으로 산림이 많이 훼손되어 홍수에 대비해야 했기 때문이다. 베트남의 여류 시인의 이름을 따서 쑤언 흐엉 호수라고 불린다. 이렇게 커다란 호수가 인공호수라니 놀랍다. 아침에 일찍 일어나 호숫가를 한 바퀴 돌아봐야겠다는 야심찬 계획을 세웠다면 마음의 준비가 필요하다. 둘레가 7km에 가까운 호수를 한 바퀴 걸어서 돌아보려면 2시간 정도 걸린다. 호숫가에는 레스토랑과 커피숍이 드문드문 있어서 호수 풍경을 바라보면서 커피 한잔의 여유를 즐길 수 있다. 아침에는 조깅을 하거나 자전거를 타는 사람들이, 오후에는 오리배를 타는 사람들이 눈에 띈다.

Data 지도 189p-F
가는 법 달랏 시장에서 약 300m, 도보 3분

아담하고 사진 찍기 좋은
달랏 기차역 Dalat Railway Station

달랏은 베트남 중부 고원에 위치했다. 아시아에 식민지를 건설한 유럽 제국들은 더위를 피하기 위해 선선한 고원 지대에 피서지 개념의 도시를 개발하고, 힐 스테이션이라고 불렀다. 프랑스는 베트남 식민 지배 당시에 호치민에서 가깝고 서늘한 달랏을 힐 스테이션으로 개척하면서 달랏에 철도를 놓기 시작했다. 콜로니얼 양식으로 지어진 달랏 기차역은 1938년에 완공되었으나 베트남 전쟁 중에 철도가 파괴되어 1964년 이후 기차 운행이 중단되었다. 최근에는 8km 떨어진 짜이맛역까지 만 운행하는 관광열차를 하루에 5번 운행한다. 스테인드글라스는 빛이 바랬지만, 오래된 기차의 멋스러움은 여선하다. 베트남에서 가장 아름다운 기차역으로 꼽힌다.

Data 지도 188p
가는 법 달랏 시장에서 약 2km, 신투어리스트의 시티 투어에 포함
주소 Quang Trung, Phường 10, Tp. Đà Lạt
운영시간 달랏발 짜이맛행 05:40, 07:45, 09:50, 11:55, 14:00, 16:05, 최소 15명 이상 시 출발
요금 달랏-짜이맛 왕복 소프트싯 126,000동, 기차역 입장료 5,000동

달랏 시내를 한눈에 내려다보는
로빈 힐과 케이블카
Robin Hill&Dalat Cable Car / Cáp Treo Đà Lạt

로빈 힐은 달랏 시내를 내려다볼 수 있는 전망대로도 유명하지만, 2003년부터 운행을 시작한 케이블카로도 유명하다. 케이블카를 타지 않고 전망대에만 올라갈 수도 있다. 로빈 힐에서 케이블카를 타면 죽림 선원까지 바로 이동할 수 있어서 여행자들이 편도로 이용하곤 한다. 케이블카는 해발 1,500m 높이로, 12분 동안 약 2.3km의 거리를 운행한다. 로빈 힐에서 언덕을 넘어 죽림 선원으로 가는 동안 둥실둥실 하늘을 나는 기분을 느낄 수 있다. 한쪽으로는 달랏 시내의 알록달록한 집들이 내려다보이고, 발아래 펼쳐진 키가 큰 소나무 숲이 싱그러운 공기를 뿜어낸다. 택시를 이용해 로빈 힐에 갔다가 케이블카를 타고 죽림선원으로 이동한다면, 탔던 택시 기사에게 죽림 선원으로 와 달라고 하자. 혹은 죽림 선원 주차장에 대기하는 택시들이 많으니, 여기에서 택시를 타고 시내로 돌아갈 수 있다.

Data 지도 188p 가는 법 달랏 시장에서 약 3km, 택시로 10분, 신투어의 시티 투어에 포함 주소 8 Đống Đa, Phường 3, Tp. Đà Lạt 운영시간 07:00~12:00, 13:00~17:00 요금 성인 편도 60,000동, 왕복 80,000동, 어린이 편도 40,000동, 왕복 50,000동

꽃이 만발한 베트남 최대의 선원
죽림 선원 Thiền Viện Trúc Lâm Đà Lạt / Truc Lam Pagoda

죽림 선원은 1993년에 건설된 사원이다. 해발 1,300m 높이에 지어진 죽림 선원은 달랏 일대에서 가장 큰 규모이며, 베트남의 선원 중에서도 손꼽히는 규모로 100여 명의 승려가 수행 중이다. 주차장에서 계단을 따라 3분 정도 올라가자. 대웅전과 종루, 동종을 만날 수 있다. 꽃의 도시 달랏의 사원답게 정원에는 화려한 꽃들을 잘 가꾸어두어, 사진 찍기를 좋아하는 베트남 사람들이 줄지어 찾는다. 예전에는 사원 아래의 뚜옌람 호수까지 길을 따라 내려가서 보트를 타고 호수를 유람할 수 있었는데, 지금은 문을 닫았다. 사원 곳곳에 짧은 반바지나 소매 없는 옷을 제한한다는 표지가 붙어 있다. 최대한 현지의 관례를 존중해주자.

Data 지도 188p 가는 법 로빈 힐에서 케이블카로 약 10분, 달랏 시장에서 택시로 약 20분, 신투어의 시티 투어에 포함 주소 Nguyen Dinh Chieu, Phường 3, Tp. Đà Lạt 전화 263-382-3782

수탉 모양의 풍향계로 유명한
달랏 성당 Nhà Thờ Chính Tòa Giáo Phận Đà Lạt

베트남의 중부에서 가장 규모가 큰 가톨릭 성당이다. 탑 꼭대기에 수탉 모양의 풍향계가 달려 있어서 달랏 사람들은 수탉 성당이라고 부른다. 달랏에 거주하던 프랑스인들의 미사를 위해 1931년부터 11년에 걸쳐 건설되었다. 성당의 첨탑은 47m로 사진에 다 담기 어려울 정도로 높다. 일부러 찾아가서 볼 만큼 아름다운 성당은 아니지만 달랏의 1일 투어의 코스에 포함되어 있는 경우가 많다. 입구로 들어가서 왼편에 서면 성당 전체가 다 보여서 사진 찍기에 좋다. 성당을 반바퀴쯤 돌면 성당 뒤쪽에서 달랏 시내의 모습이 내려다보인다. 성당 내부에는 프랑스에서 직접 만들어온 스테인드글라스 장식이 남아 있으나 미사에 참여하지 않으면 보기 어렵다. 미사는 월~토요일 하루 2회, 일요일에는 5회 열린다.

Data **지도** 188p **가는 법** 달랏 시장에서 약 800m, 도보 10분, 신투어의 시티 투어에 포함 **주소** 21/17 Trần Phú, Phường 3, Tp. Đà Lạt **전화** 263-382-1421 **운영시간** 미사(건물 개방) 월~토 05:15, 17:15, 일 05:15, 07:00, 08:30, 14:30, 16:00

아담하고 사진 찍기 좋은
다탄라 폭포 Thác Datanla

고원에 위치한 달랏 근처에는 계곡도 많고, 폭포도 많다. 다탄라 폭포는 죽림 선원에서도 가깝고 시내에서도 비교적 가까워서 대부분의 1일 투어 코스에 포함되어 있다. 다탄라 폭포는 매표소에서 약 15분 정도 걸어 내려가면 만날 수 있다. 폭포 바로 앞쪽의 작은 다리 위에서 사진을 찍고, 길을 따라 내려와 폭포 전체의 모습을 사진 찍고 돌아오는 코스가 투어의 기본 코스다. 트레킹이나 캐녀닝을 하는 사람들은 물길을 따라 더욱 깊이 들어간다. 다탄라 폭포의 매력은 내려가는 길에 타는 짜릿한 롤러코스터나. 내려갈 땐 탄성이 절로 나올 정도로 구불구불 흥분되는 여정이지만, 올라오는 길은 자동운행인데 지름길로 올라가 재미가 덜하다. 이왕이면 표를 왕복으로 구입하는 편이 낫겠다.

Data **지도** 188p **가는 법** 죽림 선원에서 택시로 약 10분, 달랏 시장에서 택시로 약 15분, 신투어의 시티 투어에 포함 **주소** Đèo Prenn, Phường 3, Tp. Đà Lạt **전화** 263-353-3899 **운영시간** 07:00~17:00 **요금** 입장료 20,000동, 롤러코스터 성인 왕복 60,000동, 편도 50,000동, 어린이 왕복 30,000동, 편도 25,000동

화려한 모자이크로 장식된 불교 사원
린푸옥 사원 Linh Phuoc Pagoda / Chùa Linh Phước

린푸옥 사원은 눈을 돌리는 곳마다 화려한 색깔의 유리와 도자기가 반짝거린다. 용의 수염에서부터 거북이에 이르기까지 영롱한 색깔로 빛을 낸다. 1952년에 건설된 사원인데 1990년에 새롭게 증축해 더욱 화려해졌다. 도로를 사이에 두고 양쪽에 건물이 들어섰다. 주차장의 반대편 건물 천장에는 하늘에 뭉게구름이 떠가는 그림을 그려 넣고, 그 아래 불상을 세웠다. 주차장 쪽 건물에는 2층에 대웅전과 종탑이 있다. 대웅전으로 올라가는 층계참에 모자이크로 만든 조각상들이 시선을 끈다. 대웅전 안에는 4.8m의 거대한 불상이 있고, 부처의 일화를 그린 모자이크 부조 12개가 불상을 둘러싼 벽면을 장식했다. 12마리의 거대한 용이 대웅전의 12기둥을 제각기 휘감고 있다. 금빛 찬란한 작은 불상들 사이에 실제 크기의 승려 모형들이 앉아 있는데, 진짜 사람처럼 보여 흠칫 놀랄 정도. 대웅전 옆에는 80m 높이의 7층 종탑이 서 있다. 높이 4.3m에 8.5톤의 무게를 가진 거대한 종에 소원을 적은 메모지가 다닥다닥 붙었다. 여행자들도 소원을 적어 붙이고 타종을 한다. 2층 건물의 끝에는 65만 개의 노란색 국화꽃으로 장식한 17m 높이의 관음보살이 서있다.

Data 지도 188p
가는 법 달랏 시장에서 약 10km, 택시로 20분, 짜이맛 기차역에서 도보 10분
주소 120 Tự Phước Thành Phố Đà Lạt
전화 263-382-5410

베트남 왕조의 살림살이는 어땠을까?
바오다이왕의 여름 궁전 Bao Dai Summer Palace / Dinh III Bảo Đại

응우옌 왕조의 마지막 왕이었던 바오다이왕은 1926년부터 1945년까지 재위하는 동안 달랏 인근에 3개의 궁전을 지었다. 그중의 하나가 여름 별장으로, 1933년에 건설을 시작해서 1938년 완공한 프랑스풍의 2층 건물이다. 바오다이 왕과 왕실은 여름마다 더위를 피해 이곳에서 지냈으나, 프랑스 식민 정부가 들어선 1950년대 이후 이곳은 집무실이자 왕궁으로 쓰였다. 2층 건물에는 모두 25개의 방이 있다. 1층에는 왕이 사용하던 집무실과 응접실 같은 공적인 공간들이 있고, 바오다이 왕의 흉상 같은 유물이 전시되어 있다. 2층에는 연회실, 침실, 다이닝룸, 왕비와 왕자들의 침실이 있다. 실제 왕족이 사용했던 침대와 소파, 해먹과 생활용품들이 보존되어 있으나, 사용하지 않아 낡아버린 가구들은 더 이상 고급스러워 보이지 않는다. 베트남 왕족의 복장으로 갈아입고 기념사진을 남길 수 있는 공간이 있다. 2층에서는 정원이 내려다보인다. 그리 크진 않지만 정원이 잘 가꾸어져 있어 사진을 찍으며 거닐기 좋다. 별장 앞의 꽃마차나 꽃으로 장식된 오토바이에서 사진을 찍으려면 1만 동(500원)을 내야 한다.

Data 지도 188p
가는 법 달랏 시장에서 약 2.4km, 택시로 10분, 신투어의 시티 투어에 포함
주소 số, 1 Triệu Việt Vương, Phường 4, Tp. Đà Lạt
전화 263-382-6858
운영시간 07:00~17:30
요금 입장료 30,000동

건물의 안과 밖을 모두 탐험하는 스릴
크레이지 하우스 The Crazy House / Biệt thự Hằng Nga

원래는 항응아 빌라라는 이름의 이 독특한 건축물은 당 비엣 응아의 작품이다. 당 비엣 응아는 베트남의 국가 주석을 지낸 쯔엉 찐의 둘째 딸이며, 스스로를 달의 자매라는 뜻의 항응아라고 칭했다. 1990년에 문을 연 이 건축물은 세상에서 가장 창의적인 건축물 10선, 죽기 전에 가봐야 할 이상한 호텔 16선, 이상하지만 아름다운 호텔 19선 등 여러 리스트에 이름을 올렸다. 건물의 내외부가 이상한 방식으로 연결되어 있어서 한 번 들어가면 미로처럼 길을 잃기 쉽다. 건물의 복도는 지붕이나 천장으로 이어지고, 호랑이와 곰, 독수리, 개미 같은 다양한 테마로 꾸며진 방들을 구경할 수 있다. 실제로 방을 예약하고 묵기도 한다. 둥그스름한 외관 때문에 가우디의 건축물을 본떠 지었다는 소문이 있으나 실제로는 환경 파괴에 대한 경각심을 일깨우고, 자연으로의 회귀를 강조하기 위해 정글에 사는 소수민족의 집을 모티브로 디자인했다고 한다. 호불호가 갈리는 여행지다. 놀이동산의 키치적인 느낌이 별로인 사람들에겐 그다지 호평받지 못하지만, 호기심과 모험심, 동심이 남아 있는 사람들이라면 2시간 동안 즐겁게 구경할 수 있을 듯. 궁금하면 직접 경험해보자.

Data 지도 188p
가는 법 달랏 시장에서 약 1.2km, 택시로 5분, 도보 16분
주소 03 Huynh Thuc Khang St. Phường 4 Tp. Đà Lạt
전화 263-382-2070
운영시간 08:30~19:00
요금 입장료 어른 50,000동, 어린이 20,000동
홈페이지 www.crazyhouse.vn

달랏 근처의 풍광을 한눈에 조망하는
랑비앙산 Lang Biang Peak

랑비앙산에는 베트남의 로미오와 줄리엣이라고 불리는 사랑의 전설이 내려온다. 랑이라는 남자아이와 비앙이라는 여자아이가 서로 사랑을 했는데, 부족의 반대로 결혼을 하지 못해 동반 자살을 택한다. 비앙의 아버지는 결혼 반대를 후회하며 두 부족 사이의 결혼을 승낙했고, 두 부족은 통합해 크호족이 되었다. 사람들은 랑과 비앙의 사랑을 기리기 위해 산의 이름을 랑비앙산이라고 지었다. 랑비앙산의 전망대에는 랑과 비앙의 동상이 놓였다. 유네스코에서 세계생물권보존지역으로 정식 등재한 랑비앙은 달랏 시내에서 12km 떨어져 있는 해발 2,169m의 산이다. 달랏 자체가 1,500m의 고지대여서 랑비앙산이 그다지 높아 보이지 않지만 한라산보다도 훨씬 높다. '달랏의 지붕'이라 불리는 랑비앙산의 전망대에서는 달랏의 시내와 계곡을 조망할 수 있다. 시원하게 내려다보이는 달랏의 풍경이 아름답다. 랑비앙산 아래의 매표소에서 라다 힐이라고 불리는 해발 1,950m의 전망대까지는 걸어서 약 1시간, 지프차로 약 20분 정도 걸린다. 6명이 정원인 지프차는 인원이 다 차야 출발한다. 내려올 때도 같은 지프차를 타고 내려오면 된다.

Data 지도 188p
가는 법 랑비앙산 아래의 주차장까지 약 12km, 택시로 30분. 택시요금 편도 약 150,000동. 달랏 시장 근처의 시내버스 정류장에서 락 두엉행 로컬 버스를 타고 랑비앙산 아래 정류장에서 내린다(버스 요금 16,000동). 버스는 1시간 간격으로 운행하는데 시간이 일정하지 않다
주소 305 Lang Biang, Thị trấn Lạc Dương, Lâm Đồng
전화 263-383-9456
운영시간 08:00~18:00
요금 입장료 성인 30,000동, 어린이 15,000동, 지프차 1인 60,000동(지프차 1대 360,000동)

달달한 커플들이 사진 찍기 좋은 곳
사랑의 계곡 Valley of Love / Thung Lũng Tình Yêu

달랏은 베트남 젊은이들이 최고로 꼽는 신혼 여행지다. 둘러보는 곳마다 하트 조형물이 넘쳐나는 사랑의 계곡은 달달한 커플들을 위한 곳임에 틀림없다. 베트남의 마지막 왕이었던 바오다이 왕은 프랑스로부터 독립한 뒤에 프랑스인들이 사랑의 계곡이라고 이름 붙였던 이곳을 평화의 계곡이라고 개명했으나, 많은 사람들의 요구로 다시 사랑의 계곡이라는 이름으로 바뀌었다고. 구불구불 미로도 있고, 어린이용 놀이기구들도 있으며, 화사한 색감을 뽐내는 꽃들도 다양하게 심어져 있다. 언덕 위에서 다티엔 호수를 내려다보는 풍경이 근사하다. 가까이서 보면 유치한 조형물들이지만, 사진으로 찍으면 꽤 볼 만하니 유유자적 즐겨보자. 친근하게 말을 시키며 사진을 같이 찍자는 베트남 현지인들은 여행자를 노리는 소매치기일 수도 있으니 조심하자.

Data 지도 188p 가는 법 달랏 시장에서 약 6km, 택시로 15분, 신투어의 시티 투어에 포함 주소 7, Mai Anh Đào, Phường 8, Tp. Đà Lạt
전화 263-382-1448 운영시간 06:00~18:00
요금 1인 250,000동(입장료, 오리배, 전동차 탑승 포함)

알록달록 화사한 꽃들이 가득
꽃의 정원 Dalat Flower Garden / Vườn hoa Đà Lạt

꽃의 도시 달랏에서 가꾼 꽃의 정원은 얼마나 근사할까 싶지만 사랑의 계곡이나 꽃의 정원 모두 우리나라 유원지와 비슷한 느낌이다. 쑤언 흐엉 호수 주변을 산책하다 보면 자연스럽게 만나게 된다. 시내에서 가까우니 자전거를 타고 가거나 천천히 걸어가도 부담이 없다. 사진 찍기를 좋아한다면 화사한 꽃과 분재를 배경으로 사진을 찍기 좋다. 사랑의 계곡이 러브러브한 조형물들과 꽃들이 조화를 이룬다면, 꽃의 정원은 조형물보다는 다양한 식물과 꽃에 집중하였다. 분재 정원이나 선인장 정원, 작은 호수, 풍차, 꽃 판매장 같은 소소한 볼거리가 있다. 사랑의 계곡과 꽃의 정원은 느낌이 비슷하니, 시간을 효율적으로 써야 하는 여행자라면 둘 중의 한 곳만 가도 무방하겠다.

Data 지도 188p 가는 법 달랏 시장에서 약 2.5km, 쑤언 흐엉 호수 북쪽을 따라 도보로 30분, 택시로 10분
주소 Trần Quốc Toản, Phường 8, Tp. Đà Lạt
운영시간 07:30~18:00 요금 성인 40,000동, 어린이 20,000동

ENJOY

달랏의 계곡과 급류를 온몸으로 즐기는
캐녀닝 Canyoning

캐녀닝이란 계곡을 따라 이동하면서 로프에 매달려 암벽을 타고, 폭포에서 뛰어내리고, 맨몸으로 바위의 급류를 타는 레저 스포츠다. 산으로 둘러싸인 달랏에서도 캐녀닝 투어를 즐기는 사람이 많다. 달랏에서는 주로 다탄라 폭포와 타이거 폭포에서 캐녀닝을 했었는데 암벽이 높은 타이거 폭포에서 캐녀닝을 하다가 부상자가 발생한 이후 50세 이상은 캐녀닝을 할 수 없다. 보통 옷과 신발, 장비를 대여해주지만 신발 사이즈가 안 맞으면 불편하고 위험하니, 자신의 발에 꼭 맞는 아쿠아 트레킹화를 챙기는 편이 좋다. 캐녀닝은 라펠에 몸을 의지하고 폭포 위나 암벽을 탄다. 출발 전 라펠로 하강하는 방법을 배운다. 급류가 흐르는 바위 위에서 물살을 타거나 밧줄 끝에 매달렸다가 10m 아래로 뛰어내려야 한다. 코스가 험해서 정 못하겠다면 무리하지 말고 걸어 내려와 일행과 합류하자. 달랏의 캐녀닝은 경험자에겐 초급 난이도이지만, 캐녀닝을 처음 하는 사람들에겐 도전 정신을 필요로 한다. 달랏은 기온이 낮은 데다 계곡물이 무척 차가우니 컨디션이 좋지 않으면 몸살이 날 수 있다. 자신의 체력과 운동신경, 컨디션, 신발 상황, 현지의 날씨와 앞으로의 일정을 고려해 선택하자.

Data 하일랜드 홀리데이 투어
한국인들이 캐녀닝을 하기 위해 자주 찾는 여행사로 가격이 저렴하고 안전하다는 평
지도 189p-B
가는 법 여행사가 즐비한 쯩꽁딘 거리에 위치, 달랏 시장에서 약 300m, 도보 5분
주소 47 Trương Công Định, Đà Lạt, Phường 1, Tp. Đà Lạt
전화 263-355-6379
운영시간 07:30~20:30
요금 1인 72달러(업체마다 다름)
홈페이지 www.highlandholidaytours.com.vn

달랏을 효율적으로 여행하는 방법
1일 투어 One Day Tour

달랏의 여행지는 사방에 흩어져 있다. 달랏 시내에서 가까운 여행지는 크레이지 하우스나 달랏 성당, 쑤언 흐엉 호수와 호수 위쪽으로 꽃의 정원이 있고, 나머지 여행지는 달랏의 외곽에 위치했다. 랑비앙산은 달랏 시내에서 북쪽으로 12km를 올라가야 하고, 사랑의 계곡은 북쪽으로 약 6km, 린푸옥 사원은 동쪽으로 약 10km, 죽림 선원과 다탄라 폭포는 남쪽으로 7~8km 떨어져 있다. 택시를 타고 모든 곳을 돌아다니기엔 부담스럽고, 대중교통을 이용하자니 오고 가는 시간이 너무 오래 걸린다. 그래서 여행자들은 1일 투어를 이용한다. 대부분의 투어 상품은 오전 8시쯤 출발해 오후 4시쯤 시내로 돌아오고, 요금은 약 25만 동 안팎, 투어마다 가는 곳이 조금씩 다르다. 여행사나 호텔마다 각기 다른 투어 프로그램과 프라이빗 투어를 제공하니 비교하여 선택하자. 커피 농장이나 와이너리를 돌아보는 투어, 수공예품이나 실크숍, 소수 부족의 공연을 보는 투어도 있으니 취향대로 골라보자. 달랏에서는 이지라이더 투어도 인기다. 여행자를 오토바이 뒤에 태우고 달리는 이지라이더 투어는 베트남 전역을 누비는데, 대중교통이 발달하지 않은 달랏에서 특히 유용하다.

Data 신투어리스트 달랏 The SinhTourist Da Lat
다른 여행사들과 달리 픽업을 해주지는 않지만 저렴하고 간편하여 많은 한국인 여행자들이 선호한다
지도 189p-C **가는 법** 달랏 시장에서 북쪽으로 약 800m, 도보 12분 **주소** 22 Bùi Thị Xuân, Phường 2, Tp. Đà Lạt **전화** 263-391-9898 **운영시간** 07:30~20:00 **요금** 시티 투어 299,000동, 랑비앙산과 코끼리폭포 등 시외 투어 369,000동 **홈페이지** www.thesinhtourist.vn

달랏 이지라이더 Easy Riders Vietnam
오토바이 뒤에 타고 1:1로 가이드를 받는 만큼, 자신이 원하는 시간과 여행지를 조정할 수 있다. 친절한 설명과 안전한 가이드, 일반 투어에서는 볼 수 없는 베트남의 속살을 엿볼 수 있어서 외국 여행자들은 도시와 도시를 이동할 때도 이지라이더를 선호한다
지도 189p-B **가는 법** 달랏 야시장에서 북쪽으로 1.2km, 도보 15분 **주소** 181 KQH Phan Đình Phùng, Phường 2, Thành phố Đà Lạt **전화** 09-0959-6580 **운영시간** 07:00~21:00
요금 달랏 시내투어 55달러, 달랏에서 다른 도시로 75달러~80달러/1일 **홈페이지** www.easy-riders.net

입에서 살살 녹는 달콤한 빵
리엔 호아 Lien Hoa

리엔 호아는 어마어마한 규모를 자랑하는 베이커리다. 1층의 맨 왼쪽에 즉석에서 만들어주는 반미 코너가 있다. 가장 비싼 반미가 단돈 1천 원으로 가격이 착하지만, 생각만큼 푸짐하지 않다. 반미보다는 빵의 종류가 다양하고 맛있는 편. 먹고 싶은 빵을 쟁반에 골라 담자. 달콤하고 부드러운 에그타르트가 단돈 300원! 투어 버스를 타거나, 다른 도시로 이동할 때 먹고 싶은 빵을 간식으로 사가자. 달랏 와인과 각종 주류, 매장에서 만든 케이크도 있다. 리엔 호아의 2층에서는 쌀국수를 비롯한 베트남 음식을 판매한다. 이곳의 뜨끈한 국물도 맛 좋기로 유명하다. 베트남식 밑반찬과 식료품도 갖추고 있다. 퇴근 시간이면 빵을 사서 집에 돌아가려는 현지인들로 북적거린다.

Data **지도** 189p-B **가는 법** 달랏 시장에서 계단으로 올라와 윈드밀 카페 골목으로 들어와서 40m **주소** 19 Ba Tháng Hai, Phường 1, Tp. Đà Lạt **전화** 263-383-7303 **운영시간** 06:00~21:00 **가격** 에그타르트 6,000동, 머핀 10,000동, 파이 15,000동, 블루베리 컵케이크 25,000동

뜨끈한 국물요리를 먹고 싶을 때
자퀴 Nhà Hàng Dã Quỳ

베트남 스타일 핫팟으로 유명한 레스토랑이다. 이름은 '다퀴'가 아니라 '자퀴'라고 발음한다. 서늘한 기온의 달랏에서는 베트남의 다른 지역과 달리 따뜻한 아티초크차라던가, 따뜻한 두유를 즐겨 마신다. 달랏을 여행할 때 기운이 떨어지거나, 캐녀닝을 하고 나서 뜨끈한 국물이 그리울 때는 이곳에서 핫팟을 먹어보자. 흰 식탁보가 깔린 테이블 위에 작은 화로를 올리고, 동남아 스타일의 넓적한 핫팟을 얹는다. 국물이 끓어오르면 각종 야채와 고기를 샤부샤부처럼 푹 담갔다가 건져먹는다. 핫팟은 2인분을 기준으로 판매한다. 하우스 와인으로 달랏 와인을 제공하니, 식사에 곁들여도 좋겠다.

Data **지도** 189p-B **가는 법** 포 히에우 골목으로 들어와 220m, 언덕 아래 길 건너편 **주소** 119 Phan Đình Phùng, phường 1 **전화** 263-351-0883 **운영시간** 10:00~23:00 **가격** 핫팟 2인분 179,000동, 하우스 와인 25,000동

달콤 짭조름한 조림 음식이 맛있는
초콜릿 레스토랑 Chocolate Restaurant

초콜릿을 파는 집이 아니라 엄연한 레스토랑이다. 붉은색 외관이 눈에 띈다. 주변에 비해 깔끔한 인테리어와 주인 아주머니의 친절함, 합리적인 가격으로 여행자들의 사랑을 받는 집이다. 베트남 음식을 주로 하지만 서양 음식 메뉴도 갖췄다. 전 세계 여행자들의 입맛에 맞춘 음식들은 무난한 편. 초콜릿 레스토랑에서 평이 좋은 메뉴는 서양 음식보다는 베트남 음식이다. 특히 흰밥이 함께 나오는 조림 요리들이 맛있다. 간장에 설탕을 넣어 달콤 짭조름하게 졸여낸 돼지고기 조림이나 새우 조림은 금세 밥 한 그릇을 뚝딱 비우게 만든다. 초콜릿이라는 이름에 걸맞게 디저트 메뉴도 괜찮은 편이다. 생딸기를 갈아 만든 주스도 상큼하다.

Data **지도** 189p-B **가는 법** 포 히에우 골목으로 들어와 150m, 곡하탄 레스토랑 맞은편 **주소** 40 Trương Công Định, Phường 1, Tp. Đà Lạt **전화** 263-351-0979 **운영시간** 09:00~22:00 **가격** 돼지고기조림 80,000동, 새우조림 85,000동, 딸기주스 50,000동

무엇을 시키든 기본 이상의 맛
곡하탄 Góc Hà Thành

벽에 붙어 선 대나무와 베트남 풍경을 그려 넣은 접시들, 나무로 된 의자들이 베트남 여행의 기분을 물씬 나게 한다. 곡하탄은 대부분의 요리가 맛이 괜찮아 트립어드바이저에 항상 상위에 랭크되는 집이다. 특히 넴느엉 맛집으로 유명하다. 넴느엉을 시키면 스프링롤을 만들어 먹을 수 있는 기본적인 재료를 내온다. 야채도 듬뿍 담아주는데, 호불호가 갈리는 향채들을 제외된 무난한 야채들로 구성되어 있으니 안심하고 먹자. 하지만 진짜 베트남 현지음식점에서 넴느엉을 먹어본 사람이라면 적은 양과 무난한 맛에 조금 실망할 수도. 코코넛 치킨 커리나 호박 수프도 한국인의 입맛에 잘 맞는다. 세트 메뉴도 있다.

Data **지도** 189p-B **가는 법** 포 히에우 골목으로 들어와 150m, 사퀴 레스토랑 옆 **주소** 53 Trương Công Định, 1, Tp. Đà Lạt **전화** 094-699-7925 **운영시간** 11:00~21:30 **가격** 호박 수프 39,000동, 넴느엉 89,000동

번화가에 위치한 가장 큰 커피숍
윈드밀 카페 Windmills Cafe

윈드밀 카페는 달랏에만 3개의 지점이 있다. 리엔 호아 쪽으로 내려가는 길모퉁이에 위치한 2층짜리 카페가 제일 번화하다. 현지 젊은이들이 이곳을 즐겨 찾는다. 단정하고 소박한 인테리어, 젊고 친절한 스텝들이 친절하게 맞아준다. 날이 좋을 땐 2층 야외 자리에 앉아 햇살을 받아도 좋겠다. 카페지만 커피보다 젤리음료가 인기. 쫀득쫀득한 젤리가 아니라 푸딩 질감의 젤리여서 빨대 사이로 호로록 올라온다. 오가닉 커피도 향이 좋고, 당근 케이크 같은 달다구리도 제법 괜찮다. 2천 원도 안 되는 가격으로 분위기 좋은 카페에서 커피를 마실 수 있다는 점이 베트남 여행의 묘미. 카페 쓰어다와 케이크 한 조각으로 달랏 여행의 여유로움을 즐길 수 있다.

Data **지도** 189p-B **가는 법** 포 히에우 골목 끝으로 내려와 건너편
주소 133 Phan Đình Phùng, Phường 2, Thành phố Đà Lạt **전화** 263-354-0806 **운영시간** 08:00~22:00
가격 카페 쓰어다 29,000동, 블랙티 젤리 36,000동, 모카 젤리 39,000동, 케이크 36,000동

달랏에서 가장 유명한 쌀국수집
포 히에우 Phở Hiếu

누군가가 포 히에우의 쌀국수를 먹고 나서 '인생 쌀국수'라고 극찬한 다음부터, 달랏을 여행하는 여행자들은 포 히에우에 들러 자신의 입맛을 점검하기 시작했다. 포 히에우에는 메뉴가 딱 하나뿐이다. 소고기가 듬뿍 들어있는 쌀국수! 쌀국수의 양에 따라 가격이 다르니 배고픈 정도에 맞춰 적당한 크기를 시켜 먹자. 테이블 위에는 튀긴 빵이 놓여 있다. 현지인들은 쌀국수 국물에 빵을 곁들여 왁자지껄하게 식사를 한다. 넓적하고 보드라운 쌀국수가 양파와 함께 국물에 담겨 나오면, 취향에 따라 야채를 넣고 라임즙과 소스를 뿌려 먹으면 된다. 소고기 국물이 시원하고 구수하다. 빨간 고추는 아주 매워서 국물에 조금만 넣어도 칼칼한 맛이 살아난다.

Data **지도** 189p-B **가는 법** 달랏 시장에서 쯩꽁딘 거리로 들어와 첫 번째 골목에서 오른쪽 **주소** 23 Tăng Bạt Hổ, Phường 1, Tp. Đà Lạt **전화** 263-383-0580 **운영시간** 06:00~13:00 **가격** 큰 사이즈 50,000동, 중간 사이즈 40,000동, 작은 사이즈 37,000동, 빵 5,000동

아침저녁으로 몸을 뜨끈하게
꽌 호아 수아 Quan Hoa Sua

달랏에 왔으니 달랏의 문화를 따라볼까. 쌀쌀한 달랏에서는 아침과 저녁나절이면 노점에서 플라스틱 의자를 펼쳐놓고 따끈한 두유를 판다. 퇴근 시간이 되면 포 히에우 맞은편의 꽌 호아 수아에 달랏 현지인들이 모여든다. 포 히에우에서 쌀국수를 먹은 다음에 여기에 들러도 좋겠다. 잔뜩 쌓여있는 빵 중에서 먹고 싶은 빵을 골라 테이블에 펼쳐놓고 두유를 주문한다. 두유는 따뜻하거나 차갑게 먹을 수 있다. 현지인들은 따뜻한 두유에 설탕을 타서 달콤하게 먹는 편이다. 우리나라의 두유보다는 묽은 느낌. 차가운 공기 속에서 마주 앉은 현지인들의 폭풍 수다를 음악처럼 한 귀로 흘리면서 따끈 달달한 두유를 마시면 마음까지 훈훈해지는 느낌이다. 두유 한 잔과 빵 한 개를 합쳐, 단돈 500원의 행복!

Data **지도** 189p-B **가는 법** 포 히에우 맞은편 **주소** 14 Trương Công Định, 1, Tp. Đà Lạt **운영시간** 15:00~01:00 **가격** 설탕 두유 7,000동, 연유 두유 10,000동, 빵 5,000동

달랏 야시장의 인기 있는 먹거리
꼬치구이와 달랏 피자

야시장이 열리면 서쪽의 층계참에서부터 광장 로터리까지 먹거리 노점이 펼쳐진다. 층계참 아래에는 꼬치구이집들이, 로터리 쪽에는 달랏 피자집이 많다. 달랏 피자는 원래 반짱 느엉이라는 베트남 음식인데, 여행자들이 알아듣기 쉽게 피자라 부르며 호객을 한다. 라이스페이퍼인 반짱을 펼쳐놓고, 달걀과 각종 고명을 얹어 숯불에 구워낸 다음 마요네즈와 칠리소스를 듬뿍 뿌려 먹는다. 겉은 바삭하고 속은 짭조름하다. 소시지와 야채 외에도 건어물이 들어가 맛이 독특하다. 치즈 같은 토핑을 선택할 수도 있다. 꼬치구이는 원하는 만큼 꼬치를 골라 담아 즉석에서 구워 먹는데, 골라 담은 꼬치를 다른 꼬치와 바꿔치는 경우가 종종 있으니 잘 살펴보자. 닭고기나 돼지고기 외에는 입맛에 안 맞을 수 있으니 조금씩 시도해보자.

Data **지도** 189p-B **가는 법** 달랏 시장 앞 광장 근처 **주소** Phường 1, Tp. Đà Lạt **운영시간** 17:00~00:00 **가격** 반 짱 느엉 20,000동, 토핑 5,000동, 꼬치구이 한 접시 50,000~100,000동

원하는 해산물을 마음껏 골라 먹는
야시장 옆 해산물 바비큐

야시장 로터리에서 호수 쪽으로 내려오다 보면, 길 왼편으로 해산물을 파는 식당들이 오징어 배처럼 불을 밝혔다. 대야 속에 각종 조개와 게, 새우 같은 해산물이 가득 담겨 있다. 메뉴판에서 원하는 음식을 고르거나, 직접 대야를 들여다보며 주문을 하면 된다. 테이블 위에 화로를 올려주면 직접 구워서 먹는다. 조개나 문어에는 양념을 얹어 주는데, 베트남스러운 양념이 맛 좋게 배어 있어 은근하게 입맛을 사로잡는다. 해산물을 주로 팔지만, 소고기나 돼지고기도 메뉴에 있으니 삼겹살이 생각날 때 가는 것도 괜찮겠다. 테이블에 놓인 물티슈를 사용하면 돈을 받는다. 한국에 비하면 저렴하지만, 베트남 물가 대비 가격이 높은 편이다.

Data **지도** 189p-B
가는 법 달랏 시장 앞 광장에서 호수 쪽으로 내려오는 길
주소 Phường 1, Tp. Đà Lạt
운영시간 17:00~00:00
가격 새우 한 접시 150,000동, 가리비 한 접시 70,000동, 맥주 20,000동

크레이지 하우스의 축소판
100 루프 바 100 Roof Bar

이미 서양 여행자들 사이에서는 입소문이 파다한데, 아직 한국의 여행자들에게는 잘 알려지지 않은 모양이다. 달랏에는 이상야릇한 바가 있는데, 뭐라 설명할 수 없으니 꼭 한 번 가보라는 소문을 듣고 찾아간 곳. 낮에는 그다지 특이하지 않은 일반 레스토랑처럼 보이지만, 저녁에 이곳을 찾으면 조명과 분위기가 기괴할 정도로 독특하다. 밖에서 보면 4층짜리 작은 건물이지만 안쪽이 온통 미로처럼 얽혀 있어 크레이지 하우스를 방불케 한다. 여럿이 가면 탐험하는 재미가 있겠지만, 혼자서 가면 소름이 오소소 돋을지도. 1층에서 음료를 주문한 후 입장할 수 있고, 맨 꼭대기 층에 바가 하나 더 있다. 각 층마다 시원한 바람이 부는 발코니 자리가 명당이다.

Data 지도 189p-B
가는 법 달랏 시장에서 계단을 올라와 오른편 길을 따라 400m, 도보 6분
주소 26 Phan Bội Châu, 1, Tp. Đà Lạt **전화** 08-9808-4117
운영시간 08:30~00:00
가격 사이공 비어 40,000동, 칵테일 70,000동

품격 있는 호텔에서의 하이티
르 라벨레 레스토랑 Le Rabelais Restaurant

달랏에서 둘째가라면 서러울 팰리스 헤리티지 호텔에는 품격 있는 프렌치 레스토랑이 있다. 19세기 유럽풍의 그림들이 걸려 있는 레스토랑으로 들어가면 반짝이는 샹들리에와 우아하게 세팅된 테이블이 맞이한다. 고급스러운 파인 다이닝을 즐기기에 더할 나위 없는 분위기다. 와인 리스트도 잘 갖췄다. 정찬이 부담스러운 사람들은 오후에 늘러 차를 한잔해도 좋겠다. 오후 3시부터 5시 30분 사이에는 샌드위치와 마카롱, 미니 케이크를 곁들인 하이티를 주문할 수 있다. 하이티를 즐길 때는 보통 홍차를 주문하지만, 달랏에서는 아티초크티를 곁들이는 것도 색다른 재미. 여럿이 간다면 하이티와 차를 함께 맛보는 것도 좋겠다.

Data 지도 189p-F **가는 법** 달랏 시장에서 호숫가를 따라 1km, 도보 13분
주소 12 Đường Trần Phú, Phường 3, Thành phố Đà Lạt
전화 263-382-5444 **운영시간** 07:00~22:00, 하이티 15:00~17:30
가격 하이티 세트 330,000동, 주스 70,000동, 브라우니 180,000동, 정찬 600,000~1,700,000동 **홈페이지** www.dalatpalacehotel.com

달랏 근교의 특산물은 여기 모여라!
달랏 시장과 야시장 Dalat Market&Night Market

달랏 시장의 건물은 광장 앞 로터리를 끌어안은 모습으로 우뚝 서 있다. 달랏 시장은 달랏 지방에서 생산되는 각종 야채와 농산물의 집결지로도 유명하다. 새벽에는 현지인들이 야채와 과일을 도매로 거래하고, 낮이면 여행자들이 기념품을 사러 방문한다. 시장 안으로 들어가면 야채와 말린 과일, 아티초크뿐만 아니라 커피, 해산물, 고기까지 다양한 물건을 구경할 수 있다. 각양각색의 화려한 꽃들, 곶감을 비롯한 말린 과일, 다양한 소스, 주전부리를 파는 가게들이 늘어섰다. 특산품인 아티초크가 동글동글한 자태를 뽐내며 쌓여있고, 아티초크를 말린 잎이나 티백도 여러 종류를 볼 수 있다. 저녁이 되어 시장 문이 닫히면 시장의 정면을 바라보고 오른쪽 골목으로 들어가자. 초입의 먹거리 상점들을 지나면 골목은 마치 환하게 불을 밝힌 남대문 시장을 방불케 한다. 얇은 여름 티셔츠에서부터 한겨울에 입는 패딩 재킷까지 다양한 옷이 걸려있고, 가격이 무척 저렴하다. 털실로 직접 짠 모자와 목도리를 파는 아주머니들도 많다. 야시장의 골목 끝에 달랏 센터라는 또 다른 쇼핑센터가 있다. 달랏 센터를 통과해 올라가면 북쪽 길로 나갈 수 있다.

Data 지도 189p-B
가는 법 쑤언 흐엉 호수의 서쪽 끝에서 북쪽으로 약 300m
주소 Phường 1, Dalat
운영시간 달랏 시장 07:00~18:00, 달랏 야시장 17:00~00:00

달랏 특산품을 모아놓은 깔끔한 체인점
랑팜 L'angfarm Store Mộng Đẹp

달랏의 품질 좋은 특산물을 쇼핑하기엔 랑팜만 한 곳이 없다. 시내 곳곳에 체인점이 있어 찾아가기에도 편리하다. 한 번 랑팜에 발을 들여놓으면 시간 가는 줄 모르고 구경하게 된다. 인테리어가 깔끔할뿐더러, 제품의 포장이 잘 되어 있어서 기념품을 구입하기에 좋고, 예쁜 포장의 선물 세트는 선물용으로도 좋다. 여행용 가방이 터지도록 이것저것 골라 담아도 가격이 부담이 없을 만큼, 길거리에서 판매하는 제품들과 가격 차이가 거의 없다. 아티초크를 말린 차라던가, 아티초크 티백, 아티초크청이 랑팜의 인기상품이다. 서늘한 기온의 달랏에서는 아침저녁으로 따뜻한 아티초크차를 마시기 때문에 어느 호텔이나 구비되어 있다. 아티초크에는 소화기능을 촉진하는 효능이 있어 남녀노소 누구나 마시기 좋다. 고야차와 생강차도 판매한다. 커피를 좋아하는 사람이라면 달랏 커피도 놓칠 수 없는 아이템. 사시사철 딸기를 생산하는 달랏인 만큼 딸기 음료와 딸기잼도 있고, 각종 과일로 만든 주스, 시럽도 판매한다. 반건조 고구마라던가, 말린 바나나는 소소한 간식거리로 제격이다.

Data 지도 189p-B
가는 법 달랏 시장 앞 광장에서 시내쪽으로 가는 계단 위에 위치, 시장 근처에 2개 지점 더 있음
주소 Cầu thang chợ Đà Lạt, P. 1, Tp. Đà Lạt
전화 263-381-1081
운영시간 07:30~22:30
요금 말린 망고 한 봉지 104,000동, 아티초크티 219,000동
홈페이지 www.langfarmdalat.com

달랏에서 식료품을 대량 구입하려면
빅 씨 Big C Da Lat Supermarket

쑤언 흐엉 호수 남쪽에 동그란 노란색 반구 모양 건물이 보이는데, 그곳이 바로 빅 씨이다. 빅 씨의 입구는 호수 쪽으로 나 있어서 호수를 산책하다 들르기에도 좋다. 액세서리, 가방, 구두를 파는 상점들이 있고, 키즈존, 푸드코트, 오락실도 갖췄다. 마트 앞쪽의 베이커리에서 저렴한 가격으로 맛있는 빵을 구입할 수 있어 현지인들도 줄을 선다. 마트에는 용과나 망고, 귤, 사과 같은 각종 과일이 보기 좋게 진열되어 있는 데다 kg당 가격이 적혀있어서 흥정하는 불편 없이 골라 담기 좋다. 칠리소스나 피시 소스 같은 베트남 국민소스, 달콤한 바나나칩이나 향기 좋은 잭프루트칩, 커피나 치약 같은 소소한 물품도 저렴하게 살 수 있다. 달랏 와인도 시내보다 조금 더 저렴하다. 배낭이나 큰 가방은 쇼핑 전에 로커에 보관하고 들어가야 한다.

Data 지도 188p **가는 법** 달랏 시장에서 쑤언 흐엉 호수 남쪽으로 약 1.2km, 도보 15분, 택시 5분 **주소** Trần Quốc Toản, Hồ Tùng Mậu, Phường 10, Tp. Đà Lạt **전화** 263-354-5088 **운영시간** 07:30~22:00 **요금** 칠리소스 5,200동, G7커피 15개들이 41,200동, 바나나칩 31,200동 **홈페이지** bigc.vn

다양한 사이즈, 다양한 종류의 달랏 와인
달랏 와인 쇼룸 Vang Dalat /
Cửa Hàng Giới Thiệu Sản Phẩm Rượu Vang Đà Lạt

달랏에서는 다양한 종류의 와인이 생산된다. 게다가 프랑스 문화의 영향을 받아 웬만한 레스토랑과 고급 호텔에서는 달랏 와인을 구비하고 있다. 달랏 와인은 골목의 작은 슈퍼마켓에서부터 빅 씨 마트까지 곳곳에서 판매하니 가까운 곳에서 살 수 있다. 달랏 와인은 보디감은 약간 부족하지만 산미가 괜찮다는 평이다. 가격을 생각하면 더욱 만족스럽다. 와인병에 클래식, 슈피리어, 프리미엄이 쓰인 순서대로 가격대가 높아진다. 금빛이 들어간 레이블에 샤또 달랏이라고 쓰인 와인이 가장 높은 등급. 이 쇼룸은 시내 중심에 있어서 언제든 들르기 좋다. 하프 사이즈가 있으니 혼자 여행하더라도 부담 없이 와인을 즐겨보자.

Data 지도 189p-B **가는 법** 윈드밀 카페 바로 맞은편 연두색 건물 1층 **주소** 01 Nam Kỳ Khởi Nghĩa, 1, Tp. Đà Lạt **전화** 263-382-7852 **운영시간** 08:00~22:00 **요금** 뱅 달랏 슈피리어 하프 57,000동, 샤또 달랏 165,000동, 샤또 달랏 스페셜 245,000동

SLEEP

싱그러운 초록 정원에서 힐링의 시간을
아나 만다라 빌라스 달랏 리조트 앤 스파 Ana Mandara Villas Dalat Resort&Spa

아나 만다라 빌라스 달랏 리조트는 동화나라 같은 달랏의 느낌을 그대로 살렸다. 싱그러운 초록의 나무가 우거진 언덕 위에 근사한 뷰를 가진 연노란색 빌라들이 위치했다. 프랑스인들의 별장으로 쓰이던 17채의 빌라를 리조트로 개조했다. 정원에는 하늘을 향해 자라난 키 큰 소나무들이 우거졌다. 새소리를 들으며 잘 가꾼 산책로를 걷다 보면 곳곳에 파라솔과 벤치, 테이블이 놓여 있다. 빌라별로 다양한 뷰와 룸 타입을 갖췄다. 침실에는 선선한 달랏의 기온을 고려한 전기히터도 있고, 로맨틱 지수를 높여주는 벽난로도 딸려 있다. 따뜻한 기운을 담뿍 담은 욕실은 널찍하다. 욕조 트레이에는 도기에 들어 있는 어메니티가 있다. 톡톡한 목욕가운도 고급스럽다. 야외 수영장에는 자체 히터가 내장되어 수온이 늘 일정하게 유지된다. 아이와 함께, 연인과 함께 언제든지 수영을 할 수 있다는 뜻. 마사지를 받거나 운동을 할 수 있는 럭셔리한 스파 빌라도 따로 있다. 조식 뷔페에서는 매일 다른 쌀국수를 즉석에서 조리해주고, 다양한 베트남 음식들을 맛볼 수 있다. 시내에서 약간 떨어진 거리를 충분히 감수할 만큼 아름다운 풍광과 고급스러운 빌라, 섬세한 서비스가 무척 만족스럽다.

Data 지도 188p
가는 법 달랏 시내에서 2km, 택시로 약 10분 소요 주소 Lê Lai, Phường 5, Tp. Đà Lạt
전화 263-355-5888
요금 디럭스 98~155달러, 빌라 110~164달러, 스위트 133~199달러
홈페이지 anamandara-resort.com

우아한 인테리어와 격조 높은 서비스
달랏 팰리스 헤리티지 호텔 Dalat Palace Heritage Hotel

꽃이 만발한 넓은 정원을 지나 로비에 들어서는 순간부터 탄성이 나온다. 생화로 장식한 로비는 마치 19세기의 프랑스 궁전을 재현한 듯 근사하다. 벽에 걸린 수많은 그림들은 사진으로 담으면 더욱 멋스럽다. 셀카를 즐기는 사람이라면 로비에서 복도를 거쳐 방으로 들어갈 때까지 수많은 인생샷을 건질 수 있을 듯. 1922년에 세워진 호텔은 보수를 거쳐 1995년에 재오픈했지만 고풍스러운 빅토리아 스타일의 건축물과 앤틱한 인테리어는 여전히 건재하다. 침대는 편안하고, 발코니에서 내려다보는 쑤언 흐엉 호수의 전경은 눈이 부시다. 오래된 욕조나 세면대의 멋스러움은 그대로 두고, 샤워실의 유리와 타일을 부분적으로 교체해 깔끔하게 마무리했다. 달랏의 여타 오래된 호텔들처럼, 물이 잘 나오는 만큼 잘 빠지진 않는다. 지하로 내려가면 고급스러운 인테리어로 단장한 4개의 노래방이 있는데, 방의 크기가 무척 크고, 조명이 잘 설치되어 있다. 프렌치 레스토랑, 안락한 스파, 구석구석을 장식한 화려한 꽃과 그림들뿐만 아니라 격조 높은 서비스도 만족스럽다. 호텔의 어디에 있든지, 그 순간만큼은 마치 유럽의 귀족이 된 듯한 럭셔리한 호텔.

Data 지도 189p-F
가는 법 달랏 시장에서 호수가를 따라 1km, 도보 13분
주소 2 Trần Phú, Phường 3, Tp. Đà Lạt
전화 263-382-5444
요금 슈피리어 110~170달러, 럭셔리 120~190달러
홈페이지 www.royaldl.com, www.dalatpalacehotel.com

쑤언 흐엉 호수가 내려다보이는
TTC 호텔 TTC Hotel(구 응옥란 호텔 Ngoc Lan Hotel)

객실에 들어서면 연보라색의 패브릭으로 단장한 커튼과 침구, 베이지색 대리석으로 마감한 가구들이 차분하면서도 은근한 멋을 풍긴다. 근사한 벽난로가 분위기를 더한다. 널찍한 방만큼이나 발코니도 널찍하다. 이왕이면 호수가 보이는 방으로 예약하는 편이 좋겠다. 엘리베이터도 갖춘 현대식 건물이니, 체크인을 할 때 높은 층의 방을 달라고 요청하자. 높은 층이 조용하고 풍경도 좋다. 아침에 일어나 넓은 발코니에서 호수를 바라보면 달랏의 매력이 한눈에 들어온다. 미니바에 놓인 스낵의 종류도 다양하다. 쑤언 흐엉 호수에서 가까워 풍경이 좋을 뿐만 아니라, 시내 중심가에 위치해 입지까지 좋아 여러모로 만족스럽다. 골프 여행을 즐기는 나이 지긋한 한국 어르신들도 종종 이곳에 묵는다. 조식 뷔페가 그만큼 한국인의 입맛에 잘 맞는다는 뜻이기도 하다. 이만한 가격에 이만한 호텔도 찾기 힘들 것. 야시장 주위로 TTC 호텔이 몇 개 더 있으니 택시를 타면 응옥란 호텔이라고 말하자.

Data 지도 189p-E
가는 법 달랏 시장에서 호수 쪽으로 300m, 도보 4분
주소 42 Nguyễn Chí Thanh, Phường 1, Tp. Đà Lạt
전화 263-383-8838
요금 디럭스 더블 55~77달러, 프리미어 디럭스 60~85달러
홈페이지 ngoclan.ttchotels.com

격조 높은 호텔의 수준 높은 서비스
뒤 파르크 호텔 달랏 Du Parc Hotel Dalat

모던하고 깔끔한 객실을 좋아하는 사람들보다는 중후하고 고풍스러운 멋을 아는 사람들이 머물기에 좋은 호텔이다. 뒤 파르크 호텔 달랏의 매력은 있어야 할 모든 것이 있어야 할 곳에 있다는 것. 로비에는 푹신한 소파가 넉넉하게 놓였고, 잠깐 들르기에 부담이 없는 조용한 바가 로비의 한구석을 지킨다. 영화에서만 보던 수동식 엘리베이터를 직접 조작해 객실로 올라가 보자. 침대의 높이가 높아서 마치 유럽 여행을 온 것 같은 느낌이다. 대리석으로 마감한 욕실은 깔끔하다. 예전에는 조식을 제공하는 식당이 조금 떨어져 있었다고 하는데, 최근 새로 단장한 식당은 환하고 세련된 멋이 있다. 달랏의 수많은 호텔들을 뒤로하고 굳이 뒤 파르크 호텔 달랏에 묵어야 할 이유를 묻는다면 수준 높은 서비스를 꼽겠다. 뒤 파르크 호텔은 달랏 팰리스 헤리티지 호텔과 자매 호텔이어서 스텝들이 양쪽 호텔에 번갈아가며 근무한다. 그러니 달랏 팰리스 헤리티지 호텔의 격조 높은 서비스를 이곳에서도 누릴 수 있는 셈이다. 게다가 머무는 동안 합리적인 가격으로 무제한 라운딩이 가능한 골프 패키지가 있으니 예약 시 옵션을 살펴보자.

Data **지도** 188p
가는 법 달랏 시장에서 남쪽으로 800m, 도보 12분, 택시 5분
주소 7 Trần Phú, 3, Tp. Đà Lạt
전화 263-355-6005
요금 스탠더드 38~75달러, 슈피리어 50~90달러, 디럭스 63~114달러
홈페이지 www.dalathotel duparc.com

고성에서의 하룻밤이 이런 느낌일까?
사피르 달랏 호텔 Saphir Dalat Hotel

앤틱한 분위기의 근사한 호텔이다. 금방이라도 멈출 것 같은 오래된 버튼식 엘리베이터가 아직도 힘차게 운행한다. 문을 열 때도 카드키가 아니라 열쇠를 이용해야 한다. 널찍한 방에는 침대의 캐노피가 우아하게 드리워져 있고, 호텔의 역사를 말해주듯 오래된 소품들이 고고하게 자리를 지킨다. 따뜻하게 차를 마실 수 있도록 보온병을 준비해두었고, 색이 고운 다기가 테이블에 놓였다. 욕실의 천장이 높아 고급스러움을 더한다. 고풍스러운 인테리어에 어울리는 황동색 샤워기와 나무 욕조가 근사하다. 조식을 제공하는 식당은 지하로 내려가야 한다. 뷔페는 음식의 가짓수가 많지 않지만 정갈하다. 여느 호텔처럼 즉석 쌀국수를 제공한다. 달랏 대부분의 호텔처럼 히터나 에어컨은 없다. 밤공기가 쌀쌀하니 잘 때는 창문을 꼭꼭 잘 닫고 자자. 건물의 구조상 인테리어가 방마다 조금씩 다르다. 스탠더드룸은 작은 편이고, 디럭스룸부터 넓다. 방과 욕실을 잘 살펴보고 예약하자. 성수기와 비수기의 요금 차이가 큰 편이다. 중세 유럽의 옛 고성에 묵는 느낌이 궁금하다면 사피르 호텔에서 한 번 묵어보는 것도 좋겠다.

Data 지도 189p-B
가는 법 달랏 시장에서 윈드밀 카페 옆 골목으로 약 300m, 도보 5분
주소 9 Phan Như Thạch, Phường 1, Tp. Đà Lạt
전화 263-355-6003
요금 스탠더드 27~43달러, 디럭스 더블 34~62달러
홈페이지 saphirdalat.com

산뜻한 외관, 널찍하고 깨끗한 방
아이리스 달랏 호텔 Iris Dalat Hotel

최근에 새로 지은 모던한 스타일의 대형 호텔이다. 산뜻한 파스텔 톤의 외관만큼이나 룸 컨디션도 깔끔하다. 친절하게 맞아주는 스텝 덕분에 호텔의 첫인상이 좋다. 한국어를 할 줄 아는 스텝이 있어 편리하다. 빈 공간에 싱글 침대를 2개는 더 놓을 수 있을 정도로 방이 넓은 편이지만, 상대적으로 아늑한 느낌은 덜하다. 화장실도 꽤 넓다. 달랏의 오래된 호텔들은 대부분 욕실의 배수에 어려움을 겪는데, 새로 지은 호텔이라서 욕실이 쾌적하다. 다만 언덕배기에 있어 위치가 애매하다. 같은 값이면 시내의 저렴한 호텔에 묵을 수도 있지만, 조금 걷더라도 현대적인 인테리어의 쾌적한 호텔을 찾는다면 아이리스 달랏 호텔을 추천.

Data 지도 189p-E **가는 법** 달랏 시장에서 윈드밀 카페 골목으로 들어와 약 600m, 도보 10분 **주소** 20 Phan Như Thạch, Phường 1, Tp. Đà Lạt **전화** 263-359-3456 **요금** 슈피리어 트윈 40~50달러, 디럭스 45~55달러 **홈페이지** www.irisdalathotel.com

수영장과 에어컨을 갖춘 대형 호텔
사이공 달랏 호텔 Saigon-Dalat Hotel

사이공 달랏 호텔의 널찍한 로비에 햇살이 쏟아져 내리면 우아하고 기품 있는 층계참이 더욱 돋보인다. 모던한 느낌의 외관과는 달리 내부는 진한 갈색으로 마감한 고풍스러운 가구들로 치장했다. 오래되긴 했지만 깔끔하게 관리된 객실들은 구식이라는 느낌이 들지 않는다. 발코니에 서면 달랏 시내가 근사하게 내려다보인다. 일 년 내내 기온이 일정한 달랏에서는 고급 호텔도 냉난방 시설을 갖추지 않은 경우가 많은데, 사이공 달랏 호텔에는 에어컨이 완비되어 있어 한여름에 며칠 기온이 높아질 때도 시원하게 지낼 수 있다. 달랏에서 보기 드물게 유리 천장으로 햇볕이 내리쬐는 널따란 수영장을 갖추고 있다. 약간 시내에서 벗어나 있긴 하지만 이동하는데 불편하진 않다.

Data 지도 189p-D **가는 법** 달랏 시장에서 약 1km, 도보 13분, 택시로 5분 **주소** 02 Ba Tháng Hai, Phường 4, Tp. Đà Lạt **전화** 263-355-6789 **요금** 디럭스 더블 42~82달러, 주니어 스위트 76~99달러

시내 중심가에 위치한 가성비 좋은 호텔
튤립 호텔 달랏 Tulip Hotel Dalat

튤립 호텔은 시내의 가장 번화한 골목에 위치해 여행자들이 선호한다. 달랏 시내에 3개의 튤립 호텔 중 리엔 호아 앞의 튤립 호텔은 배낭 여행자들에게 인기가 많아서 2만 원대의 작은 방들은 금방 예약이 끝난다. 여럿이라면 트리플룸이나 패밀리룸에서 게스트 하우스 비용으로 함께 지내기 좋다. 주위에 여행사와 레스토랑이 많아 최적의 위치. 로비는 24시간 열려 있다. 호텔의 투어 프로그램이 다양하고 저렴해서 투숙하지 않는 여행자들도 자주 들른다.

Data **지도** 189p-B **가는 법** 리엔 호아 맞은편, 달랏 시장에서 200m, 도보 4분 **주소** 26-28 Ba Tháng Hai, Phường 4, Tp. Đà Lạt **전화** 263-351-0996 **요금** 디럭스 트리플 25달러, 패밀리 스위트 35달러 **홈페이지** www.tuliphotelgroup.com

달랏 시장 바로 앞에 위치한
나이스 드림 달랏 호텔
Nice Dream Dalat Hotel agoda

달랏의 나이트라이프를 즐기기에 이보다 좋은 호텔은 없다. 호텔의 정문을 나서면 바로 야시장이 펼쳐진다. 다만 시장 쪽에 위치한 방에서는 밤늦도록 시끄러운 소음에 잠을 못 이룰 수도 있다. 그래도 낮에 발코니에서 달랏 시내를 내려다 보면 여행을 온 기분이 물씬 난다. 쑤언 흐엉 호수로 산책을 가기에도 편리하다. 내추럴한 색감으로 마감한 방은 깔끔하게 정돈되어 있다. 가격과 위치는 장점이지만, 조식은 만족도가 낮다.

Data **지도** 189p-B **가는 법** 달랏 시장 바로 앞, 호수를 바라보고 오른쪽 **주소** Số 01 Nguyễn Thị Minh Khai, Phường 1, Tp. Đà Lạt **전화** 263-382-2379 **요금** 슈피리어 싱글 20~25달러, 슈피리어 더블 29~55달러, 디럭스 트윈 35~85달러 **홈페이지** www.nicedream.vn

신투어리스트의 달랏 지점에서 운영하는
쭝깡 호텔 Trung Cang Hotel

신투어리스트의 사무실에 딸린 호텔이다. 신투어리스트의 버스를 이용하는 여행자들이 슬리핑 버스를 타거나 이동 시간이 어중간할 때 주로 이용한다. 투어를 예약하거나 다른 도시로 이동할 때는 편리하지만, 시내 중심에서는 약간 떨어져 있다. 룸 컨디션은 일반 미니 호텔과 비슷하다. 인터넷에 나온 사진은 보정이 심하다는 걸 감안하자. 반지하보다는 높은 층에 머무는 편이 좋겠다. 1층에 위치한 식당은 맛이 괜찮은 편.

Data **지도** 189p-C **가는 법** 달랏 시장에서 북쪽으로 약 800m, 도보 12분 **주소** 22 Bùi Thị Xuân, Phường 2, Tp. Đà Lạt **전화** 263-391-9898 **요금** 1인실 12달러, 2인실 20~25달러

Hochiminh By Area
04

냐짱
NHA TRANG

베트남 남부의 아름다운 휴양지인 냐짱은 동양의 나폴리, 베트남의 지중해라고 불린다. 해변의 고급 리조트에서 여유를 즐기다가 파티 보트를 타고 주위의 섬에서 스노클링도 해보자. 시내에서 롱선사와 참타워, 대성당을 만나보자. 부드러운 머드 스파와 시원한 워터파크까지 냐짱엔 즐길 거리도 많다.

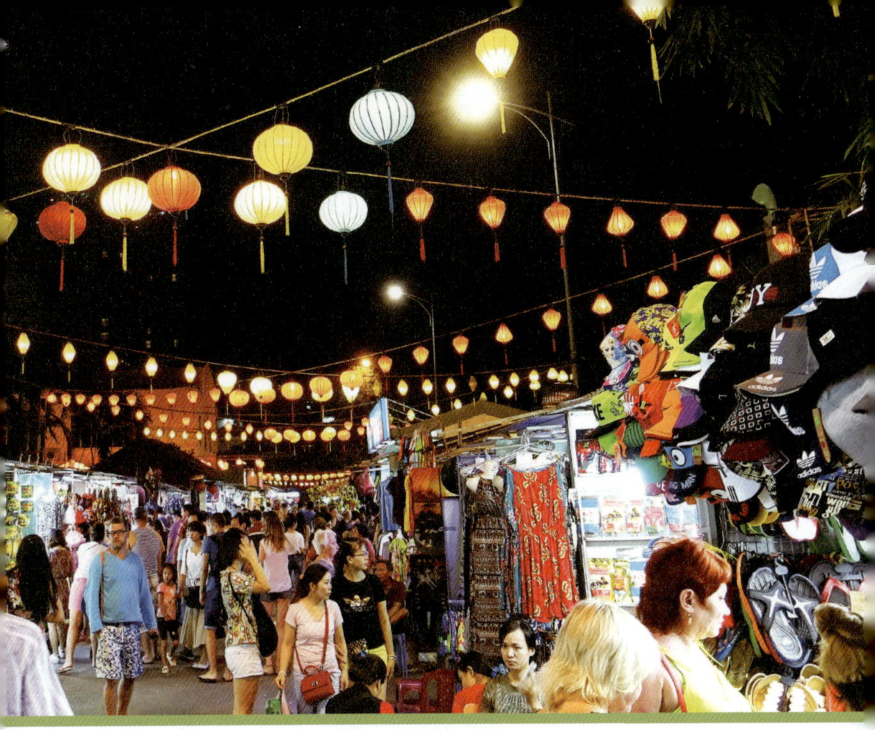

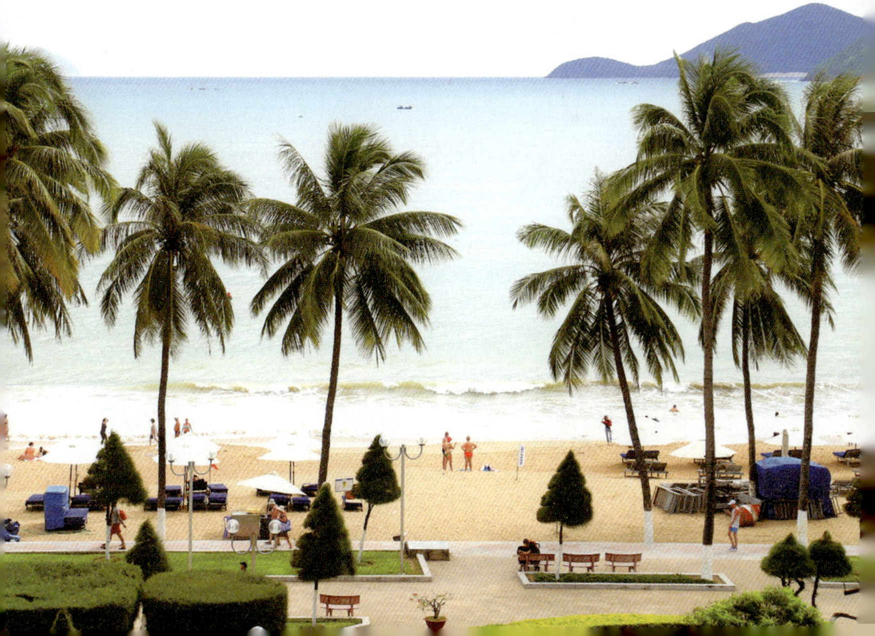

Nha Trang
PREVIEW

나짱의 앞바다에는 19개의 섬들이 드문드문 떨어져 있어 수려한 경관을 뽐낸다. 해변은 마치 부산의 해운대를 남북으로 늘려 놓은 듯한 느낌이다. 모래사장에는 아침부터 저녁까지 바다를 바라보며 선탠을 즐기는 사람들이 즐비하고, 해변을 따라 고층 건물들과 쇼핑센터, 호텔들, 해산물 레스토랑이 늘어섰다. 무이네가 한적한 시골 마을의 분위기라면, 나짱은 조금 더 규모 있는 해변 휴양지의 면모를 보인다. 러시아 관광객이 많아서 시내의 많은 레스토랑과 여행사에 영어와 러시아어가 병기되어 있다.

SEE

해변이 잘 가꾸어져 있어 산책을 하기에도, 선탠을 하기에도, 칵테일을 마시며 망중한을 즐기기에도 좋다. 시내에서 참파 왕국의 유적인 포나가 참 탑, 거대한 좌불상으로 유명한 롱선사, 근사한 본당을 가진 고딕 양식의 나짱 대성당을 둘러보고, 바닷가의 혼쫑 곶에서 크고 둥근 바위들이 바다와 어우러진 풍경을 감상하자. 아쿠아리움처럼 단장한 국립 해양학 박물관에서 니모와 거북이 친구들을 만날 수도 있겠다.

ENJOY

나짱의 젊은 여행자들에게 꾸준한 인기를 누리고 있는 파티 보트를 타보자. 나짱의 파티 보트는 호핑 투어의 일종인데, 노래자랑도 하고 춤도 추는 재미가 있다. 머드 온천에 가면 머드 목욕도 하고 수영도 할 수 있어 많이들 찾는다. 놀이동산이나 워터파크를 즐기고 싶다면 빈펄랜드로 가보자.

EAT

관광지인 만큼 다양한 먹거리가 많다. 해변을 따라 해산물 바비큐집이 늘어서 있고, 카페와 바도 자주 눈에 띈다. 베트남 음식점뿐만 아니라 세계 여행자들의 입맛에 맞는 다양한 음식점들이 있다.

BUY

나짱 시내의 중심에 백화점급 대형 쇼핑몰인 나짱 센터가 있다. 내부에 각종 기념품숍뿐만 아니라 아오자이숍, 푸드코트와 슈퍼마켓까지 갖췄다. 시청사 옆 골목의 야시장도 저녁마다 사람들로 붐빈다. 베트남의 전통 공예품을 파는 XQ 공방은 구매하지 않더라도 들러서 구경할 만하다.

SLEEP

일찍부터 휴양지로 발달한 나짱에는 고급스러운 리조트와 호텔이 많다. 시내 중심에는 바다 전망의 고층 호텔들이, 남쪽 여행자거리에는 중급 호텔과 미니 호텔, 게스트하우스들이 있고, 혼쩨섬에는 대규모의 빈펄 리조트가 위치했다. 시내에서 남쪽으로 떨어진 조용한 해변에도 럭셔리 리조트들이 있다.

Nha Trang
GET AROUND

🚙 어떻게 갈까?

| 베트남의 다른 도시에서 냐짱으로 이동 |

호치민에서 냐짱까지 슬리핑 버스를 타면 10~12시간 가까이 걸리고, 무이네에서 냐짱까지는 5시간, 달랏에서 냐짱까지는 4시간 정도 소요된다. 호치민에서 베트남항공이나 비엣젯을 타고 깜란 공항으로 오는 방법도 있다. 깜란 공항에서 냐짱 시내까지는 편도 7만 동의 미니 버스를 타거나, 시내까지 정찰제로 운행하는 마일린 혹은 비나선 택시를 탈 수 있다. 시내까지 40분 정도 걸린다. 호치민에서 매일 저녁 8시 30분에 출발하는 기차를 타면 냐짱까지 9시간 정도 걸린다. 침대칸이 따로 있어 편하게 누워 올 수 있다.

어떻게 다닐까?

1. 데이 투어

시내에서 이동할 때는 택시를 이용하거나 걸어 다니면 된다. 섬을 돌아보는 호핑 투어나 스쿠버다이빙을 할 때는 데이 투어를 이용하면 편리하다. 호핑 투어 프로그램은 대부분 일정이 비슷하니, 머무는 호텔이나 게스트하우스, 길거리의 여행사에서 신청하면 된다. 다만, 냐짱의 여행사들은 베트남의 다른 지역과 달리 중국인과 러시아인을 대상으로 운영하는 경우가 많아서 영어로 의사소통하기에 어려울 때도 있다. 따라서 냐짱에서도 신투어리스트를 이용하면 편리하다. 아이리조트나 탑바온천 투어도 있다.

2. 택시

냐짱에도 마일린 택시가 있다. 기본요금은 8,000동 정도. 마일린 택시 외에 다른 택시들도 많은데, 미터를 켜고 운행하면 바가지 쓸 일은 없겠다. 한 택시를 타고 여행지를 몇 군데 돌아다니면 미터를 켜고 갔다가 미터를 끈 상태에서 대기해준다. 대기하는 시간이 있으면 미터로 가더라도 팁을 요구하는 경우가 많다.

3. 버스

택시 기본요금이 워낙 저렴해서 버스를 탈 일이 별로 없지만, 택시가 잘 안 잡힐 때를 대비해 유용한 노선을 알아두자. 4번 버스를 타면 포나가 참 탑에서 시내를 지나 빈펄랜드 케이블카까지 갈 수 있고, 6번 버스를 타면 포나가 참 탑에서 롱선사로 갈 수 있다. 요금은 7,000~8,000동.

4. 오토바이 대여

냐짱에서도 다른 베트남의 도시와 마찬가지로 오토바이 대여가 어렵지 않다. 요금도 1일 10달러 안쪽이다. 그러나 큰 렌털숍에서 오토바이를 직접 보고 대여하는 것이 아니면, 개인이 몰던 오토바이를 그냥 내주는 경우가 있으니 주의하자. 해변 도로는 다니기가 어렵지 않으나, 시청에서 포나가 참 탑 근처의 도로들은 혼잡하다. 운전에 자신이 있는 사람만 대여하자.

5. 도보

냐짱 센터에서 세일링 클럽까지 해변을 따라 걸으면 약 1.5km이며, 도보로 20분 정도 걸린다. 이 사이의 웬만한 호텔, 여행사, 레스토랑은 대부분 걸어서 다닐 수 있다.

Nha Trang
ONE FINE DAY

하루는 호핑 투어를 하거나 빈펄랜드에서 신나게 즐기고,
하루는 시내 관광을 해보자.

10:00
혼쫑 곶 구경

→ 택시 6분

11:00
포나가 참 탑 구경

→ 택시 12분

12:00
갈란갈 레스토랑에서
점심 식사

↓ 택시 10분

14:00
롱선사 관람

← 택시 5분

15:30
냐짱 대성당 구경

← 택시 5분

16:10
냐짱 센터 방문

↓ 도보 17분

18:00
XQ 자수 공방 구경

→ 도보 5분

19:00
세일링 클럽에서 칵테일 한잔

226 | 227

A

나짱 나이트 마켓
Nha Trang Night Market

나짱 시청

랜턴 레스토랑
Lanterns Restaurant

노보텔 냐짱
Novotel Nha Trang

니피 호텔
Nhi Phi Hotel

신투어리스트

비엣투 거리 Biệt Thự St. · XQ 자수 공방
Tranh Thêu Tay XQ

갈랑갈 레스토랑
Galangal Restaurant

비엣투 거리 Biệt Thự St.

레전드시 호텔 냐짱
LegendSea Hotel Nha Trang

믹스 레스토랑
MIX restaurant

B

쩐푸 거리 Trần Phú St.

C

알라나 냐짱 비치 호텔
Alana Nha Trang Beach Hotel

옌 레스토랑
Yến Restaurant @havanhotel

A&M 카페 앤 패스트푸드 할랄
A&M cafe& fastfood halal

D

쩐푸 거리 Trần Phú St.

세일링 클럽
Nha Trang Sailing Club

루이지애나 브루하우스
Louisiane Brewhouse

E

구 공항
(폐쇄됨)

F

쩐푸 거리 Trần Phú St.

에바손 아나 만다라 냐짱
Evason Ana Mandara Nha Trang

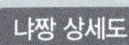
냐짱 상세도

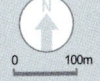
0 100m

참파 왕조의 귀한 유적지
포나가 참 탑 Ponagar Cham Towers / Tháp Bà Ponagar

포나가 참 탑은 7세기에서 12세기 사이에 포나가 여신을 숭배하기 위해 참 왕조에서 지은 힌두 사원이다. 포나가는 10개의 팔을 가진 땅의 여신으로, 참 왕국에 농사짓는 방법을 최초로 전했다고 한다. 포나가 참 탑은 처음에 나무로 지었다가 744년에 자바 왕국의 침입으로 허물어졌고, 784년에 사암으로 만든 붉은 벽돌을 이용해 새롭게 지었다. 현재는 4개의 탑만 남아 있으나, 원래는 7개에서 10개의 탑이 있었으리라 짐작한다. 입장권을 사서 들어가면 힌두 사원에서 예배나 의식을 준비하던 만다파라는 장소를 만난다. 5.5m 높이의 큰 기둥 10개와 2.2m 높이의 작은 기둥 10개가 4열로 늘어선 넓은 제단이다. 계단을 오르면 동쪽을 바라보는 4개의 벽돌 탑을 만날 수 있다. 제일 큰 건물이 탑 찐이며, 이 탑이 포나가에게 바친 탑이다. 참 왕국에서는 포나가를 시바의 부인이자 파르바티의 화신인 우마 여신과 동일시했다. 그래서 현재 중앙 성소에 우마의 상이 놓여 있다. 가운데 있는 탑은 탑 남이고 시바의 상징인 링가가 놓였다. 가장 작은 탑은 탑 동남이다. 탑 찐 뒤쪽에 위치한 작은 탑 떠이박은 시바의 아들이자 지혜의 신으로 여겨지는 가네샤를 위한 탑이다. 3개의 탑 뒤로 작은 박물관이 하나 있다. 그곳에는 석조 조각과 링가를 보관해두었다.

Data 지도 226p-A
가는 법 시청사에서 약 4km, 차로 11분 소요
주소 2 Tháng 4, Vĩnh Phước, Thành phố Nha Trang
운영시간 08:00~18:00
요금 입장료 22,000동

누워 있는 불상, 앉아 있는 불상
롱선사 Long Son Pagoda / Chùa Long Sơn

롱선사는 냐짱 최대 규모의 불교 사원이다. 이름처럼 곳곳에서 용의 조각품과 장식품을 볼 수 있다. 프랑스의 식민지배 당시에 반프랑스 운동을 주도했던 승려가 1889년 건립했다. 원래는 냐짱 북쪽의 언덕에 위치했다가 1900년에 태풍으로 피해를 입어 '냐짱의 몽마르뜨'라고 불리는 지금의 위치로 옮겨 왔다. 지금까지 여러 차례 증축이 이루어졌다. 본당은 2층의 팔작지붕으로 이루어진 전형적인 베트남 양식으로 지어졌다. 본당에 입장할 때는 신발을 벗어야 한다. 짧은 반바지를 입었다면 입구에서 대여하는 긴 치마를 둘러야 입장할 수 있다. 사원의 뒤로 조금 올라가면 와불이 있다. 정해진 시간에만 볼 수 있는 와불은 비스듬히 누워서 마치 롱선사를 내려다보는 듯하다. 층계를 조금 더 올라가면 언덕 꼭대기에 24m 높이의 대형 불상이 세워져 있다. 롱선사의 상징과도 같은 거대한 백색 불상은 응오딘지엠 정부의 독재에 항거하던 수도사들을 위해 세워졌다. 불상 아래에 민주화를 위해 목숨을 바친 승려들의 이름이 새겨져 있다. 불상의 뒤쪽으로 돌아가면 기단 안쪽으로 출입하는 문이 있고, 안쪽에서 불상과 부조를 만날 수 있다. 불상 앞에 서면 냐짱의 해안선과 마을의 모습이 한눈에 내려다보인다.

Data 지도 226p-A
가는 법 시청사에서 약 2.5km, 차량으로 8분
주소 20 Đường 23/10, Phương sơn, Thành phố Nha Trang
전화 258-382-2558
운영시간 07:30~18:00

규모 있는 성당의 위용
냐짱 대성당 Nhà thờ Chánh Tòa Kitô Vua

규모가 꽤 큰 성당이다. 1886년에 프랑스 선교사들이 세웠던 예배당이 1928년에 고딕 양식으로 재건축되었다. 베트남 사람들은 '언덕 위의 성당'이라고도 부른다. 성당 앞의 광장에서 성당 쪽을 바라보고 왼쪽 길로 돌아 올라가면 성당까지 올라갈 수 있다. 올라가는 길에는 12사도, 막달라 마리아, 성모 마리아 같은 인물들의 동상이 놓였다. 일반 가톨릭 신자들을 위한 납골당도 있다. 본당 외부에는 냐짱에서 선교 활동을 했던 루이 발레 신부의 묘소가 있고, 최초의 추교이자 냐짱 성당을 대성당으로 승격시킨 피케 신부의 묘소가 있다. 38m 높이의 첨탑뿐만 아니라 성당 내부의 스테인드글라스도 인상적이다. 첨탑 안의 3개의 종은 프랑스에서 공수했다고 한다.

Data 지도 226p-A
가는 법 시청사에서 1.5km, 차량으로 5분
주소 1 Thái Nguyên, Phước Tân, Thành phố Nha Trang
전화 258-382-3335
운영시간 05:00~17:00

기암 괴석과 바다의 조화
혼쫑 곶 Hon Chong Promontory / Khu danh thắng Hòn Chồng

크고 작은 바위들이 늘어서 있는 해변이 근사하다. 바다를 향한 여러 바위들 중에서 맨 끝의 커다란 바위는 5개의 톱니처럼 생겼다. 전설에 따르면 절벽에서 떨어지던 거인이 바위를 붙잡았을 때 남겨진 손가락 자국이라고 한다. 혼쫑에서 멀리 보이는 꼬띠엔산은 누워서 하늘을 보고 있는 여인의 모습과 닮았다고 해서, 거인과 사랑에 빠졌던 여인이 사랑을 이루지 못하고 멀리서 바라본다는 이야기가 전해져 내려온다. 바위와 바위 사이에 돌이 하나 탁 박혀 있는 지점이 사진을 찍는 포인트다. 바위와 바다의 조화로운 모습을 즐기며 사진을 찍다가, 근처의 카페에서 시원한 카페 쓰어다 한잔을 마시고 돌아오는 것을 추천. 일몰 무렵이면 바위가 붉은색으로 물들어 로맨틱한 분위기가 살아난다.

Data 지도 226p-A
가는 법 시청사에서 북쪽으로 5km, 차량으로 11분
주소 Phường 1, Dalat
운영시간 06:00~18:00

동남아의 해양 생물을 만나다
국립 해양학 박물관 National Oceanographic Museum / Viện Hải Dương học

1922년 프랑스에서 동남아의 해양 생물 연구를 위해 이곳에 연구소를 설립했다. 연구소에서 부속 박물관을 운영한다. 매표소를 지나면 5개의 전시실이 순서대로 이어진다. 연구소에서 진행했던 해양 생물 연구의 사진 자료를 보고 나면 알록달록한 열대어들이 헤엄치는 수조가 이어진다. 눈앞에서 움직이는 가오리와 상어, 유유자적 움직이는 거북이 가족을 만날 수 있다. 커다란 전기뱀장어와 점박이 니모 친구들도 보인다. 가시가 돋지 않은 귀여운 복어와 꾸물거리는 말미잘도 반갑다. 수족관마다 베트남어와 영어로 설명이 잘 되어 있다. 길이가 18m나 되는 고래의 뼈가 전시되어 있고, 6만여 개의 표본들이 포르말린에 잠겨 있다. 우리나라의 대형 아쿠아리움에 비교하면 규모가 작고 평범해서 일부러 찾아가볼 만한 곳은 아니지만, 빈펄랜드의 선착장이나 호핑 투어의 선착장을 오갈 때 들러볼 수 있겠다. 실내 전시실에는 모기가 많으니 모기를 쫓는 스프레이를 챙겨가자.

Data 지도 226p-D
가는 법 시청사에서 남쪽으로 4.5km, 차량으로 15분
주소 Institute of Oceanography, Trần Phú, Cầu Đá, Vĩnh Nguyên, Tp. Nha Trang
전화 258-359-0037
운영시간 06:00~18:00
요금 어른 40,000동, 학생 30,000동, 어린이 10,000동
홈페이지 www.vnio.org.vn

바다 위에서 벌이는 파티 타임!
보트 투어 Four Oceans Boat Trip

냐짱의 호핑 투어는 독특하다. 냐짱 앞바다의 섬들을 돌며 수영도 하고 스노클링도 하고 여러 액티비티를 즐기는 것까지는 여타 호핑 투어와 다르지 않다. 하지만 냐짱의 보트 투어에는 신나는 파티 시간이 있다. 배 위에서 각 나라의 대표적인 노래를 부르고 춤을 추거나, 바다 위에 플로팅 바를 만들어두고 헤엄쳐 오는 사람들에게 술을 한 잔씩 대접하는 식이다. 다양한 국적의 여행자들이 춤을 추다가 바다로 뛰어들어 즐거운 시간을 보낸다. 보통 꺼우다 선착장에서 출발한 배는 문섬, 못섬, 땀섬, 미에우섬을 거쳐 돌아온다. 섬들은 비슷하면서도 각기 다른 해변의 정취를 보여준다. 대부분의 투어에는 점심 식사가 포함되어 있지만 문섬의 입장료, 수족관 입장료, 해양 스포츠 요금은 별도다. 많은 여행사에서 비슷비슷한 보트 투어 상품을 판매하는데 중국인, 러시아인이 선호하는 곳이 제각각이다. 냐짱에서도 한국인 여행자들은 신투어리스트를 주로 찾는다. 탈의실이 따로 없으니 수영복을 입고 출발하자. 수건, 선크림과 선글라스, 여분의 티셔츠를 준비한다.

Data 신투어리스트 냐짱
지도 227p-A
가는 법 쩐푸 거리의 XQ 자수 공방에서 비엣투 거리로 180m, 도보 2분
주소 130 Hùng Vương, Lộc Thọ, Tp. Nha Trang
전화 258-352-4329
운영시간 06:00~22:00
요금 보트 투어 249,000동, 아이리조트 스파 투어 409,000동
홈페이지 www.thesinhtourist.vn

보드라운 머드를 온몸으로 즐기자
머드 온천 Mud Bath

냐짱 근처에는 몇 군데의 머드 온천이 있는데 대부분의 시설이 비슷하다. 시내에서 가까워서 많은 사람들이 선호하는 탑바 온천, 새로 지어져 조금 더 깔끔한 시설을 자랑하는 아이 리조트 스파가 대표적이다. 냐짱의 머드 온천은 우리나라의 스파 리조트와 비슷한데 야외에서 머드로 목욕을 할 수 있는 탕을 따로 구비해두었다. 머드 탕을 혼자 사용할지 여럿이 사용할지, 허브 목욕을 할 것인지, 가족탕 혹은 개인 공간을 따로 쓸 것인지에 따라 다양한 옵션이 있고, 이에 따라 입장료가 달라진다. 별도의 비용을 내지 않아도 탈의실 앞에서 수건과 옷을 빌려준다. 머드가 수영복에 묻으면 빨아도 잘 지워지지 않으니, 머드탕에 들어갈 때는 대여한 옷을 입고, 온천탕에 들어갈 때 가져온 수영복을 갈아입는 것도 방법. 머드탕에 들어갔다 나오면 한결 부드러워진 피부를 느낄 수 있다. 수영장은 미지근한 온천수로 채워져 쌀쌀한 날씨에도 충분히 이용할 수 있다. 여행사에서 머드 온천 투어를 신청할 수도 있고, 개인적으로 갈 수도 있다. 자유여행이라면 택시를 타는 것보다 머드 온천에서 시내까지 운영하는 셔틀버스 티켓을 여행사나 호텔에서 구입하는 편이 좋다.

Data 아이 리조트 I Resort Spa
지도 226p-A
가는 법 시청사에서 북쪽으로 8km, 차량으로 20분, 택시요금 약 160,000동, 셔틀버스 편도 20,000~60,000동
주소 Vĩnh Ngọc, Tp. Nha Trang
전화 258-383-8838
운영시간 08:00~18:00
요금 머드탕과 온천 1인 이용 시 350,000동, 머드탕과 허브탕 1인 이용 온천과 식사 패키지 450,000동
홈페이지 www.i-resort.vn

신나는 놀이동산, 시원한 워터파크
빈펄랜드 Vinpearl Land / Hòn Ngọc Việt

냐짱의 해변에 서면 저 멀리 혼째섬이 바라다보인다. 혼째섬에는 워터파크를 갖춘 놀이동산인 빈펄랜드가 있고, 럭셔리한 빈펄 리조트를 포함해 복합 리조트 단지들이 여럿 들어섰다. 빈펄랜드는 해변과 워터파크, 수족관, 놀이기구, 레스토랑, 쇼핑몰을 갖춘 테마파크다. 입장권 하나로 놀이동산과 워터파크, 돌고래쇼, 분수쇼와 각종 게임기를 이용할 수 있으며 추가 비용이 들지 않는다. 빈펄 리조트나 빈펄 골프랜드 리조트에 머문다면 빈펄랜드의 입장권이 포함된 객실 요금이 따로 책정되어 있으니 홈페이지에서 확인해보자. 놀이기구나 워터파크를 이용할 때 신장 제한은 140cm로, 어린 아이들의 경우에는 선택의 폭이 넓지 않다. 하지만 물놀이를 좋아하는 어른들이라면 워터파크의 어트랙션을 줄서지 않고 탈 수 있어 마음에 들 것. 냐짱 해변의 남쪽에 위치한 꺼다우 선착장에서 페리를 타거나, 베트남에서 가장 긴 3,320m 길이의 케이블카를 타고 바다를 건너 혼째섬으로 들어갈 수 있다.

Data 지도 226p-D
가는 법 냐짱 시내에서 빈펄 카운터까지 약 6km, 차량으로 15분, 케이블카를 타고 20분
주소 Hon Tre island, Vinh Nguyên, Tp. Nha Trang
전화 1900-6677, 1번
운영시간 빈펄랜드 08:30~21:00, 워터파크 09:00~18:00, 아쿠아리움 09:00~21:00
요금 성인 880,000동, 어린이 700,000동, 16시 이후 티켓 성인 450,000동, 어린이 350,000동 (케이블카 왕복 포함)
홈페이지 nhatrang.vinpearl-land.com

냐짱 최고층 빌딩의 스카이 바
스카이라이트 냐짱 Skylight Nha Trang

냐짱에도 스카이 바가 있다! 파티 피플이라면 스카이라이트를 위해 저녁의 스케줄을 비워두자. 하바나 호텔의 40층에 위치한 스카이라이트는 입장료를 내고 들어가는 클럽이다. 바를 기준으로 안쪽에는 실내 좌석이 있고, 바다를 향해 트여 있는 야외에는 조명이 현란한 스탠드 테이블이 있다. 주변에 높은 건물이 없어서 낮엔 좋은 경치, 밤에는 예쁜 야경을 볼 수 있다. 1층에서 1잔의 주류가 포함된 입장권을 판매한다. 레이저 조명이 번쩍이는 밤하늘 아래 시원한 바닷바람을 맞으며 디제이의 음악에 몸을 맡겨보자. 전 세계의 여행자들과 친해질 수 있는 기회. 아침부터 점심시간까지는 전망대로 운영하니 가족과 함께라면 낮 시간을 이용해도 좋겠다.

Data **지도** 226p-A **가는 법** 시청사에서 북쪽으로 500m, 도보 6분
주소 38 Trần Phú, Lộc Thọ, Tp. Nha Trang **전화** 258-352-8988
운영시간 오전 09:00~14:00, 오후 16:30~00:00
요금 매일 오전 60,000동, 16:30~20:00 180,000동(음료 1잔 포함), 20:00~00:00 250,000동(음료 1잔 포함)
홈페이지 skylightnhatrang.com

웰컴 투 블라디보스토크!
지마 클럽 Z Club

스카이라이트의 조명이 꺼질 무렵, 스카이라이트의 맞은편 지하에 위치한 지마 클럽은 훨씬 더 북적거리며 활기를 띤다. 지마는 러시아어로 겨울이라는 뜻. 베트남이 아니라 마치 러시아를 여행하는 느낌이다. 무대에서는 러시아에서 온 밴드들이 러시아 노래를 부르고, 냐짱의 러시아 여행자들은 지마 클럽에 다 모여 있는 듯 스테이지를 가득 채웠다. 지마 클럽에 들어서면 홍대의 여느 클럽처럼 사람들이 북적북적하다. 매일 주제가 다른 파티가 열린다. 레이디스 나이트, 트로피카나의 밤, 화이트 드레스 코드의 밤, 디제이 라이브 등 다양한 파티를 즐겨보자. 냐짱의 밤을 후끈하게 달굴 클럽을 손꼽으라면 절대 빠지지 않는 곳.

Data **지도** 226p-A **가는 법** 시청사에서 북쪽으로 500m, 도보 6분
주소 26 Trần Phú Lộc Thọ Tp. Nha Trang **전화** 258-352-5336
운영시간 20:00~03:00 **요금** 입장료 100,000동(음료 1잔 포함), 버드와이저 생맥주 100,000동, 지마 칵테일 140,000동
홈페이지 zclub.top

EAT

신선한 재료, 깔끔한 조리
갈란갈 레스토랑 Galangal Restaurant

갈란갈 레스토랑은 베트남 음식을 맛있게 만들기로 유명하다. 베트남에서 생산된 신선한 재료로 전통적인 베트남 음식을 만든다는 자부심이 있다. 적당한 가격으로 깔끔한 로컬 음식을 먹고 싶다면 들러보자. 메뉴판은 일반적인 베트남 음식 메뉴판과 스트리트 푸드 메뉴판 두 종류로 제공한다. 마치 떡볶이나 순대 같은 분식 메뉴판이 따로 있는 셈. 베트남 음식 메뉴판에는 생선구이, 게 요리 같은 메인 요리가 있고, 스트리트 푸드 메뉴판에는 스프링롤과 쌀국수 같은 친숙한 메뉴들이 보인다. 보통 메인 요리에 곁들여 먹는 스프링롤의 크기가 꽤 커서 한 접시만 먹어도 배부르기까지! 음료는 각종 과일주스 외에도 맥주와 양주, 달랏 와인을 갖췄다. 넓은 1층에는 테이블 양쪽으로 오픈된 주방이 보이고, 주방에서 음식을 만드는 광경을 볼 수 있다. 1층 안쪽으로 들어오면 2층으로 올라갈 수 있는데, 2층이 조금 더 조용하다. 어느 시간에 가더라도 사람이 많아서 주문한 음식이 나오기까지 여유를 가지고 기다려야 한다. 마음이 느긋할 때 가도록 하자.

Data 지도 227p-A
가는 법 쩐푸 거리에서 XQ 자수 공방을 끼고 비엣투 골목으로 40m
주소 1-A Biệt Thự, Tân Lập, Tp. Nha Trang
전화 096-731-1406
운영시간 11:00~22:00
가격 스프링롤(2개) 39,000동, 반쎄오(2쪽) 68,000동, 파인애플 볶음밥 128,000동
홈페이지 galangal.com.vn

오랫동안 여행자들의 사랑을 받는
랜턴 레스토랑 Lanterns Restaurant

이름처럼 발그스름한 등불이 조롱조롱 달렸다. 은은한 등불의 멋스러움을 즐기려면 아무래도 해가 뉘엿뉘엿 질 무렵에 방문하는 편이 좋겠다. 하지만 조금 늦으면 줄을 서야 할 정도로 인기가 많으니, 적당한 시간에 도착해야 한다. 등불뿐만 아니라 벽에 그려진 아기자기한 벽화도 레스토랑의 분위기에 한몫한다. 아침에는 쌀국수와 서양식 조식메뉴를 제공한다. 베트남 요리는 어디서 먹어도 맛있지만 랜턴 레스토랑은 깨끗하고 단정한 분위기여서 여행자들에게 인기가 많다. 그중에서도 커리 메뉴는 향신료가 거의 들어있지 않고 달짝지근해서 현지 음식이 입에 안 맞는 사람들에게도 평이 꽤 괜찮다. 베트남 커리는 코코넛 향이 가득하여 풍미가 있고, 코코넛 안에 치킨을 넣은 치킨 인 코코넛 메뉴도 만족스럽다. 육류 요리의 종류도 다양하고, 시즐링 바비큐 세트 메뉴도 갖췄다. 파스타와 버거, 샌드위치 같은 웨스턴 메뉴까지 선택의 폭이 넓다. 오후 2시에서 4시 사이에는 20% 할인도 해준다. 홈페이지에서 쿠킹 클래스와 푸드 투어에 대한 정보를 안내한다.

Data 지도 227p-A
가는 법 노보텔 뒤쪽 골목으로 500m, 도보 6분
주소 30A Nguyễn Thiện Thuật, Tân Lập, Thành phố Nha Trang
전화 258-247-1674
운영시간 07:00~23:00
가격 반쎄오 109,000동, 분팃느엉 75,000동, 치킨인코코넛 119,000동
홈페이지 www.lanternsvietnam.com

친절하고 맛도 좋은
옌 레스토랑 Yến Restaurant @havanhotel

현지인들도 추천하는 베트남 레스토랑이다. 옌은 베트남어로 제비라는 뜻. 밖에서 보면 마치 2개의 식당처럼 보이지만 하반 호텔에서 운영하는 하나의 식당이다. 붉은색과 노란색, 검은색이 조화로운 내부 인테리어도 묵직하고 깔끔하다. 밖에서 볼 때보다 내부의 공간이 넓어서 여럿이 가도 여유롭다. 푸짐하게 나오는 쌀국수도 종류별로 갖추고 있고, 스프링롤도 짭조름하니 맛있다. 새우를 좋아한다면 슈림프롤 튀김을 먹어보자. 바삭한 껍질 속에 통통한 새우가 꽉 차 있어 바삭하고 톡톡 터지는 식감이 매력 있다. 간장으로 조린 돼지고기 뚝배기도 한국인의 입맛에 딱 맞는다. 달콤하고 짭짤한 간장 양념은 밥도둑이라 한국 요리를 먹는 기분이 든다. 게다가 동남아 여행자들의 인기 메뉴인 모닝글로리도 맛있게 조리한다. 다른 레스토랑에 비하면 음식이 빨리 나오고 직원들도 친절한 편이다. 식당 안쪽으로 들어가면 루프탑 라운지에 올라갈 수 있는 엘리베이터가 있다. 루프탑에서는 칵테일과 커피, 물담배, 버거 종류를 판매한다. 버거를 시키면 산미구엘이나 음료를 한 잔 제공한다.

Data 지도 227p-C
가는 법 쩐푸 거리에서 알라냐 호텔 골목으로 250m 들어가 좌회전
주소 73/6 Trần Quang Khải, Lộc Thọ, Tp. Nha Trang
전화 093-578-2700
운영시간 10:30~22:30
가격 주스 35,000동, 사이공 비어 20,000동, 슈림프롤 75,000동, 모닝글로리 45,000동
홈페이지 www.havanhotel.com/yensrestaurant.html

고기가 땡기는 날엔 믹스 플래터
믹스 레스토랑 MIX restaurant

베트남에서 먹는 그리스 음식이라면 사람마다 호불호가 갈리겠지만, 이 집의 인기 메뉴인 믹스 플래터는 누구에게나 인기 만점이다. 어마어마한 양의 1인분 플래터는 다른 메뉴를 고심할 필요도 없게 만든다. 여자들이라면 셋이 먹어도 충분하겠다 싶을 만큼 3인분 같은 1인분을 내온다. 커다란 철판에 돼지 안심, 삼겹살, 닭가슴살, 소고기 패티, 소시지, 닭간이 수북하게 담겼다. 올리브 오일을 곁들여 구운 빵과 그리스식 삐따 브레드도 곁들였다. 머스터드, 바비큐 소스, 옐로우 소스, 짜지키 소스까지 예쁜 병에 내어 준다. 해산물을 먹고 싶다면 해산물 믹스 플래터를 주문하면 된다. 새우, 오징어, 연어, 조개, 홍합과 생선까지, 해산물의 향연이 그득히 펼쳐진다. 페타치즈에 토마토소스로 새우를 요리한 가리데스 사가나끼라든가 해산물 밥으로 속을 채운 오징어 요리인 탈라사까지 맛보고 싶다면 여럿이 가서 다양하게 시키는 것을 추천. 한국어 메뉴판이 있고, 응대가 친절하며, 달콤한 디저트까지 제공한다. 여행을 하다가 고기가 생각날 때, 담백한 구이를 배가 터지도록 먹고 싶을 때 믹스 레스토랑은 최고의 선택이다.

Data 지도 227p-A
가는 법 레전드시 호텔에서 남쪽으로 60m, 도보 1분
주소 77 Hùng Vương, Lộc Thọ, Tp. Nha Trang
전화 16-5967-9197
운영시간 11:00~22:00, 수요일 휴무
가격 그릭 샐러드 150,000동, 믹스 미트 1인분 270,000동, 콜라 30,000동

냐짱의 힙한 레스토랑이자 클럽
세일링 클럽 Nha Trang Sailing Club

해변에 위치한 레스토랑이자 클럽인 냐짱의 핫플레이스. 쩐푸 거리 쪽의 입구로 들어서면 흰 커튼을 드리운 카바나 좌석이 주욱 늘어섰다. 반쯤 누운 자세로 유유자적 시간을 보내기에 좋다. 안쪽에는 식사하기 좋은 테이블 공간이 있고, 밤이면 화려한 조명을 쏘아대는 플로어도 있고, 칵테일을 만드느라 분주한 바도 있다. 낮에는 해변가에 늘어선 선베드에서 칵테일을 마시다가, 해가 쏙 들어가고 선선한 바람이 불어오는 저녁이면 모래사장 위의 편안한 빈백에 늘어져 시원한 파도 소리를 듣는다. 바닷가 쪽의 2인 테이블은 인기가 많아서 저녁 시간이면 예약이 꽉 찬다. 밤에는 바닷바람이 쌀쌀하니 해변의 정취를 늦게까지 느끼고 싶다면 걸칠 옷을 준비하는 편이 좋겠다. 분위기가 음식 맛을 좌우한다지만, 분위기만큼이나 실제로 음식 맛도 좋다. 미아 리조트에서 운영하는 만큼 웬만한 음식과 음료의 맛이 기대 이상이다. 특히 스테이크를 극찬하는 사람들이 많다. 종종 불쇼도 진행하고, 노래 공연도 하고, 스페셜 디제잉도 한다. 밤이 깊어지면 플로어의 조명이 번쩍이면서, 여행자들의 흥겨움도 고조된다.

Data 지도 227p-D
가는 법 노보텔에서 쩐푸 거리를 따라 450m, 도보 6분
주소 72-74 Trần Phú Thành Phố Nha Trang
전화 258-352-4628
운영시간 07:30~02:30
가격 클래식 칵테일 150,000동, 하이네켄 생맥주 90,000동, 마르게리따 피자 150,000동, 소고기 스테이크 510,000동, 22:00 이후 입장료 200,000동 (음료 한 잔 포함)
홈페이지 www.sailingclub-nhatrang.com

시원한 수제 맥주가 일품
루이지애나 브루하우스 Louisiane Brewhouse

핫하기로 치면 세일링 클럽과 1, 2위를 다투는 루이지애나 브루하우스는 수제 맥주를 좋아하는 사람들에게 사랑받는 곳. 매장에서 맥주를 직접 양조하기 때문에 맥주의 종류도 많고, 사이즈도 다양하다. 필스너, 다크 라거, 밀맥주, 레드 에일 4종류는 테이스팅 트레이에 200ml 잔으로 판매한다. 루이지애나 스페셜, 크리스털 에일, 패션 비어는 또 다른 시그니처 메뉴. 패션 프루트의 새콤달콤한 맛을 좋아하는 사람이라면 패션 비어의 향긋하고 프루티한 맛에 반할 듯. 모든 맥주는 가장 작은 330ml 사이즈부터 여럿이 먹기 좋은 5L 타워까지 주문할 수 있다. 새우구이나, 시푸드 플래터는 안주로도 제격이며, 뜨끈한 수프나 쌀국수 메뉴, 일본식 스시 메뉴와 버거 같은 웨스턴 메뉴, 달콤한 케이크와 디저트 메뉴까지 다양하다. 내부가 꽤 넓어서 다양한 좌석과 수영장, 당구대 등을 갖췄다. 해변이 내려다보이는 매장 한복판에 수영장이 있어서 낮이면 해변가와 수영장을 둘러싼 선베드에 누워 낮맥을 하기에 최적. 낮에는 수영복을 챙겨 가야 후회가 없겠다. 저녁에는 라이브 공연이 열려 색다른 분위기로 변신한다.

Data 지도 227p-D
가는 법 세일링 클럽에서 쩐푸 거리를 따라 남쪽으로 300m, 도보 4분
주소 29 Trần Phú, Vĩnh Nguyên, Tp. Nha Trang
전화 258-352-1948
운영시간 08:00~00:00
가격 패션 비어 105,000동, 스프링롤 165,000동, 시푸드 플래터 525,000동
홈페이지 www.louisianebrewhouse.com.vn

캐주얼한 분위기의 산뜻한 매장
A&M 카페 앤 패스트푸드 할랄
A&M cafe & fastfood halal

엔스 레스토랑 맞은편에 있는 A&M은 시원한 음료를 마시거나, 간단하게 요기를 하기에 좋다. 여러 가지 종류의 케밥과 치킨, 프렌치프라이, 치즈 스틱 등을 파는 패스트푸드점이다. 1층에서 주문을 하고 1층의 야외 자리나 2층의 테이블에서 먹을 수 있다. 2층은 1층보다 좀 더 넓고 흰색과 빨간색의 인테리어가 산뜻하다. 화장실도 2층에 있으니 친구들과 편안하게 수다를 떨기에는 2층이 좋겠다. 파니니 혹은 팬케이크와 주스가 포함된 브런치 세트를 판매한다. 베트남 커피, 신선한 주스, 탄산음료, 버블티를 독특한 전구 모양의 잔에 담아준다. 합리적인 가격에 맛도 좋다. 포장이 가능해서 간식이나 야식이 생각날 때 들르기 좋다.

Data 지도 227p-C **가는 법** 쩐푸 거리에서 알라냐 호텔 골목으로 250m 들어와 좌회전, 엔스 레스토랑 맞은편 **주소** 1/39 Trần Quang Khải, Lộc Thọ, Tp. Nha Trang **전화** 077-822-2145 **운영시간** 07:30~03:00 **가격** 파니니 49,000동, 치킨케밥 69,000동, 버블티 35,000동

통유리로 내려다보는 냐짱의 해변
냐짱 센터 푸드코트 Nha Trang Center Food Court

냐짱 센터는 쇼핑을 하러 오는 사람들도 많지만, 의외로 냐짱 센터의 푸드코트를 이용하기 위해 오는 사람들도 많다. 냐짱 센터 2층의 시티 마트에서 장을 보거나 냐짱 센터에서 기념품을 쇼핑하고 나서 4층의 푸드코트에 들러보자. 베트남 음식을 골라 먹거나 피자를 먹을 수도 있고, 케이크와 디저트, 커피와 음료를 마실 수 있다. 푸드코트의 전면이 통유리라 냐짱의 아름다운 해변이 내려다보인다. 푸드코트의 음식 맛이 특별하다기보다는 풍경이 주는 즐거움이 음식 맛을 배가하는지도 모르겠다. 푸드코트 입구의 카운터에서 카드에 현금을 충전한 후, 각 매장별로 음식을 주문할 때 카드로 계산한다. 남은 금액은 카운터에서 다시 환불해준다.

Data 지도 226p-A **가는 법** 노보텔에서 쩐푸 거리를 따라 북쪽으로 1km, 도보 15분 **주소** 20 Trần Phú, Xương Huân, Tp. Nha Trang **전화** 258-626-1999 **운영시간** 09:00~22:00 **홈페이지** www.nhatrangcenter.com

베트남 전통 자수의 놀라움
XQ 자수 공방 XQ Hand Embroidery / Tranh Thêu Tay XQ

섬세한 자수가 눈을 사로잡는다. 베트남 스타일의 동양화를 보는 듯하다. 비치는 천에 자수를 놓아 병풍의 뒤쪽이 훤히 들여다보인다. 화려하게 피어나는 꽃봉오리는 진짜 꽃처럼 입체적이다. 아무리 찾아봐도 매듭이 보이지 않아 더욱 신비롭다. 베트남 전통 자수의 기술을 예술의 경지로 끌어올린 공방이다. 검은색의 근사한 대문으로 들어가면 호젓한 정원을 품은 야트막한 가옥 내에서 근사한 자수 작품들을 무료로 관람할 수 있으니 지나치지 말자. 본사는 달랏에 있지만 냐짱 지점이 큰길가에 위치해 접근성이 좋다. 호치민과 하노이, 다낭, 후에에도 지점이 있다. 2층으로 올라가면 자수 장인들의 작업 과정을 직접 볼 수도 있다. 대부분 작품 아래에 판매가격이 적혀 있다. 작은 소품에서 대형 작품까지 가격대가 천차만별이긴 하지만 마음에 든다고 덥석 집어오기에는 부담스러운 가격이다. 부담 없이 구매를 하고 싶다면 박물관 옆 실크숍에서 스카프, 넥타이 같은 소품이나, 베트남의 전통 옷인 아오자이를 눈여겨보자.

Data 지도 227p-A
가는 법 노보텔에서 쩐푸 거리를 따라 남쪽으로 250m, 도보 3분
주소 64 Trần Phú, Lộc Thọ, Tp. Nha Trang
전화 258-352-6579
운영시간 08:00~21:30
가격 샌들 484,000동, 넥타이 264,000동
홈페이지 www.xqvietnam.com

냐짱을 대표하는 대형 쇼핑몰
냐짱 센터 Nha Trang Center

냐짱 센터는 쇼핑도 하고, 영화도 보고, 식사도 할 수 있는 종합 쇼핑몰이다. 야외 좌석을 갖춘 넓은 커피숍이 있고, 낯익은 패스트푸드 체인점들도 입점했다. 1층에 환전소와 ATM기기가 있다. 매장에 들어서면 우리나라 백화점과 비슷한 풍경이 펼쳐진다. 1층에는 시계나 액세서리를 파는 매장들이 있고 2층에는 시티마트가 있어서 다양한 먹거리나 과일, 음료수와 생필품을 구입하기에 좋다. 다른 매장에서 아오자이를 맞추려면 천을 직접 고르고 재단하는데 하루 이상 소요되는데, 냐짱 센터 2층에서는 다양한 스타일의 기성품 아오자이를 입어보고 살 수 있다. 베트남 커피나 기념품으로 살 만한 소품 가게들도 종종 보인다. 4층에는 영화관과 푸드코트가 있다. 통유리 너머로 넘실대는 바다가 보인다. 카드에 현금을 충전한 다음, 매점별로 음식을 주문한 후 충전한 카드로 음식을 구매한다. 카드에 남은 금액은 환불해준다.

Data **지도** 226p-A **가는 법** 노보텔에서 쩐푸 거리를 따라 북쪽으로 1km, 도보 15분 **주소** 20 Trần Phú, Xương Huân, Tp. Nha Trang **전화** 258-626-1999 **운영시간** 09:00~22:00 **홈페이지** www.nhatrangcenter.com

여행자들을 위한 야시장
냐짱 나이트 마켓 Nha Trang Night Market

시청사를 마주보고 오른쪽 골목에 아치형의 거대한 간판이 걸려 있고, 한 블록 정도의 짧은 거리에 냐짱 야시장이 펼쳐진다. 호치민이나 달랏의 야시장보다 규모가 작지만 있을 건 다 있다. 환하게 불을 밝힌 천막들이 옹기종기 늘어서 손님을 맞는다. 해변의 도시답게 모자와 샌들, 수영복을 파는 가게들이 많다. 커다란 산호나 조개껍데기를 팔기도 한다. 아오자이 인형, 래커 웨어, 엽서, 자석이나 그림 같은 기념품들은 다른 베트남 도시들과 비슷하다. 커피나 말린 과일, 베트남 양념을 파는 가게들도 많다. 골목 끝까지 내려가면 먹거리를 파는 가게들이 드문드문 나타난다. 큰 규모는 아니지만 아기자기한 기념품을 고르기엔 괜찮은 골목이다.

Data **지도** 227p-A **가는 법** 냐짱 시청사의 북쪽면 골목, 노보텔에서 북쪽으로 300m, 도보 4분 **주소** 46 Trần Phú, Lộc Thọ, Tp. Nha Trang **운영시간** 일~목요일 09:00~17:00, 금요일 17:00~00:00, 토요일 06:00~00:00 **가격** 아이스크림 6,000동, 티셔츠 300,000동

아름다운 바닷가 빌라의 고품격 서비스
에바손 아나 만다라 냐짱 Evason Ana Mandara Nha Trang

냐짱 시내의 유일한 해변 리조트다. 냐짱 시내 대부분의 호텔들은 고층 건물이지만, 에바손 아나 만다라 냐짱은 해변가의 74개 객실이 모두 빌라 형태다. 로비에 들어서면 냐짱 시내의 번잡함은 간데없고 평화로운 아늑함이 가득하다. 야자수가 우거진 정원 아래로 프라이버시가 보장되는 로맨틱한 빌라는 모든 타입의 방이 만족스러울 것. 정원에 늘어진 해먹과 해변에 펼쳐진 선베드가 휴양지에 온 기분을 돋운다. 넓고 깊은 인피니티 풀에 자쿠지가 딸린 풀을 더해 2개의 수영장에 여유로움을 한껏 담았다. 고급스러운 서비스를 제공하는 식스센스 스파는 오전 시간에 약간 할인된다. 베트남 전통 음식을 맛깔나게 차려내는 파빌리온 레스토랑, 풀 사이드에 위치한 아나 비치 하우스, 캐주얼 다이닝과 칵테일을 즐기는 인투더피즈와 로비 바까지 레스토랑 선택의 폭이 넓다. 아이들을 안심하고 맡길 수 있는 키즈 클럽, 작지만 있을 건 다 있는 피트니스 클럽, 테니스 코트 등도 갖췄다. 환상적인 일출을 맞이하고 나서 바닷가에 앉아 먹는 아침 식사는 꿀맛이다.

Data 지도 227p-F
가는 법 달랏 시내에서 2km, 택시로 약 10분 소요
주소 Beachside Tran Phu Boulevard, Lộc Thọ, Tp. Nha Trang
전화 258-352-2222
요금 가든뷰 200~290달러, 디럭스 시뷰 320~450달러, 비치프론트 370~520달러
홈페이지 www.sixsenses.com/evason-resorts/ana-mandara/destination

전 객실 오션뷰의 럭셔리 호텔
쉐라톤 냐짱 호텔 앤 스파 Sheraton Nha Trang Hotel&Spa

쉐라톤 냐짱 호텔 최고의 장점은 모든 방이 오션뷰라는 사실! 부드러운 베이지색으로 마감한 방은 베트남의 정겨운 느낌과 쉐라톤의 모던한 느낌을 조화롭게 만들었다. 높은 등급의 룸타입에서는 욕조에서 반신욕을 하며 해변을 내려다볼 수 있도록 욕실도 통유리로 마감했다. 6층에는 바다가 내려다보이는 근사한 인피니티 풀이 있다. 발목까지 물에 잠기는 높이에 선베드를 두어 더욱 시원하다. 수영장의 물은 자체 온도 조절이 가능해서 날씨와 상관없이 언제든 수영을 즐길 수 있다. 냐짱의 해변을 즐기고 싶다면 호텔 앞으로 펼쳐진 하얀 모래사장으로 슬슬 걸어나가보자. 쉐라톤 냐짱 프라이빗 비치의 선베드에 자리를 잡으면 친절한 스텝이 타월을 건네주고 언제든 음식과 음료를 주문받는다. 피트니스 클럽에서도 통유리 너머 냐짱의 해변을 바라보며 운동할 수 있고, 샤인 스파의 넓은 공간에서도 느긋하게 경치를 즐기며 마사지를 받을 수 있다. 4개의 레스토랑과 3개의 바를 운영하며, 베트남 음식을 직접 만들어 먹는 쿠킹 클래스도 신청할 수 있다. 냐짱 센터가 가까워 쇼핑을 하기에도 좋은 위치다.

Data 지도 226p-A
가는 법 시청사에서 쩐푸 거리를 따라 북쪽으로 700m, 도보 10분
주소 26-28 Tran Phu Street, Lộc Thọ, Nha Trang
전화 258-388-0000
요금 디럭스 160~190달러, 프리미엄 180~210달러, 주니어 스위트 250~290달러
홈페이지 www.sheratonnhatrang.com

여기가 바로 냐짱 여행의 중심지
노보텔 냐짱 Novotel Nha Trang

노보텔 냐짱은 시내에서 가장 위치가 좋은 호텔이라고 해도 과언이 아니다. 호텔 바로 앞에 펼쳐진 근사한 해변, 해변을 따라 걷다 보면 만날 수 있는 비치 바, 여행자거리의 맛집들, 쩐푸 거리의 커피숍과 해산물 바비큐 레스토랑들, 조금만 걸으면 나타나는 야시장과 냐짱 센터까지 가까워서 여행하기에 더할 나위 없이 좋다. 덕분에 냐짱의 호텔들 가운데 가장 빨리 예약이 마감되는 호텔이기도 하다. 노보텔 냐짱에 머물기로 결심했다면 망설이지 않고 예약하는 편이 좋겠다. 최근 리노베이션을 마쳐서 객실 내부가 전보다 깔끔해졌다. 업그레이드 된 객실에는 욕조 대신 낮은 욕탕을 설치해 아이들과 함께 여행하는 가족 여행자들에게 반응이 좋다. 게다가 노보텔은 동반 아동의 연령이 만 16세 미만이고 아동 2명까지 조식이 무료다. 아쉽게도 수영장이 작은 편이지만, 프라이빗 비치가 있으니 수영장에서 아쉬운 물놀이를 해변에서 즐기기 좋겠다. 노보텔 전용 선베드와 서비스가 제공된다.

Data 지도 227p-A
가는 법 시청사에서 쩐푸 거리를 따라 남쪽으로 250m, 도보 3분
주소 50 Tran Phu Street, Lộc Thọ, Tp. Nha Trang
전화 258-625-6900
요금 스탠더드룸 75~100달러, 슈피리어룸 80~130달러, 디럭스룸 114~146달러, 이그제큐티브룸 130~182달러
홈페이지 www.accorhotels.com/ko/hotel-6033-novotel-nha-trang/index.shtml

완벽하게 럭셔리한 휴식을 원한다면
미아 리조트 냐짱 Mia Resort Nha Trang

파도 소리를 들으며 조용하게 쉬고 싶다면 시내에서 조금 떨어진 미아 리조트로 가보자. 완벽한 휴식을 위한 최적의 리조트다. 넓은 부지에 다양한 종류의 룸이 있는 빌라와 콘도가 있어 버기카를 타고 이동한다. 콘도와 가든 빌라에는 야외 공간과 정원이, 비치프론트 빌라와 클리프 빌라에는 프라이빗 풀이 있다. 우드 베이지의 인테리어에 미아 리조트 특유의 하늘색을 포인트로 마감한 방이 감각적이면서도 편안하다. 시원한 파도 소리를 들으며 개인 풀장에서 수영을 하다가 해먹에 누워 여유를 부리는 시간. 대리석 욕조가 놓인 반쯤 개방된 욕실도 자연친화적이다. 레스토랑이 세 군데가 있어서 조식을 먹을 때 원하는 곳으로 찾아가면 된다. 로맨틱한 시간을 원하는 커플이라면 특별한 저녁을 예약해보자. 바닷가에서 촛불을 환히 밝힌 둘만의 저녁 식사와 와인, 꽃잎을 한가득 띄운 욕조를 준비하는 패키지가 마련된다. 냐짱 시내에서 미아 리조트까지는 차로 20여 분 소요되지만 온전한 휴식의 기쁨을 누리려면 이정도 거리는 감수할 수 있을 듯하다. 냐짱 시내까지 하루에 3번 셔틀 버스를 운행한다.

Data 지도 226p-F
가는 법 냐짱 시내에서 남쪽으로 18km, 차량으로 약 25분
주소 Bai Dong, Cam Hải Đông, Nha Trang
전화 258-398-9666
요금 콘도 170~213달러, 가든 빌라 200~285달러, 비치프론트 빌라 265~563달러
홈페이지 www.mianhatrang.com

빈그룹의 리조트를 취향대로 선택해볼까
빈펄 냐짱 리조트 Vinpearl Nha Trang Resort

빈그룹이 혼쩨섬을 야심차게 꾸미고 있다. 혼쩨섬에는 놀이동산인 빈펄랜드뿐만 아니라 빈펄 냐짱, 빈펄 럭셔리, 빈펄 골프, 빈펄 냐짱 베이, 빈펄 냐짱 빌라스까지 여러 리조트가 들어섰다. 빈그룹은 계속해서 섬을 개발하면서 새로운 빌라와 놀이기구를 더욱 늘리는 중이다. 냐짱 시내의 남쪽에 위치한 체크인 카운터에서 예약 상황을 확인한 다음 케이블카나 스피드보트를 타고 혼쩨섬으로 들어갈 수 있다. 섬 안에서는 리조트와 빈펄랜드, 선착장을 잇는 전기차를 타고 오간다. 커플이라면 로맨틱한 해변의 빈펄 럭셔리 리조트를, 골프를 치러 왔다면 골프 리조트를, 놀이동산이나 워터파크를 즐기고 싶다면 빈펄 리조트를, 여러 가족이 모인다면 빌라를, 냐짱 시내의 스카이라인을 바라보며 수영을 즐기고 싶다면 빈펄 냐짱 베이 리조트를 추천한다. 리조트마다 조금씩 개성이 다르지만 어느 리조트를 선택하든 더할 나위 없이 럭셔리한 경험을 할 수 있다. 케이블카나 보트를 타고 섬을 오고 가는 시간을 고려하면 접근성이 좀 떨어지는 편이지만 해변과 넓은 풀장, 빈펄랜드에서 자유롭게 시간을 보내고픈 가족 여행자들에겐 괜찮은 선택이겠다. 예약할 때 식사 포함 여부와 빈펄랜드 이용 가능 옵션을 확인하자.

Data 지도 226p-D
가는 법 냐짱 시내에서 빈펄 체크인 카운터까지 약 6km, 차량으로 15분
주소 Hon Tre Island, Nha Trang
전화 258-359-8222
요금 빈펄 냐짱 리조트 디럭스 109~142달러, 빈펄 냐짱 베이 리조트 디럭스 120~155달러, 빈펄 럭셔리 냐짱 빌라 313~560달러
홈페이지 vinpearl.com

여행자거리의 새롭고 모던한 호텔
알라나 냐짱 비치 호텔 Alana Nha Trang Beach Hotel

여행자거리에 새로 지어진 괜찮은 호텔이다. 로비는 층고가 높아 잠시 앉아 여유를 부리기에 좋고, 구석에 작은 카페도 갖췄다. 방은 작은 편이지만 모던한 라인의 인테리어가 단정해서 지내기에 불편함이 없다. 욕실도 깔끔하다. 21층에는 바다가 내려다보이는 루프탑 수영장과 편안한 테이블을 둔 풀 바가 있다. 아이들이 놀 수 있는 키즈룸, 마사지를 받는 라벤더 스파, 통유리로 된 피트니스 센터, 작지만 자쿠지와 사우나 시설도 갖췄다. 조식 뷔페는 다양한 메뉴를 매일 색다르게 제공한다. 근처에 맛있는 식당과 마사지숍도 많아서 찾아가기 편리하다. 세일링 클럽과 루이지애나 브루하우스도 가깝다. 호텔이 해변에 바로 붙어있지는 않지만 컨시어지에 요청하면 해변의 선베드를 이용할 수 있는 쿠폰을 제공한다. 직원들의 응대가 친절하다. 전체적으로 만족스러운 호텔이지만 근처의 건물이 공사 중이라서 루프탑 수영장의 경치가 그다지 좋지 않다는 점이 아쉽다. 민감한 사람이 아니라면 공사장 소음이 거슬릴 정도는 아니지만, 방마다 이어플러그를 놓아둔 센스가 돋보인다.

Data 지도 227p-C
가는 법 시청사에서 쩐푸 거리를 따라 남쪽으로 700m, 도보 9분, 세일링 클럽 맞은편
주소 7 Trần Quang Khải, Lộc Thọ, Tp. Nha Trang
전화 258-352-8686
요금 슈피리어룸 58~105달러, 트리플룸 80~145달러
홈페이지 alananhatrang.com

위치가 좋고 친절하기로 소문난
레전드시 호텔 냐짱 LegendSea Hotel Nha Trang

레전드시 호텔은 여행자거리에서 가장 번화한 사거리의 한 귀퉁이를 차지했다. 비엣투 거리와 훙 부엉 거리가 교차하는 사거리에는 귀퉁이마다 리버티 센트럴 호텔, 아시아 파라다이스 호텔, 신투어리스트에서 운영하는 니피 호텔이 자리 잡고 있다. 그래서 근처에 레스토랑과 커피숍, 여행사들이 즐비하다. 느릿느릿한 엘리베이터를 타고 올라가면 다양한 타입의 룸을 만날 수 있다. 슈피리어룸에는 창문만 있고, 디럭스룸은 발코니가 딸렸다. 해변에서 한 블록 안쪽이어서 오션뷰는 기대하지 않는 편이 좋다. 프리미어룸이나 럭셔리룸에는 발코니 대신 통유리가 있기도 하니 예약할 때 잘 살펴보자. 루프탑 수영장은 작은 편이지만 밤에는 조명이 켜져 운치 있다. 수요일이면 루프탑 풀 바에서 간단한 바비큐 파티를 열고, 오전에 마사지를 받으면 사용할 수 있는 할인 쿠폰을 주는 등 다양한 서비스를 제공한다. 호텔 스텝들의 친절함은 냐짱에서 둘째가라면 서러울 만큼 매우 인상적이다.

Data 지도 227p-A
가는 법 쩐푸 거리의 XQ 자수 공방에서 비엣투 거리로 180m, 도보 2분
주소 11 Biet Thu, Loc Tho Ward, Lộc Thọ, Tp. Nha Trang
전화 258-352-9666
요금 슈피리어 45~94달러, 디럭스 50~105달러, 클럽 럭셔리 오션뷰 75~150달러
홈페이지 www.legendseahotel.com

신투어리스트가 냐짱에 지은 호텔

니피 호텔 Nhị Phi Hotel

여행사인 신투어리스트에서 각 도시마다 호텔을 하나씩 오픈하고 있다. 냐짱의 신투어리스트에서는 니피 호텔을 운영한다. 니피 호텔의 1층 로비에서 신투어리스트 사무실이 바로 연결된다. 니피 호텔에 묵으면 데이 투어를 신청하거나 버스를 예약하거나 환전하기 편리하다. 건물의 구조가 독특한데, 창문이 실내로 나있어서 무용지물이거나 아예 창문이 없어서 전망 자체가 없는 방이 있다. 예약을 할 때 옵션을 꼭 확인하고 이왕이면 디럭스룸 이상의 발코니가 있는 방을 고르는 편이 낫겠다. 가격을 생각하면 방이 꽤 넓고 쾌적하다. 게다가 번화한 여행자거리에 위치해 있어 식사를 하러 나가거나 밤을 즐기기에 좋은 위치다. 수영장은 작아서 특별한 매력은 없고, 직원들의 서비스 마인드는 보통, 조식은 딱 가격만큼의 만족도를 준다. 그래도 슬리핑 버스의 시간이 애매하거나, 신투어리스트에서 버스나 투어를 예약했거나, 투어를 하느라 호텔에서 보낼 시간이 별로 없는 사람이라면 니피 호텔의 가성비는 꽤 만족스러울 것이다.

Data 지도 227p-A
가는 법 쩐푸 거리의 XQ 자수 공방에서 비엣투 거리로 180m, 도보 2분
주소 10 Biet Thu, Loc Tho Ward, Lộc Thọ, Tp. Nha Trang
전화 258-352-4585
요금 스탠더드 25~50달러, 슈피리어 27~53달러, 디럭스 31~80달러
홈페이지 www.nhiphihotel.vn

여행 준비 컨설팅

미리미리 준비하면 베트남 여행이 더욱 편안하고 저렴해진다. 일정을 짜고, 가방을 꾸리는 동안 두근거리는 마음이 여행의 즐거움을 두 배로 늘려준다.

D-70

MISSION 1 여행의 스타일을 결정하자

1. 개별 자유여행 vs 단체여행

자유여행으로 갈지, 여행사의 패키지로 갈지 자신이 원하는 여행 스타일을 고려해보자. 사실 베트남은 어디서나 주소만 들이밀면 택시를 타고 쉽게 찾아갈 수 있고, 투어 요금이나 식비, 숙박비가 저렴해서 자유여행을 하기에 참 편리하다. 친구들과 매일 스카이라운지에서 신나는 밤을 보낼지, 가족과 함께 맛있는 베트남 음식을 먹으며 유유자적 투어를 할지, 슬리핑 버스를 타고 새로운 도시들을 돌아다니며 베트남의 문화를 향유할지에 따라 숙소와 일정이 달라진다.

2. 출발 시기를 정하자

아무래도 날씨를 따지자면 겨울에 가야 제격이겠다. 베트남은 일 년 내내 여름이어서 한겨울에 추위를 피하러 가기 좋다. 비가 덜 오고, 한낮의 기온이 높지 않은 11월에서 3월 사이에 호치민을 여행하기가 가장 좋다. 베트남 남부의 우기는 5월에서 10월 사이인데, 우리나라의 장마와 달리 비가 소나기처럼 잠시 내린다. 여름 시즌에는 일 년 내내 시원한 달랏에서 피서를 하고, 겨울 시즌에는 무이네와 냐짱에서 바다를 즐기면 좋겠다. 베트남에서도 설을 쇠는데, 가장 큰 명절이자 긴 연휴가 시작되어 식당들이 문을 닫는 곳이 많고, 도시 간 교통 요금이 인상되니 이때는 피하는 편이 좋겠다.

3. 여행 기간을 정하자

호치민 여행이 처음이라면 호치민에서만 3박 5일, 4박 6일을 보내도 둘러볼 곳이 무궁무진하다. 호치민 여행 경험이 있다면 가까운 무이네를 둘러보는 4박 6일이나, 달랏까지 다녀오는 4박 6일도 좋겠다. 호치민에서 출발해 무이네, 달랏, 냐짱까지 둘러보려면 짧게는 9박 10일 정도, 여유 있게 둘러보려면 2주일 이상 필요하다.

D-60

MISSION 2 항공권을 구입하자

여행 날짜를 정했다면 항공권부터 구입하자. 한국에서 호치민까지, 혹은 한국에서 냐짱까지 가는 직항편이 매일 운항한다. 미리미리 이벤트 항공권을 알아보면 베트남 여행을 한 번 더 다녀올 수 있을 만큼 저렴한 가격의 티켓을 구입할 수 있다.

1. 한국에서 베트남으로 가려면?

한국에서 호치민의 떤선녓 국제공항(SGN)까지는 약 5시간의 비행시간이 걸린다. 인천공항에서 대한항공과 아시아나, 베트남항공과 비엣젯, 제주항공과 티웨이항공이 매일 호치민으로 운항한다. 부산에서는 베트남항공을 이용할 수 있다. 인천에서 냐짱까지는 대한항공, 제주항공, 베트남항공, 비엣젯항공이 취항한다. 제주항공과 비엣젯항공은 인천-냐짱 노선을 매일 운항하고, 대한항공과 베트남항공은 주 4회 운항하니 잘 살펴보고 예약하자.

대한항공 kr.koreanair.com
티웨이항공 www.twayair.com
베트남항공 www.vietnamairlines.com
비엣젯항공 www.vietjetair.com
제주항공 www.jejuair.net

2. 항공권을 구입하려면?

먼저 항공사 홈페이지를 확인하자. 항공사 홈페이지에서 자체 프로모션을 한다면 평소보다 저렴한 가격에 항공권을 구매할 수 있다. 항공운임은 보통 왕복 40~60만 원 정도이며, 저가항공의 경우 왕복 20~30만 원에 항공권을 구입할 수 있다. 서두르면 왕복 10만 원대에 항공권을 구입하는 행운을 누릴 수 있다. 출발 시간이 임박하면 여행사에서는 미판매된 항공권을 저렴하게 판매하는 땡처리 항공권을 내놓는다. 다만 가격이 저렴한 이벤트 항공권이나 땡처리 항공권은 취소나 환불이 어렵고, 일정을 미룰 때 수수료를 내야 하니 조건을 꼼꼼하게 따져보고 사야 한다. 한눈에 여러 항공사의 시간과 운임을 비교하려면 스카이스캐너나 인터파크투어 사이트를 이용해보자.

스카이스캐너 www.skyscanner.co.kr
인터파크투어 tour.interpark.com
땡처리닷컴 www.072.com
와이페이모어 www.whypaymore.com
온라인투어 www.onlinetour.com

3. 항공권 구매 시 유의할 점

항공권을 살 때의 조건을 확인하는 건 기본. 마일리지가 적립되는지, 짐의 무게에 따라 추가 요금이 있는지, 취소나 변경 수수료는 얼마인지, 공항세와 유류할증료가 포함된 가격인지 꼼꼼하게 확인해보자. 실제로 지불해야 하는 총 금액을 비교해서 항공권을 구입해야 한다.

D-50
MISSION 3 여권을 만들자

1. 어디에서 만들까?

서울에서는 외교통상부를 포함한 대부분의 구청에서 만들 수 있으며, 광역시를 포함한 지방에서는 도청이나 시청의 여권과에서 만들 수 있다. 외교부 여권안내 홈페이지(www.passport.go.kr)에서 자세한 안내를 받을 수 있다.

2. 어떻게 만들까?

전자여권은 타인이나 여행사의 발급 대행이 불가능하다. 본인이 직접 신분증을 지참하고 신청해야 한다. 만 18세 미만의 미성년자의 경우에는 대리 신청이 가능하며, 대리 신청을 할 때는 가족관계증명서를 지참해야 접수를 할 수 있다.

3. 어떤 준비물이 필요할까?

- 여권 발급 신청서
- 여권용 사진 1매
- 신분증(주민등록증이나 운전면허증), 미성년자 여권 발급 시 부모 신분증
- 발급 수수료

4. 여권의 유효기간을 확인하자

여권이 있더라도 다시 한 번 꺼내어 여권의 유효기간이 얼마나 남았는지 확인하자. 베트남에서는 유효기간이 6개월 미만일 경우 입국을 시키지 않는다. 유효기간이 6개월 이상 남지 않은 여권이라면 다시 발급받아야 한다.

D-40
MISSION 4 숙소를 예약하자

1. 숙소의 형태를 정하자
베트남에서 머무는 기간과 예산을 고려하여 숙소의 형태를 정하다. 다양한 가격대의 호텔과 리조트 외에도 여행자거리의 미니 호텔까지 선택의 폭이 넓다. 대부분의 호텔은 동남아시아의 호텔답게 가격 대비 퀄리티가 좋은 편이다. 호텔과 리조트마다 자체적으로 프로모션을 진행한다거나, 특정한 사이트에서 할인을 해주곤 한다. 자신의 예산에 맞춰 어떤 형태의 숙소에 묵을지 정해보자.

2. 숙소의 위치를 정하자
숙소의 위치에 따라 교통비가 달라진다. 도시별 여행자거리는 맛집이 많고, 위치가 좋아서 시내를 도보로 여행하기에 좋다. 도시마다 택시비가 저렴해서 교통비가 부담스럽지 않고, 투어를 신청하면 픽업해주는 경우도 많으니 조용하게 휴식을 취하고 싶다거나, 가족끼리 오붓하게 지내고 싶다면 위치보다는 분위기를 먼저 생각하는 편이 낫겠다.

3. 숙소를 예약하자
베트남에서는 호텔과 리조트의 가성비가 좋은 편이다. 호텔 예약 사이트의 가격을 비교해보자. 같은 호텔이라도 사이트마다 가격과 할인 폭이 다르고, 조식 포함 여부가 다르고, 서비스가 다르니 잘 살펴보고 예약하자.
트립어드바이저 www.tripadvisor.co.kr
호텔스닷컴 kr.hotels.com
아고다 www.agoda.com

D-20
MISSION 5 여행 정보를 수집하자

1. 가이드북으로 만나보자
호치민과 베트남 남부를 둘러볼 땐 〈호치민 홀리데이〉 한 권은 필수! 시내의 관광지와 맛집을 아우르는 여러 핫 플레이스뿐만 아니라 도시별 인기 많은 투어, 직접 발로 뛰며 취재한 도시별 나이트라이프, 택시 탈 때 바가지 쓰지 않는 법과 도시별 슬리핑 버스 이용법까지 알차게 담겨 있다.

2. 인터넷 검색으로 알아보자
꼼꼼하게 하루하루 계획을 세우는 사람이라면 이미 가이드북은 섭렵했을 터, 가고 싶은 곳을 검색해 생생한 정보를 얻어보자. 각종 웹사이트와 카페, 개인 블로그에서 대략의 분위기와 가는 방법, 예산까지 꼼꼼하게 체크해보자.
트립어드바이저 www.tripadvisor.co.kr

D-10
MISSION 6 여행자 보험에 가입하자

1. 여행자 보험, 꼭 들어야 할까?

기존에 실손 보험이 있는 사람이 한국에 돌아와서 치료를 받는 경우라면 굳이 여행자 보험에 가입할 필요가 없다. 다만 여행지에서 갑자기 병원에 가야 한다던가, 중요한 물품을 도난당하거나 분실하는 경우에는 여행자 보험이 필요하다.

2. 보상 내역을 꼭 확인하자

대부분의 여행자가 노트북이나 카메라를 들고 갈 때 분실을 우려해 여행자 보험에 가입하지만 실제로 보상이 되는 금액은 무척 적다. 예를 들어, 분실에 대한 보상이 200만 원이라고 되어 있어도 물품 1개당 20만 원씩, 총 10개 물품을 보상해주는 식이다. 1억 원 보상이라고 강조하는 상품도 알고 보면 사망했을 때 보상금이 1억 원일 뿐, 도난이나 상해 보상금은 아니다. 그러니 굳이 비싼 보험을 들지 말고, 조건을 잘 살펴서 가입하자.

3. 중요한 건 증빙서류!

보험증서나 비상 연락처를 잘 챙겨두자. 도난을 당하면 경찰서에서 도난 신고서를 챙겨야 하고, 사고로 다치면 병원에서 진단서나 증명서를 챙겨야 한다. 치료비 영수증까지 꼼꼼하게 잘 챙겨서 돌아오자. 서류가 있어야 증빙을 받아 보상을 받을 수 있다.

4. 보험 가입, 어떻게 할까?

(1) 환전할 때 보험 가입
대부분의 시내 은행에서 특정 금액 이상을 환전하면 무료로 여행자 보험에 가입해준다. 가장 저렴하게 여행자 보험에 가입하는 방법이다.

(2) 보험 설계사에게 직접 가입
주위에 재무 설계사나 보험 설계사가 있다면 문의하자. 공항에서 가입하는 것보다 굉장히 저렴한 가격으로 가입할 수 있다. 대부분의 실손 보험사에서 여행자 보험을 취급한다.

(3) 공항에서 여행자보험 가입
공항에서 여행자 보험에 가입하는 건 최후의 수단. 대부분의 보험사에서 3가지 정도의 옵션을 제시하는데 가격 대비 보장 내역이 크게 차이 나지 않는다. 저렴한 보험으로 선택해도 괜찮다.

D-7
MISSION 7 알뜰하게 환전하자

1. 현금 준비

환전을 할 때는 미국 달러를 준비하자. 베트남 동은 단위가 워낙 크고, 그에 비해 물가가 저렴하기 때문에 현지에서 베트남 동으로 환전한다. 10달러나 20달러 지폐는 환율이 좋지 않으니 100달러와 50달러짜리 지폐를 준비하자. 구겨지거나 낙서가 되어 있는 달러는 환전해주지 않으니 신권으로 준비하는 편이 좋다. 공항에 도착해서 달러를 동으로 적당히 환전해 시내로 이동하고, 나머지는 시내에서 환전한다. 호치민에서는 벤탄 시장 앞의 금은방이 가장 환율이 좋다. 무이네를 간다면 호치민에서 미리 환전하고, 달랏을 간다면 달랏 야시장 근처의 금은방에서 환전하고, 냐짱에 간다면 신투어리스트 사무실에서 환전하면 환율이 괜찮다.

2. 신용카드

대형 호텔이나 유명 레스토랑, 공항의 면세점 등 믿을 만한 곳에서만 신용카드를 사용하는 편이 좋겠다. 호텔이나 레스토랑에서 신용카드를 받기는 하지만, 그래도 아직까지 아무 데서나 신용카드를 쓰기엔 찜찜하다. 작은 현지 음식점들은 신용카드를 받지 않는다.

3. 현금카드

ATM 기기에서 국제 현금카드로 인출을 할 수 있다. 출금을 할 때 수수료가 청구된다. 현금카드는 현금만 인출할 수 있고, 체크카드는 비자나 마스터 카드일 경우 결제도 가능하다. ATM 기기를 이용할 때는 되도록 씨티은행이나 베트콤은행에 설치된 기기를 이용하자.

D-2

MISSION 8 완벽하게 짐 꾸리자

꼭 가져가야 하는 준비물

기본 준비물
여권, 항공권, 호텔 예약 바우처, 가이드북, 갈아입을 옷은 기본이다. 여권 사본과 여권 사진도 별도로 챙겨가자. 스마트폰에 사본을 저장해두는 것도 좋은 생각.

인쇄된 항공권 바우처
베트남에서 출국하는 항공권을 예약했음을 증명할 수 있도록 왕복 항공권 바우처를 인쇄해서 지참하자.

수영복, 여름옷
호치민에서의 풀 파티, 냐짱에서의 호핑 투어, 무이네에서의 서핑을 생각하면 꼭 챙겨야 할 수영복.

신발
발이 편한 운동화나 일명 쪼리만 신고도 시내를 여행하는 데는 무리가 없다. 무이네의 샌드듄에 가거나 달랏에서 캐녀닝을 하고 싶다면 아쿠아 트레킹화를 준비하면 좋겠다. 호치민과 냐짱에서 스카이 바를 제대로 즐기려면 힐 샌들도 챙겨가자.

긴 팔과 긴 바지
달랏에 갈 계획이 있다면 긴 팔과 긴 바지는 꼭 챙겨야 한다. 달랏의 죽림 선원에 갈 때도 민소매나 짧은 반바지 대신 소매가 달린 옷과 긴 바지를 입도록 하자. 스카이 바에서 나이트라이프를 즐기고픈 남자분들이라면 긴 바지가 꼭 필요하다. 도시를 이동할 때 에어컨이 쌩쌩 나오는 슬리핑 버스에서도 긴 소매 옷이 유용하다.

선크림과 모자, 선글라스
모자는 챙이 넓은 것으로 준비하는 편이 좋다. 베트남의 전통모자 농을 현지에서 사서 쓰는 것도 괜찮다. 선크림은 현지 편의점에서도 구입할 수 있다.

샴푸, 린스, 칫솔 등
좋은 호텔이나 리조트에 묵는다면 특별히 신경 쓰지 않아도 되겠지만, 미니 호텔이나 게스트하우스에 묵을 예정이라면 질 좋은 어메니티를 챙겨가는 편이 좋겠다.

우산과 우비
우기에는 우산을 꼭 챙기자. 우기에 여행하더라도 비가 그치면 햇볕이 뜨거우므로 양산과 우산 겸용이면 더 좋겠다.

비상약
종합감기약, 소화제, 반창고, 흉터연고를 챙기면 좋다. 예민한 사람의 경우 물갈이를 할 수 있으므로 지사제는 필수!

모기 퇴치제
벌레나 모기에 물린 데 바르는 약을 세트로 준비한다. 시내의 편의점에서도 구입이 가능하다.

충전기와 멀티탭
여행을 마치고 숙소에 돌아오면 스마트폰과 카메라를 충전해야 하는데, 장비가 많은 사람은 노트북과 배터리까지 충전할 게 많다. 일행이 여럿일 때는 충전 콘센트가 부족한 경우도 생긴다. T자형 3구 멀티탭을 하나 들고 가면 편리하다.

D-1

MISSION 9 호치민으로 떠나는 날!

1. 2시간 전에 여유 있게 공항으로

인천국제공항까지는 공항철도를 타고, 부산의 김해국제공항까지는 도심 경전철을 타고 막힘없이 이동할 수 있다. 국제선을 타려면 보통 2시간 전에는 도착해야 한다. 인천공항에서 출발할 때 성수기나 주말, 연휴가 겹친다면 3시간 전에 도착해야 안심이다. 특히 면세점에서 쇼핑을 할 계획이라면 여유 있게 도착하자. 서울역과 삼성동의 도심공항터미널을 이용하면 붐비지 않게 탑승 수속을 하고 공항으로 바로 이동할 수 있다.

2. 호치민 입국 시 항공권 바우처 챙기기

한국인은 베트남으로 입국할 때 입국 신고서를 작성할 필요가 없다. 여권만 제시하면 입국 심사를 받을 수 있다. 호치민의 떤선녓 국제공항은 입출국 심사가 까다롭기로 유명하니, 베트남에서 출국하는 항공권 예약 상황을 인쇄해 가도록 하자.

3. 공항에 도착해서 환전하기

세계 어느 곳에서든 공항의 환전소는 시내보다 수수료가 비싸다. 그러니 여행 일정이 길다면 시내로 들어와서 환전하고, 공항에서는 시내로 들어오는 교통비와 하루 여비 정도만 환전하자. 베트남 동의 단위가 커서 헷갈리기 쉬우니, 받은 즉시 보는 앞에서 다시 한 번 돈을 세어 금액이 맞는지 확인하자.

4. 공항에서 유심 사기

유심을 사용할 계획이라면 스마트폰의 컨트리락이 해제되어 있는지 미리 확인하자. 현지에서 유심을 사서 끼우면 로밍을 하는 비용보다 훨씬 저렴한 가격으로 무제한 데이터 서비스를 이용할 수 있다. 공항에는 모비폰, 비나폰, 비엣텔 같은 다양한 통신사 부스가 있다. 비용은 비슷하다. 자신의 일정을 고려해 데이터를 선택하자. 베트남 국내 통화가 되고 데이터를 무제한으로 쓸 수 있는 유심이 약 5천 원부터 시작한다. 국제 통화 가능 여부와 빠른 속도에 따라 가격이 올라간다.

꼭 알아야 할 베트남 필수 정보

베트남은 인도차이나 반도의 동쪽에 위치해 있으며 남북으로 길쭉하게 생긴 나라다. 북부의 하노이와 하이퐁, 남부의 호치민, 중부의 다낭이 주요 도시다. 수도는 하노이이며 경제적 수도는 과거 사이공이라 불렸던 호치민이다. 중국, 라오스, 캄보디아와 국경을 맞대고 있다.

정식 명칭 베트남 사회주의 공화국(The Socialist Republic of Vietnam)이다.

언어 베트남어를 쓰며 중국어처럼 성조가 있어 외국인이 발음하기 어렵다. 문자는 로마자를 차용한 시스템으로 프랑스어와 비슷하게 생겼다.

시차 한국보다 2시간 느리다. 한국이 오전 10시일 때 베트남은 오전 8시이다.

면적 330,341km³로 남한의 약 3.3배이다.

인구 약 1억 명으로 계속 늘어나는 추세다.

종교 불교, 기독교, 까오다이교, 호아호교 등이 있으며 불교와 가톨릭 신자가 많은 편이다. 종교의 자유는 있으나 포교는 불법이다.

기후 연평균 22~27°C로 따뜻한 편이지만 국토가 남북으로 길어 지역차가 크다. 북부에 위치한 하노이의 경우 연교차가 12°C에 달해 추운 겨울을 가지고 있다.

통화 베트남 동dong을 쓰며 표기는 ₫ 혹은 VND으로 한다. 관광지에서는 달러도 흔히 통용된다. 숫자 단위가 무척 커서 헷갈리기 쉬우니 유의하자. 1달러가 22,000동 정도이며, 한화와 비교할 때는 1/20으로 계산하면 쉽다. 가장 큰 지폐 단위인 500,000동이 우리 돈 25,000원 정도인 것. 지폐 단위는 500,000동, 200,000동, 100,000동, 50,000동, 20,000동, 10,000동, 5,000동, 2,000동, 1,000동, 500동이 있으며 동전은 없다. 1,000동 이하는 잘 쓰지 않으며 잔돈을 주지 않는 경우도 많다.

전압 한국과 같은 220V, 50Hz로 따로 어댑터를 준비할 필요가 없다.

전화 현지 유심을 구입해 끼우면 바로 사용할 수 있다. 2017년 2월부터 베트남 전역의 지역번호가 변경되었다. 2017년 11월 현재 호치민은 28, 무이네는 252, 달랏은 263, 냐짱은 258이다.

인터넷 대부분의 호텔과 레스토랑에서 무료로 제공하며 공공 와이파이도 잡혀서 이용이 어렵지 않다.

긴급 상황 발생 시 일차적으로 머물고 있는 숙소에 도움을 청하자. 심각한 상황인 경우 의사를 불러달라고 부탁할 수도 있으며, 현지인과의 의사소통 문제에도 도움을 받을 수 있다. 현지 한인 여행사에서 도움을 받을 수도 있다.

긴급 전화번호
재외공관
주 베트남 대한민국 총 영사관(호치민)
+84-28-3822-5757
주 베트남 대한민국 대사관(하노이)
+84-24-3831-5110~6
주 베트남 대한민국 대사관 영사관(하노이)
+84-24-3771-0404

외교부 영사 콜센터
+82-2-3210-0404 (24시간 연중무휴)
해외 사건사고 접수, 신속 해외 송금 지원 제도 안내, 가까운 재외공관 연락처 안내 등 영사 민원 상담 전반한다.

신속 해외 송금 지원 제도란? 외국 여행 중인 한국인이 해외에서 도난, 분실 등으로 긴급 경비가 필요한 경우 최대 미화 3천 달러까지 긴급 송금을 받을 수 있는 제도로 재외공관이나 영사 콜센터에 문의해 안내받을 수 있다.

베트남 여행 회화

	뜻	베트남어	발음
기초 회화	안녕하세요	Xin chào	신짜오
	미안합니다	Xin lỗi	씬로이
	감사합니다	Cảm ơn	깜언
	네	Đã	야
	아니오	Không	콩
	만나서 반갑습니다	Rất vui được gặp anh	젇 부이 드억 깝 아잉
	또 만나요	Hẹn gặp lại	헨깝라이
	계산할게요	Tính tiện	띵띠엔
장소	공항	sân bay	썬바이
	호텔	khách sản	깍산
	병원	bệnh viện	벤비엔
	식당	nhà hàng	냐항
	카페	tiệm cà phê	띠엠카페
	박물관	bảo tàng	바오땅
	은행	ngân hàng	응안항
숫자	0	sợ không	소콩
	1	một	못
	2	hai	하이
	3	ba	바
	4	bốn	본
	5	năm	남
	6	sáu	사우
	7	bảy	바이
	8	tám	땀
	9	chín	찐
	10	mười	므어이

INDEX

SEE

국립 해양학 박물관	232
꽃의 정원	200
냐짱 대성당	230
노트르담 성당	114
다탄라 폭포	195
달랏 기차역	193
달랏 성당	195
달랏 시장 앞 광장	192
동커이 거리	110
띠엔허우 사당	121
랑비앙산	055, 199
레드 샌드듄	164
로빈 힐과 케이블카	194
롱선사	229
린푸옥 사원	196
무이네의 해변	165
바오다이 왕의 여름 궁전	197
베트남 역사 박물관	117
빈떠이 시장	120
사랑의 계곡	200
사이공 동식물원	117
시민극장	113
쑤언 흐엉 호수	193
어촌 마을	165
오페라 하우스	113
온랑 회관	121
요정의 시냇물	166
응우옌후에 거리	110
응이아안 회관	121
인민위원회 청사	113
전쟁 박물관	059, 112
죽림 선원	194
중앙 우체국	114
짜땀 성당	120
쩌런, 차이나타운	118
크레이지 하우스	198
통일궁	111
포나가 참 탑	228
호치민 미술관	055, 116
호치민 박물관	057, 115
호치민 시 박물관	115
호치민 시청	113
호치민의 여행자거리	109
혼쫑 곶	055, 231
화이트 샌드듄	055, 163

ENJOY

골든 드래곤 수상 인형극	126
까오다이교 사원 투어	125
꾸찌 터널 투어	059, 124
냐짱 보트 투어	053, 233
달랏 1일 투어	053, 202
머드 온천	234
메콩 델타 투어	053, 122
모래 언덕에서 ATV 타기	065, 168
빈펄랜드	235
사이공 프린세스 크루즈	127
사이공 소울 풀 파티	129
사이공 스카이덱 전망대	128
스카이라이트 냐짱	063, 236
지마 클럽	236
지프 투어	053, 167
카이트서핑	065, 169
캐녀닝	065, 201
냐짱 스노클링&스쿠버다이빙	065

EAT

100 루프바	209
A&M 카페 앤 패스트푸드 할랄	243
M.바	061, 138
OMG! 루프탑 바	061, 137
가네쉬	172
갈란갈 레스토랑	237
고2 바	139
곡하탄	205
꼬치구이와 달랏 피자	208
꽌 호아 수아	207
꾹갓콴	071, 130
냐짱 센터 푸드코트	243
냐항 응온	071, 132
동키 바 앤 레스토랑	135
드래곤 비치 라운지 앤 클럽	063, 173
라인 업 바 앤 그릴	063, 174
랜턴 레스토랑	238
럼동 레스토랑	171
루이지애나 브루하우스	242
르 라벨레 레스토랑	209
리엔 호아	204
믹스 레스토랑	240
벤탄 스트리트 푸드 마켓	134
보 케 미스터 크랩	170
브로마	138
비비큐 사이공 나이트	134
비에트 베트남 퀴진	135
세일링 클럽	063, 241
신밧드 케밥	171
알레즈 부	139
야시장 옆 해산물 바비큐	208

옌 레스토랑	239
윈드밀 카페	206
이온 헬리 바	061, 137
자퀴	204
조스 카페	172
초콜릿 레스토랑	205
칠 스카이 바	061, 136
콩 카페	140
콴 94	132
크레이지 버팔로	139
템플 클럽	071, 133
포 2000	135
포 히에우	207
하일랜드 커피	140
호아뚝	071, 131

BUY

A.M. 래커웨어	145
XQ 자수 공방	244
긴쿄 콘셉트 스토어	146
꿉 마트	142
냐짱 나이트 마켓	245
냐짱 센터	245
달랏 시장과 야시장	210
달랏 와인 쇼룸	212
람팜	211
뱀부	176
벤탄 시장	141
빅 씨	212
빈컴 센터	144
사이공 센터	143
사파 빌리지	146
소피아	176
유니온 스퀘어	144
중앙 우체국 안의 기념품 가게	142
타카시마야 백화점	143
트라이북	145
팍슨	144

SLEEP

TTC 호텔	215
나이스 드림 달랏 호텔	219
노보텔 냐짱	248
뉴 월드 호텔 사이공	095, 152
니피 호텔	097, 253
달랏 팰리스 헤리티지 호텔	091, 214
더 레버리 사이공	091, 147
더 클리프 리조트 앤 레지던스	179
뒤 파르크 호텔 달랏	216
레전드시 호텔 냐짱	252
로터스 빌리지 리조트 무이네	095, 182
르 메르디앙 사이공	148
메라키 부티크 호텔	155
미아 리조트 냐짱	093, 249
미아 리조트 무이네	178
뷰티풀 사이공 부티크 호텔	154
블루 오션 리조트	181
빅토리아 판티엣 리조트 앤 스파	180
빈펄 냐짱 리조트	250
사이공 달랏 호텔	218
사피르 달랏 호텔	217
소피텔 사이공 플라자	149
쉐라톤 냐짱 호텔 앤 스파	095, 247
쉐라톤 사이공 호텔 앤 타워	151
아나 만다라 빌라스 달랏 리조트 앤 스파	093, 213
아난타라 무이네 리조트 앤 스파	093, 177
아이리스 달랏 호텔	218
알라나 냐짱 비치 호텔	251
애스톤 호텔 사이공	154
에바손 아나 만다라 냐짱	091, 246
인터컨티넨탈 사이공	150
쭝깡 호텔	219
튤립 호텔 달랏	097, 219
트립라이터 호텔 앤 비스트로	097, 155
팰리스 호텔 사이공	153
호앙 응옥 리조트	183

"당신의 여행 컬러는?"

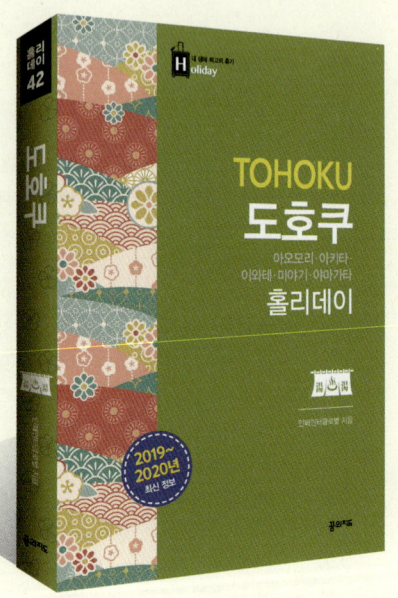